하나님과 동행하는 유 장로의 행복 이야기

나름 신앙에서 절대 신앙으로

하나님의 사인

| 유영창 지음 |

쿰란출판사

하나님의 사인

추천의 글

🌱 **김충렬**_영세교회 원로목사, 서울동노회 전 노회장

　인생이라는 책은 초판밖에는 쓸 수가 없습니다. 첫째 권이 마지막 권이 되기 때문입니다. 따라서 우리는 주어진 짧은 인생을 제대로 살아야 하겠고, 문자적으로 책을 쓴다면 진솔하게 써야 합니다. 특히 그리스도인의 인생은 예수 그리스도로 인한 화목제물의 역사로 은혜로 구원받은 것을 기억하고 날마다 감사하며 그 예수 그리스도를 삶과 말로 증거하는 것이어야 하겠고, 꼭 한 권을 써야 한다면 그런 내용과 목적으로 진솔한 책을 써서 내놓아야 할 것입니다.

　그런 의미에서 신실한 주님의 종 유영창 장로님이 이번에 펴내신 이 간증집 《하나님의 사인》은 거기에 꼭 부합하는 그분의 인생의 단 한 권의 책이라고 느껴집니다. 따라서 읽는 독자들로 "나도 이제 육체의 남은 때에는 '하나님의 사인'에 따라 살아가리라"고 결심하도록 도전을 주는 책이라고 판단되기에 기쁨으로 추천하는 바입니다.

SIGN OF GOD

김휘현_동일교회 위임목사, 기독시인협회 자문위원

에녹은 여느 사람과 같은 평범한 삶을 살았습니다. 적어도 아들을 낳기 전까지는 그러했습니다. 그러나 아들을 낳은 후부터는 여느 사람과 다른 삶을 살았습니다. 에녹의 이런 삶을 히브리서는 "하나님을 기쁘시게 하는 자"라고 평하며 아벨의 뒤를 이어 소개합니다(히 11:5). 그리고 유다서는 에녹이 불의한 세대 가운데 하나님의 말씀을 온몸으로 살아내고 전한 예언 사역임을 알려 줍니다(유 1:14-16).

성경 인물 가운데 에녹을 가장 존경하며 에녹처럼 살아오신 유영창 장로님의 믿음과 삶의 예언인 《하나님의 사인》의 출판을 축하합니다. 처음 원고를 받아 든 순간 감동의 물결에 빠져들어 단숨에 읽었습니다. 이 책을 읽는 이마다 하나님과 사인을 주고받으며 하나님과 동행하는 복을 누리게 될 것이기에 기쁨으로 추천합니다.

추천의 글

🌿 김상원_목천교회 위임목사, 서울동노회 부노회장

　사랑하고 존경하는 우리 교회 유영창 장로님께서 《하나님의 사인》이란 책을 출판하게 되어 기쁘게 생각합니다. 28년 동안 함께 하신 장로님은 요셉처럼 13년 동안 고난을 통과하신 후 하나님이 베푸신 은혜로 축복의 통로가 되어 섬김과 선교에 힘쓰고 있습니다.
　하나님의 도우심을 입어 '이사박사'를 경영하면서 축복의 통로로 쓰임 받고 있습니다. 장로님이 지나온 삶에서 경험한 하나님의 손길과 인도하심이 《하나님의 사인》에 담겨 있습니다. 이 책을 읽는 분들에게 감동이 넘치고 희망과 위로를 얻게 될 것을 믿으며 강력히 추천합니다.

SIGN OF GOD

🌿 **이춘원**_한강교회 은퇴장로, 시인

　인생의 가는 길을 정하시고, 인도하시는 분이 하나님이심을 믿고 사는 사람은 행복한 사람입니다. 여기 한평생을 '하나님의 사인(sign)'을 보고 살아 온 행복한 삶의 이야기가 있습니다. 이 글에는 한 사람을 이 땅에 보내시고, 기르시고, 그가 가는 길에 동행하시는 하나님의 사랑 이야기가 담겨 있습니다. 태어나면서부터 오늘까지의 삶을 진솔하고 담담하게 기록한 글은 한 사람의 인생사이기도 하고, 하나님을 향한 감사의 신앙고백이기도 합니다.

　우리는 그 속에서 특별한 인생 여정을 만납니다. 늘 하나님을 바라보고, 그분이 함께 하시는 은혜를 체험하고 고백하는 인생 여정입니다. 긴 세월을 살아오는 동안 겪어 온 수많은 역경 가운데서도 아름다운 인연을 곱게 사리며, 평생을 하나님과 동행하는 유영창 장로님의 삶이 귀하고 아름답습니다.

　하나님의 주권 아래 사는 삶이 얼마나 행복한가를 전하고 싶은 소망처럼 누군가는 이 글을 보고 구원의 반열에 올라서는 놀라운 추천의 글

역사가 일어날 것을 기대합니다. 에벤에셀 하나님, 여기까지 함께 하신 하나님의 은혜에 감사하며, 그 하나님을 기쁘시게 하는 아름다운 삶을 빚어가기를 축복합니다. 그 축복을 이 글을 읽는 모든 자들도 함께 누리기를 소망하며 추천합니다.

이순창_연신교회 위임목사, 대한예수교장로회총회 부총회장

주 예수님의 자랑이요, 한국교회의 자랑이신 유영창 장로님은 참으로 훌륭하신 예수꾼이요, 잘 가르치는 교사요, 향기 나는 삶을 살아오신 분입니다. 유영창 장로님은 바보가 아닙니다. 다만 거룩한 그리스도의 사람이 되기 위해 바보처럼 보이는 길을 선택하신 분이십니다.

어린 시절 넓고 넓은 김제평야를 바라보면서, 영원한 넓음의 세계인 하늘을 소유하신 분이 《하나님의 사인》을 만들어 내셨습니다.

SIGN OF GOD

이 땅을 살아가는 모든 이에게 하나님의 사인을 실감나게 보여주시고, 느끼게 해주신 분이요, 에녹처럼 하나님과 동행하신 분입니다.

이 거룩한 옥고를 읽노라니 첫 페이지부터 마지막까지 눈길도 손길도 멈출 수 없이 빨려 들어가게 되었습니다. 이 세상을 살아가는 누구라도 쉽게 읽고, 은혜 받고 감동하는 생명과 하늘의 작품이기에 적극 추천하는 바입니다.

🍀 **황동조**_국민대학교 겸임교수, 전 현대인재개발원 교수실장

한 인간의 삶에 대한 웅장한 서사시를 가슴 조이며 읽었습니다. 휘몰아치는 운명의 소용돌이 속에서 허우적거리다 인생의 밑바닥에서 절규하는 피맺힌 울음소리를 들었습니다. 그 울음 속에서 하나님께서 자신을 단단한 질그릇으로 만들기 위해 그 많은 어려움과 연단을 주고 계심을 깨닫는 놀라운 순간도 느꼈습니다.

추천의 글

　막막한 순간순간에도 계란으로 바위를 깨는 신앙의 열매를 맺으셨고, 하나님의 사랑으로 사람들을 볼 수 있는 분별의 지혜를 얻어 하나님의 뜻에 순종하는 참 신앙인의 진솔한 삶을 보았습니다. 고난과 막막함의 어려움이란 상황을 감사와 은혜로 믿으며 하나님과 소통하는 유영창 장로님의 삶 속에서 신앙인의 희망을 보았습니다.
　코로나19 팬데믹과 세상의 유혹 속에서 힘든 삶을 헤쳐가고 있는 사람들에게 하나님께서 비추어주시는 희망과 용기의 빛줄기를 증거로 보여주신 유영창 장로님의 따뜻한 인생에 박수를 보내며 추천의 글을 드립니다.

　　🌿 **이재수**_면일교회 장로, 시인

　"A nation that forgets it's past has no future" 즉 "역사를 잊는 민족에게 미래는 없다"는 명언이죠. 사람이 잊어야 할 것은 잊어야 하

SIGN OF GOD

고 잊지 말아야 할 것은 잊지 말아야 합니다. "역사는 하루아침에 이루어지지 않는다"고 합니다. 삶의 하루가 역사가 됩니다. 이것이 바로 인간의 흔적입니다. 삶의 흔적을 한 권의 책으로 만든다는 것은 힘든 일이며 위대한 일입니다. 어떤 사람은 흔적을 지우기도 하고 어떤 사람은 흔적을 미화하기도 합니다.

여기 10남매의 막내아들로 유복한 가정에서 태어나, 아버지 유기종 장로님의 신앙을 배우고, 60여 년(유년 시절, 학생 시절, 신혼 시절, 교직생활, 장년 시절) 희로애락 세월을 가감 없이 드러내며, 십여 차례 죽음의 고비와 사업의 실패에서 믿음으로 일어난 사람이 있습니다. 그 사람이 바로 유영창 장로입니다.

시련과 연단에서 일어날 수 있었던 이유는 오직 주님과의 만남이며, 기도의 능력입니다. 기도를 통한 "하나님의 사인"을 알게 된 이후부터라고 생각됩니다. 사업이 힘이 드십니까? 삶의 무게가 느껴집니까? 오직 주님 앞에 엎드려 주님의 사인을 받으라는 저자 유영창 장로님은 돈 벌어 선교하겠다는 일념으로 20년 재직하던 교직을 헌신짝 버리듯 버리고 사업에 뛰어들어 온갖 어려움을 기도로 극복하

추천의 글

였습니다.

20년이 지난 지금은 목표한 바를 이루어 회사 경영도 잘 된다고 간증하고 있습니다. 《하나님의 사인》 출간을 축하하며, 이 책을 통해 많은 사람들이 절망에서 희망, 실패에서 성공을 본 유영창 장로님의 삶에서 도전을 받고 성공을 이루는 계기가 되기를 기원하며 추천하는 바입니다.

김정식_군산안디옥교회 원로목사, 한국교회법·선교연구소 소장

저자와 나 사이는 같은 것이 참 많은 편입니다. 같은 고향, 같은 동문, 같은 母교회! 이 의미는 인연도 많지만, 동시대에 같은 생활권에 살다 보니 저자를 잘 알고 있다는 앎의 의미가 담겨져 있습니다. 저자의 어린 시절! 당시 부친께서는 지역의 존경 받으시는 유지로서 도의원을 지내셨으며, 필자가 섬기는 교회의 훌륭하신 장로님으로

SIGN OF GOD

서 필자가 가장 부러워하는 신앙의 모범적인 가정이었습니다.

필자의 생생한 기억으로는, 저자는 모태 신앙은 물론이며 유아기에 부친의 자전거 앞좌석에 앉혀 교회를 가는 모습이 눈에 선하며 그때 그 모습을 성경의 한 구절로 표현한다면, "그는 주 앞에서 자라나기를 연한 순 같고 마른 땅에서 나온 뿌리 같아서 고운 모양도 없고 풍채도 없은즉 우리가 보기에 흠모할 만한 아름다운 것이 없도다"(사 53:2)라고 이사야 선지자께서 하신 말씀이 생각이 납니다. 오늘의 저자는 멋지고 훌륭하게 성장하고 성숙해서 듬직한 기업가와 교회의 지도자로 거목이 되어 있음이 대견스럽고 자랑스럽기가 그지없습니다.

끝으로 저자의 《하나님의 사인》 출간을 마음속 깊이 축하하며, 앞으로도 성경의 인물 가운데 이스라엘의 성군 다윗이 모든 일을 진행하기 전에 여호와께 여쭈어서 '하나님의 사인'을 받고 진행하였듯이 저자에게도 계속 이어지길 바라며, 독자들에게도 그러한 은혜가 임하시길 바라며 추천의 글을 놓습니다.

프롤로그

하나님의 사인

　야구 경기를 보면 투수가 공을 던질 때마다 투수와 포수 간에 사인을 주고받는 장면을 볼 수 있다. 투수는 한 번도 포수의 사인(sign) 없이는 공을 그냥 던지지 않는다. 사인 없이 공을 던지게 되면 경기는 엉망이 되고 만다.
　우주 만물을 창조하신 우리 하나님 아버지께서도 모든 천지 만물 가운데서 가장 보배롭고 존귀하게 인간을 지으시고, 우리 모든 인간을 극진히 사랑하셔서 예수 그리스도를 이 땅에 보내 주셨을 뿐만 아니라, 일생 동안 매일 매 순간 하나님의 사인(Sign of GOD)을 한 사람 한 사람에게 쉼 없이 보내고 계신다.
　어떤 이는 사인이 있는지 없는지조차 모르고 살고 있고, 어떤 이는 사인의 존재를 부정하기도 한다. 또 어떤 이는 사인은 알지만 사

SIGN OF GOD

인과 상관없이 살아가기도 하며, 어떤 이는 하나님과 사인을 주고받으며 살아가고 있다.

나는 지나온 40여 년 동안 하나님께서 보내 주시는 사인을 잘 모르고 살았다. 그리고 오히려 하나님께 일방적으로 내 사인을 보내며 살았다. 어떤 때에는 내 사인에 응답해 주심을 감사하기도 했다. 하지만 대부분은 내 사인을 받아 주시지 않았고, 받아 주시지 않는다고 섭섭해하거나 기다리며 살라는 뜻으로 생각하면서 지나쳐 버리며 살았다.

40대 초반이 되어 20년간 재직했던 교직 생활을 사직하고, 사업 전선에 뛰어들게 되었다. 아무런 준비 없이 돈을 많이 벌어서 주님의 일을 하겠다고 나선 나에게 하나님께서는 하나님의 사인을 받을 준비를 시키셨고, 사인이 무엇인지 알려 주셨다. 그리고 그 사인이 나에게 얼마나 소중한 것이고, 하나님의 사인대로 사는 삶이 얼마나 행복한 삶인지 알려 주셨다. 그러한 삶이야말로 하나님이 기뻐하시고 이 땅에서 천국을 누리는 삶이라는 것을 알게 해 주셨다.

나는 자존감이 높고, 자신감이 넘치며, 무엇이든지 할 수 있다는 당당한 의지를 갖고 나의 계획과 생각을 하나님께서 도와주시기를 원하면서 일방적인 사인만을 보냈다. 그렇게 살아가던 나를 하나님께서는 극진히 사랑하셔서 하나님께서 사용하실 만한 그릇으로 다시 세워가기(re-build) 위해서 갖가지 고난과 역경의 훈련을 시키셨다. 그런 연단과 훈련의 시간이 13년이었다.

나는 성경의 인물 중에서 존경하는 분이 두 분 있다. 구약성경의 인물은 에녹("에녹이 하나님과 동행하더니 하나님이 그를 데려가시므로 세상에 있지 아니하였더라", 창세기 5장 24절)이며, 신약성경의 인물은 사도 바울이다. 에녹은 비록 성경에 아주 짧게 언급되었지만 하나님과 동행하는 삶을 살다가 부르심을 받았기 때문이다. 사도 바울은 하나님의 권능을 입어 그리스도의 복음을 위해 목숨까지 바치신 분이다. 그러면서 늘 복음 앞에 겸손한 사람이었기 때문에 존경하기도 하지만 내가 꼭 닮고 싶은 인물이다.

하나님과 사인을 주고받으며 사는 지금의 삶이 너무나 행복하다. 이 삶은 작은 것에도 감사할 줄 아는 삶이고, 모든 것이 얼마나 하

SIGN OF GOD

나님의 은혜인지를 깨달으며 이 땅에서 누리는 진정한 천국의 삶이기도 하다.

　이 같은 나를 향한 하나님의 은혜에 감사드리면서, 아직도 하나님의 사인을 모르는 이들, 하나님의 사인의 존재를 부정하는 이들, 하나님의 사인을 알지만 상관없이 살아가는 모든 이들에게 하나님과 사인을 주고받으며 살아가는 삶이 얼마나 행복한 삶인지를 말하고 싶다. 또 그런 행복한 삶을 함께 누릴 수 있기를 소망하며 이 글을 쓴다.

　할렐루야! 오직 하나님께 모든 영광을 올려 드립니다!

2021년 결실의 계절에
유영창

차례

추천사 _ 4
프롤로그 _ 14

01 나를 보내신 하나님

상수래 방앗간 집 막둥이 24 / 유년 시절 27 / 가로막힌 삼팔선 29 / 가정 예배 31 / 에비오제 33 / 자가용 자전거 35 / 우리 집 잔칫날 37 / 외할아버지 추도예배 39 / 짱둑이 터지다 41 / 소꿉친구들 44 / 연탄가스 중독 46 / 조카 현주와 현상이 48

02 나를 기르신 하나님

초등학교 시절 52 / 십자공굴의 추억 54 / 쥐꼬리와 채변봉투 56 / 뒤집힌 리어카 58 / 화상으로 생긴 흉터 61 / 전교 학생회장 63 / 지우고 싶은 시간들 65 / 초라한 이사 68 / 예비고사 70 / 재수를 하다 73 / 내 생애 최장거리 택시 76 / 꿈 많던 대학 시절 79

SIGN OF GOD

03 나를 인도하신 하나님

발령 대기 1년 84 / 학사과정 입학 87 / 첫 발령 89 / 다시 가고 싶은 나로도 93 / 봉래초등학교에서 96 / 고마운 삼현이 엄마 99 / 잘못된 욕심 101 / 기울어져 가던 우리 집 104 / 어머니와 논두렁 107 / 죽도분교에서 110 / 태풍 '베라' 113 / 사랑하는 영미 씨! 116 / 답장 없는 연애편지 120 / 첫날밤 127 / 어머니 같은 큰누님 130 / 은인 영환이 형님 132 / 브라스 밴드 135 / 우리 목천교회 138 / 급성 간염 141 / 아내의 첫 수술 144 / 우리 첫 자가용 Pony 146 / 코리아나 관광여행사 148 / 태아와 숫자 '4' 151 / 내 생애 최고의 선물 153 / 집사 안수를 받다 156 / 처가살이를 자처하다 159 / 대성아파트 162 / 우리 '빛나라' 이야기 165 / 큰매부의 천국 환송 167 / 말이 씨가 된 교통사고 169 / 사랑하는 경상이의 출생! 174 / 어머니를 납치하다 177 / 교문초등학교 재직 시절 180 / 갑작스런 입원을 하다 182 / 대학원 입학 184 / 두 번째 경매 낙찰 187 / 늘 풍성한 교회 개척 190 / 방언 은사를 받은 일 194 / 내 인생의 마약 MBTI 197 / 상담 전문가 200 / 나와 Amway 203 / 교직에 사표 내다 206

04 나를 연단하신 하나님

갈등에 휩싸인 가족 212 / 내가 가장 존경하는 분 215 / 격랑 속의 연말연시 218 / 대표이사 취임? 221 / 진 빠지고 맥 풀리는 경험 225 / 내촌 땅과 컨테이너 228 / 피할 길을 찾다 230 / 현상이의 독립 233 / 빚 얻는 전문가 236 / 수배자 신세 238 / 견디다 못해 쓰러질 때 240 / 소중한 표어 243 / '자살'과 '살자' 246

05 내게 응답하신 하나님

간절함과 절실함 252 / 금식의 은혜 255 / 실적 증명서가 우상 258 / 위로를 베푸신 하나님 260 / 가정이사 팀장이 되다 262 / 경매로 넘어간 집 264 / 기적 같은 놀라운 은혜 268 / 현장에 답이 있다 270 / 식도 정맥류가 터지다 272 / 까마귀와 메추라기를 보내심 275 / 계란으로 바위를 깨다 278 / 도서관 이전 전문회사 280 / 저혈당 쇼크 283 / 소망을 잃지 않는 것 285 / 하나님의 때 287

SIGN OF GOD

06 하나님과 동행하는 남은 삶

포기는 없다 292 / 광야 생활이 축복된 삶 295 / 폭포수 같은 축복 297 / 지혜로 주신 새로운 법인 301 / 놀라운 성지순례의 길 303 / 익투스와 평대원 306 / 빈틈을 노리는 사탄 308 / 때를 따라 주신 놀라운 은혜 1 311 / 때를 따라 주신 놀라운 은혜 2 314 / 꿈꾸던 새집 입주 316 / 모든 기도가 응답되다 318 / 코로나19에 갇힌 삶 323 / 딸을 맞이하다 326 / 나는 행복합니다 328

나에게 베풀어 주신 만나와 메추라기 _ 331

에필로그 _ 336

《하나님의 사인》에 붙이는 글(조카 서용운) _ 339

감사의 말 _ 342

나를 보내신 하나님

01

신명기 30장 6절

"네 하나님 여호와께서 네 마음과 네 자손의 마음에 할례를 베푸사 너로 마음을 다하며 뜻을 다하여 네 하나님 여호와를 사랑하게 하사 너로 생명을 얻게 하실 것이며"

상수래 방앗간 집
막둥이

* 첫 번째 죽음에서 살려 주심

　내가 출생한 곳은 전라북도 김제군 진봉면 상수래(원래 지명은 '상수내') 마을에 있던 상수래 방앗간 집이었다. 그 당시 어떤 연유에서인지는 모르지만, 우리는 면 소재지가 있는 관기에서 정미소와 창고를 운영하다가 이사를 하여 그곳 상수래에 있는 정미소를 운영하고 있었다. 나는 아버지 유기종 장로와 어머니 김민숙 권사의 사이에서 7월 8일 주일날 오후에 10남매(아들 다섯과 딸 다섯) 중 막내로 태어났다.
　어머니가 워낙 노산이어서 아기가 너무 작았고, 어쩌면 잘 살지 죽을지 모를 정도로 연약하게 태어났다고 한다. 안아주거나 업어주려고 하면 너무 작아서 포대기 안에 아기가 있는지 찾아야 할 정도였다고 한다. 얼마나 작고 가벼웠던지 기저귀만 업고 다닌다는 생각이 들 정도였다고 하니 내가 얼마나 연약한 모습으로 태어났는지 가히 짐작이 간다.
　정미소 집이어서 일할 사람도 많고 할 일도 많아서 늘 바쁜 시절에 별로 나오지도 않았을 어머니 젖을 제때 먹기도 힘들었을 것으로 상상이 된다. 하지만 막둥이로 태어났기에 온 가족들이 막내에 대한 애정을 듬

뿍 부어 주었다. 그 사랑으로 이렇게 오늘의 내가 있게 된 것 같다.

어렸을 때의 기억은 전혀 나지 않고, 누나와 형으로부터 전해들은 이야기에 의하면 방앗간 바로 앞에 가게가 하나 있었고, 그 집 밑으로는 U자로 꺾인 수로가 있었는데 여름이면 그곳이 물놀이를 하며 노는 장소였다고 한다.

그런데 어느 날 내가 형, 누나들과 함께 물속에 들어갔다가 그만 꺾어진 수로의 물에 빨려 들어가고 말았다는 것이다. 짧은 시간이었지만 바로 내 위인 영석이 형이 물속으로 잠수하여 손을 내저었더니, 마침 내 발목이 형의 손에 잡혔다고 한다. 그렇게 해서 형이 나를 구해 주었다는 이야기를 들었다.

아마 형이 나를 구해 내지 않았으면, 몇 살이 안 된 어린 나이에 나는 이미 하나님께로 먼저 갔을지도 모르는 일이었다. 그 일이 나를 죽음에서 살려 주신 하나님의 첫 번째 은혜였다.

형과 누나들 틈에서 자랐기에 늘 누나들이 업어 주고 먹여 주고 보살펴 주었을 텐데, 어쩌면 어릴 적 기억이 하나도 나지를 않는지 기억력으로만 나를 평가한다면 나는 꼼짝없이 배은망덕한 자식이요, 배은망덕한 막냇동생이 되고도 남는다.

내 기억 속에 남아 있는 어릴 적 추억은 언제 이사를 했는지는 모르겠지만 아동기와 청소년기를 보냈던 십자공굴이 전부이다. 이곳은 광활년 옥포리 회령 12조였는데, 광활면[조선 말기 김제군 진봉면에 속했던 지역으로, 1949년 8월 15일 진봉면의 광활한 간척지를 갈라서 광활면을 신설하고 옥포리(玉浦里), 은파리(銀波里), 창제리(蒼提里) 등 3개 리 9개 마을을 편입하였다. 1952년 9월 5일, 해일로 말미암아 광활방조제 일부가 유실되어 1.87㎢의 논이 유실되고 3,352명의 수재민이 발생하는 불행을 겪었으나, 정부의 수재민 구호와 연차적인 국고 보조금 및 지방비 지원으로 광활방조제를 복구하여 1964년에 원래의 모습을 되찾았다. 그리고 1995년 1월 1일, 김제시와 김제군이 통폐합됨에 따라 김제시 광활면이 되었다.(네이버 지식백과) 광활면(廣活面-한국

향토문화전자대전 인용)] 전체가 일제 강점기에 일본 사람들이 지은 이름은 답구(畓區: 논의 구역을 나눈다는 의미. 흔히 모두들 '닥구'라고 불렸음)로 지었다.

1답구에서 9답구(우리식 지명은 1답구-선광, 2답구-은파, 3답구-회령, 4답구-진흥, 5답구-화양, 6답구-시농, 7답구-창제, 8답구-신광, 9답구-구복)까지 구역을 나누어 관리하였을 것으로 생각된다. 그중에 우리는 3답구인 옥포리 회령 마을에 살게 되었던 것이다.

간척지였기에 경지 정리가 반듯하게 되어 있었고, 용수로와 배수로가 농로를 사이에 두고 잘 정비되어 있었다. 우리 집은 바로 앞에 용수로가 있었고, 농로 건너편에 배수로가 있었다. 이 용수로의 물을 항아리에 담아 백반으로 침전시킨 물을 식수(그래서 중학교 시절 남포나 성덕 출신 친구들로부터 '광활 똘물'이라고 놀림을 받기도 하였음)로 사용하였고, 집 앞에서 빨래를 했다. 이 물이 모든 생활용수가 되었다. 여름철에는 버드나무 위에서 다이빙을 할 수 있는 우리들의 수영장이 되었고, 겨울철에는 얼음을 지치거나 얼음으로 배를 만들어 타는 뱃놀이터가 되기도 하였다.

그 추억, 그 시절이 그리워 고향을 찾아가 보았다. 그 넓던 용수로와 배수로는 이제 작은 개울이 되었고, 농로는 작은 오솔길이 되어 있었다. 고향 땅은 여전히 변함이 없이 그대로이건만 세월 속에 나만 변하여 어른이 된 것일까?

유년 시절

　나는 어려서 아버지가 사십 대 후반, 어머니가 삼십 대 후반에 열 번째 (10남매 중 내 위로 아들 둘은 어렸을 적 홍역으로 잃었다고 함) 자녀로 낳으셨기에 엄마 젖이 많이 부족했다고 들었다. 그래서 그랬는지 나는 초등학교 입학을 해서도 집에 오면 첫 번째 간식은 나오지도 않는 엄마 젖이었다. 나는 그렇게 몸이 몹시 허약하게 태어났는데, 옆집에 살던 친구 성만이 엄마가 지어준 별명이 때때기(아주 깡마르고 약하다는 의미의 별명)였다.

　나는 아침이면 일어날 기운이 없어서 잘 일어나지 못하였고, 그때마다 우리 집안은 온통 소동이 일어나곤 했다. 어느 날 아침에는 기력이 전혀 없고, 다 죽이 가는 깃 같아서 체한 줄로 알고, 그 당시 잘 쓰는 까스활명수를 먹였다고 한다. 까스활명수는 온 집안의 만병통치약으로 곧잘 쓰였고, 약간 달달하고 톡 쏘는 탄산가스 때문에 우는 아이들이나 떼쓰는 아이를 달래는 용도로도 쓰이곤 했다. 하지만 그날 나에게는 까스활명수가 치료제가 아니고 독이 되어서 점점 더 기력을 잃어갔다고 한다.

　이때 바로 우리 뒷집에 살면서 가까이 지내던 성만이 엄마가 급히 오셔서 흰죽을 쑤어서 미음을 먹였다고 한다. 그리고 얼마 지나지 않아 내가 기력을 되찾고, 깨어 살아났다고 들었다.

상황인즉, 저녁을 제대로 먹지 않고 잤기에(그 당시 나는 저녁밥을 안 먹고 자기가 일쑤였음) 평소에도 허약한 나는 당연히 기운이 없고 아침에 일어날 기력이 없었던 것이다. 게다가 소화제까지 먹여 놓으니 당연히 못 일어날 수밖에…. 참으로 웃지 못할 에피소드이다.

이처럼 나는 생사를 넘나드는 어린 시절을 보냈다. 그러나 허약하기는 했지만 병치레로 고생한 기억은 없었던 것 같다. 약했지만 잘 보살펴 주셨던 부모님과 지금까지 나를 지켜 주신 하나님의 은혜에 감사를 드린다.

내 생애 한 가지 아픔은 그 시절부터 오른쪽 눈에 난 흉터이다. 이 흉터는 눈다래끼가 난 것을 방치하다가 세균이 번식하여 곪아 터지게 되었고, 그 후유증으로 흉터가 되어버렸으며, 그때 난 상처는 평생 눈에 흉터로 남아 오늘날까지 지워지지 않는 어린 시절의 아픈 사연으로 남아 있다.

의료기관이 제대로 없는 시골에서 읍내 병원까지 가서라도 치료를 하겠다는 생각은 미처 못하셨는지 자세한 연유는 모르겠지만, 특별히 다친 적도 없는 눈 가장자리에 난 흉터를 지금까지 평생을 안고 살아가고 있다. 그래도 지금 생각해보니, 늦둥이를 키우시느라 힘드셨을 우리 어머니가 사무치게 그립다. 그리고 이웃에 살면서 함께 돌봐주셨던 성만이 어머님과 함께 소꿉 친구였던 성만이와 영근이가 장맛비가 내리는 오늘 같은 날은 더욱 그립다.

가로막힌 삼팔선

취학 전 어렸을 때의 일이다. 원래 모태신앙이었기에 교회에 다니는 것은 자연스런 일과였고, 또 습관처럼 아무런 거리낌 없이 부모님을 따라다니게 되었다. 어쩌면 막내둥이였기 때문에 어머니 곁을 떨어지기 싫어서 어디에나 더 많이 따라다니게 되었는지도 모르겠다.

아무튼 집에서 2~3킬로미터나 떨어진 먼 곳에 있는 상광교회(옛 이름은 상수래교회)에 다녔다. 아버님께서는 거의 모든 예배에 출석하셨다. 교회에 가실 때에는 핸들에 어린이용 보조 의자를 단 아버지의 자전거에 나를 늘 태우고 다니셨다. 어쩌면 지금의 운전 실력도 그때 자전거 핸들에 매달려 운전 연습했던 실력이 꽤나 도움이 되고 있는 것 같다.

여섯 살 때의 일이다. 6월 6·25 기념주일 무렵이었던 것 같다. 교회에서 저녁 예배 끝날 시간 무렵에 나에게 웅변을 시켰다. 나로선 최초의 대중 웅변시간이었다. 지금 생각나는 건 제목이 '가로막힌 삼팔선'이었던 것으로 기억난다. 반공이념이 주를 이루던 어린 시절에 고향 지역에서 반공운동에 앞장서서 일하셨던 아버지의 모습을 보고 배워서였는지는 모르지만, 아무튼 통일을 바라는 어린아이의 심정을 누군가 작성해준 몇 마디 원고를 외워서 웅변을 했다. 조막손을 불끈 쥐고 떨림 없이, 거침없이 열변을 토했는데, 그때의 환호와 열화와 같은 격려의 박수소리는 지금까지 내 귓전에 생생히 남아 있다.

이후로 초등학교(당시는 국민학교였음) 시절과 중학교 시절은 웅변대회가 있을 때마다 반 대표로 나서서 당당하게 열변을 토하면서 웅변 잘하는 어린이로 통했다. 웅변을 통해 많은 사람들 앞에 서서 말하는 것과 조리 있고 똑똑하게 의사를 표현하는 데 커다란 자신감을 갖게 되었다. 아마 지금도 대중 앞에서 자신 있게 표현하는 능력은 이때로부터 시작된 경험에서 비롯된 것임을 감사하게 생각한다.

돌이켜 생각해 보면 늦둥이로서 부모님으로부터 많은 사랑을 받았고, 하나님을 믿는 부모님을 만나서 어려서부터 하나님을 알고 믿음 안에서 자랄 수 있었던 것이 가장 큰 하나님의 은혜요, 교회 안에서 성도들로부터 사랑받고 지지를 받으며 지낼 수 있었던 것이 너무도 귀한 하나님의 축복이고 사랑이었던 것을 깨닫게 된다.

교육자로서 지내온 20년을 돌아보고 신앙의 삶을 살아온 40여 년, 그리고 상담 전문가로서 살아온 10여 년을 돌이켜볼 때, 어려서부터 자녀를 신앙 안에서 양육하고 신앙적인 환경을 제공해 주는 것이야말로 자녀들의 바른 성장을 돕는 부모의 귀한 책무인 것을 깨닫게 된다.

신앙 안에서 양육환경을 제공하고, 어린 시절과 격동의 청소년기를 교회에서 건전하게 교제하며 말씀으로 교육하는 환경이야말로 중요하다. 내 자신에게 있어서뿐만 아니라 믿음의 모든 형제들과 많은 믿음의 가정들을 볼 때 더욱 필요하고 소중한 자녀 양육 방법으로 생각된다.

나를 택하신 하나님, 나를 사랑해 주신 예수님, 나를 인도해 주시는 성령님, 내 일생을 청지기로 돌봐주시고 헌신적으로 사랑해 주신 부모님께 깊이깊이 감사드린다.

가정 예배

내가 어렸을 적 우리 아버지는 집에 계실 때가 없었다. 거의 매일 새벽에 일어나 하루의 집안일을 일찍 다 하시고, 읍내로 나가셨다가 저녁때가 되어서 집에 오셨다. 늦게 들어오실 때마다 하루도 빠지지 않고 꼭 껌을 한 통씩 사 오셨는데 그래서인지 우리는 아버지가 집에 오실 시간까지 잠을 안 자고 늘 아버지를 기다리곤 하였다.

늦은 저녁 진지를 드실 때는 밥상머리에 앉아서 한 숟가락씩 떠 넣어 주시는 밥이 그렇게도 꿀맛이었다. 배가 고프셨을 텐데도 자식들을 챙기시느라 제비 새끼들처럼 앉아 있던 자식들의 입에 쏙쏙 밥 숟가락을 넣어 주시곤 했다. 초저녁잠이 많으셔서 진지를 드신 후에는 언제나 바로 잠자리에 드셨는데 대신 새벽에는 아주 일찍 일어나셨다. 언제 일어나셨는지 잠결에 들으면 건넌방에서 새끼를 꼬는 소리와 새끼를 꼬려고 손바닥에 '퉤퉤' 하고 침 뱉는 소리가 자주 들리곤 했다.

그러다가 새벽에 일정한 시간이 되면 우리를 깨우셨다. 가정예배를 드리기 위해서였다. 모두가 아직 잠이 덜 깬 비몽사몽의 모습이었지만, 거의 매일 새벽에 가정 예배를 드렸다. 예배 인도는 물론 아버지께서 하셨고, 찬송가는 지정곡이 된 새찬송가 28장 '복의 근원 강림하사'였다. 얼마나 많이 불렀던지 지금까지도 그 찬송은 자연스럽게 다 외워서 부를 수 있게 되었다.

지금 와서 돌이켜 보면, 아버지의 삶이 얼마나 곤고하고 외롭고 힘이 드셨을까 하는 생각이 든다. 하지만 한 번도 우리 앞에서 힘든 모습을 보이시거나 힘들다는 말 한마디 하지 않으셨다. 신앙으로 묵묵히 이겨내시느라 늘 하나님께 예배하고 기도하는 모습으로 하루하루를 견뎌내신 것 같다.

어릴 적부터 드렸던 가정 예배의 모습은 어린 나에게 자연스럽게 학습이 되고 전이되어서 우리집의 가풍이 되고 신앙의 바탕이 되어서 오늘날의 삶으로 이어졌다고 생각한다. 그래서 늘 부모님께 감사하고 있다.

내가 교직에 있는 동안에도 절실히 느꼈던 것이었지만, 어린 자식이나 후세들에게 좋은 가르침은 무엇보다도 '무엇을 하도록 시키는 것'이 아니라 '스스로 본을 보이는 것'이라고 생각한다. 우리 아버지는 그런 면에서 나에게 최고의 스승이요, 멘토셨다.

가정 예배뿐만 아니라 주일이 되면 깨끗하고 단정한 옷으로 갈아입으시고, 머리엔 연미색 계통의 중절모자를 쓰시고, 자전거 앞자리에 나를 태우고 예배에 꼭 가셨다. 아마 내 기억으로는 한 주도 예배에 빠진 적이 없었던 것 같다. 지독히도 열심히 예배하고 기도하며 쌓으셨던 그 은혜로 지금의 내가 복을 받고 있다고 생각하며 부모님께 감사를 드린다.

"천국에 계신 우리 아버님! 너무 그립고, 보고 싶습니다."

에비오제

아마 우리 세대에서는 많은 이들이 '에비오제'를 기억하리라 생각된다. 그 시절 가장 귀한 영양제로 여겨졌기 때문이다. 누구나 먹을 수 있었던 것이 아니었다. 먹을 것이 늘 부족하고 과자나 간식이 흔하지 않던 시절에 '에비오제'는 귀한 집 막둥이나 호강으로 먹을 수 있는, 흔치 않았던 영양제의 한 종류였다.

나는 워낙 우리 어머니가 나를 노산하셨고, 하도 약하게 태어난 데다 젖도 많지 않았고, 밥도 잘 먹지 않아서 늘 빌빌하던 막둥이였다. 내 모습이 얼마나 안타까워 보였던지 부모님은 나에게 종종 '에비오제'를 사 주셨다. 안방 다라이나 벽장 속에 꼭꼭 숨겨서 나만 먹으라고 하셨지만, 형과 누나들은 늘 귀신같이 찾아서 훔쳐 먹곤 하였다. 한참 동안 먹으리라고 생각한 '에비오제' 통이 어느 날 보면 몇 알 안 남아서 비워진 통 때문에 형과 누나들이 부모님으로부터 혼쭐이 나는 모습을 여러 차례 목격하며 자랐다.

하루에 한 알씩 먹는 것도 그냥 삼키기가 아까워서 입에 살살 녹여서 먹기 일쑤였고, 다 먹은 병은 물을 부어서 그 병에 남은 가루를 씻은 물까지 마실 정도였다. '에비오제' 한 알은 1원에 두 알씩 팔던 하얀 눈깔사탕 몇 개와 바꾸어 먹을 수 있을 정도의 가치였다. 또한 딱지 여러 장이나 구슬 여러 개와도 바꿀 수 있는 충분한 가치를 가지고 있었기에, 아이들 사이에서는 요즘 말로 인기 '짱'인 영양제였다.

여기저기 많이 뺏기고 도적을 맞기도 했지만, 그 '에비오제'는 나에게 커다란 심리적 성장 촉진제였고, 동네 친구들 앞에 으스댈 수 있는 유일한 힘이기도 하였다. 없는 살림에 약해 빠진 막둥이 하나 잘 키워보겠다고 정성을 쏟으셨을 부모님의 사랑을 생각하니 지금도 가슴이 저며 온다.

몸이 약한 데다가 막둥이라고 부모님의 총애를 받던 나는 자연히 형이나 누나들에게는 질투의 대상이 될 수밖에 없었다. 나를 때리지는 않았지만 부모님 모두 저녁 예배에 가시는 날은 나에게는 시련의 날이기도 했다. 왜냐하면 그 당시 우리 집 안방에는 작은 뒷문이 있었고, 뒷문을 열면 뒤뜰에 장독대가 있었는데, 형과 누나들은 깜깜한 밤에 나를 놀린다고 장독대에 내놓고 문을 닫아버렸다. 무서워서 울고 있는 내 모습을 방 안에서 보면서 깔깔대며 놀리곤 했다. 이런 일이 여러 번 반복되었지만, 나중에 더 되로 당할까 봐 무서워서 부모님께 일러바치지도 못했다.

어느덧 세월이 훌쩍 흘러서 우리의 어릴 적 모습을 추억하며, 우리의 후손들을 키워야 할 때가 되어버렸다. 그래도 우린 형제, 자매들이 많아서 서로를 위해 주고 이해해 주고 정을 나누어 주어서 8남매 모두 아름다운 우애를 이루고 있다. 다들 건강하고 행복한 모습으로 함께 어우러져 사는 모습이 너무 감사하고 행복하다.

'에비오제', 그 맛 좀 느끼고 싶네!

자가용 자전거

초등학교 입학 무렵이었다. 어려서부터 우리 집에는 찾아오는 손님이 꽤 많았다. 나는 그렇게 우리 집을 방문하시는 손님들에게 인사를 제법 잘하는 꼬마로 알려져 있었고, 방문하는 손님들이 주시는 빳빳한 오 원이나 십 원짜리 종이돈을 받곤 했다(그때는 1원에 눈깔사탕 한 줌씩 주던 시절이라 빳빳한 종이돈은 귀하고 꽤 큰돈이었음).

별명도 똑똑하다는 의미로 '똘똘이'라고 지어 주셔서 동네 어른들은 대부분 나를 '똘똘이'라고 부르곤 했다. 비교적 제 나이보다 잘한다고 여김을 받았고, 아버지께서 학교 육성회장을 줄곧 하고 계셨던 터라 학교 입학에 우대(?)를 받으면서 갔는데, 초등학교 입학을 하러 가서 보니 글쎄 나는 아예 호적조차 없는 입학생이었다.

나중에 안 사실이지만 몸이 몹시 약했기 때문에 호적을 미루고 있었지 않았나 싶다. 아니면 아버지께서 너무 분주하신 탓에 호적에 올리는 것을 잊고 사셨나 싶다. 아무튼 입학하러 갔다가 다시 면사무소에 가서 뒤늦게 호적을 하는 일이 벌어졌는데, 이날 호적도 우리 집 일을 봐주던 먼 친척인 길수 아저씨에게 맡기셨던 것으로 생각이 난다.

나의 유소년 시기에 아버지는 집안일은 거의 신경을 쓰지 못하시고, 온통 주변 일에 진력하시며, 지역사회의 많은 봉사활동(?)으로 늘 분주하셨던 모습이 기억된다.

이후 학교에 입학하여 재미있는 초등학교 생활을 하게 되었는데, 약한 체격에 아침밥을 잘 안 먹었기에 학교는 자전거도 못 타는 길수 아저씨(먼 친척뻘인 길수 아저씨는 형제가 우리 집에서 머슴살이를 몇 년 동안 하셨다)가 나를 자전거에 태우고 학교까지 끌면서 태워다 주었다. 고맙기도 하고 미안하기도 했다. 학교에서 아이들은 날 부러워하기도 하고, 자전거를 못 타는 아저씨를 우습게 여기기도 했다.

그때는 책가방이 없었다. 대부분 책보에 책을 싸서 다녔고, 신발도 검정색 고무신이 대부분이었다. 하지만 나는 호적에도 없었던 부잣집 막둥이라 그런지 비록 비닐 재질로 만든 가방이지만 책가방도 메고, 신발도 양말에 운동화까지 갖추어 신었다. 거기에다가 매일 자전거를 타고 등교를 하였으니, 수많은 아이들의 부러움을 한눈에 받는 사람이 되었다. 어머니께서 손수 지어주신 옷을 입고 한껏 자랑도 하였다. 영근이, 성만이, 순덕이, 경님이랑 내 고향 십자공굴에서 보낸 어린 시절 추억은 참 행복했다.

그러던 비 오는 어느 날, 나를 늘 자전거를 끌면서 태워다 주던 길수 아저씨가 학교 운동장에서 자전거를 배워보겠다고 넘어지고 일어서기를 수없이 반복하며 진흙투성이가 된 쇼를 하게 되었다. 그날 광활국민학교 운동장에서는 온통 '비 오는 날의 공개쇼'가 펼쳐졌다. 끝내 길수 아저씨는 자전거를 타지 못하셨지만….

초등학교 시절, 가을이면 소달구지 여러 대가 가을걷이한 볏단을 며칠 동안 실어 날라서 우리 집 마당에 여러 개의 벼탑을 높이 쌓아 두었다. 초겨울까지 우리 집 마당은 동네 아줌마들의 일터였고, 점심 때는 칼국수나 팥칼국수를 큰 그릇에 한 통씩 삶아서 함께 나누어 먹었다. 풍요로운 어린 시절의 아름다운 추억이었다.

우리 집 잔칫날

아버지의 간척사업이 진행되는 동안 겨울철 내내 우리 집은 잔치가 계속되었다. 왜냐하면 봄이 되기 전까지 긴 겨울날 동안 계모임을 많이 가졌기 때문이다. 우리 집은 제사를 지내지는 않았지만 계모임은 유난히 많았던 것으로 생각된다. 지금 생각해 보니, 아버지가 사람들을 좋아하고 사람들 대접하는 일을 좋아하시기도 했지만, 아마 사업을 하는 관계로 자금을 조달하는 수단으로 계를 여러 개 만들기도 했으리라고 추측이 된다.

우리 어머니는 그 모든 일을 본인이 감당하면서도 워낙 큰 손님들을 많이 치르셨기에, 아버지와 계모임 손님들을 치르는 일로 인해 한 번도 다투시는 일 없이 음식을 척척 해내셨고, 모두늘 맛있다는 말씀들을 많이 하셨다.

음력 11월 26일이 아버지 생신인데, 양력으로 치면 대개 매년 연말이나 연초가 되었다. 이때는 사촌들까지 일가친척이 모두 우리 집에 모이는 더 큰 잔칫날이 되었다.

하여튼 겨울철에는 우리 집에서 모임을 여러 차례 하는 바람에, 나는 평소에 먹지 못하던 맛있는 음식을 많이 먹을 수 있는 기분 좋은 날이 많았다. 어머니는 곗날이 되기 사나흘 전부터 이것저것 준비를 많이 하셨다. 어른 다리통만한 상어를 사다가 포를 떠서 전을 부쳤다. 커다란 홍어를 사서 홍어찜도 하고, 홍어회도 만들고, 홍어탕을 끓이기도 했다. 항상 꼭 만드는 것은 부시게(찹쌀 반죽을 해서 따뜻한 방바닥에 두면 부풀어 오르는데, 그것을 기름에 튀기고 그 위에 조청을 바르고 쌀튀밥을 묻혀 만드는 음식)와 식혜였다. 부시게를 만드는 일은 손이 많이 가고 시간도 오래 걸리는데, 그때마다 상수래에 살던 외갓집 장손인 사촌 상문이 형님의 아내인 형수가 재주가 있었던지 때마다 꼭 와서 어머니를 도와 부시게 전담을 해주었다.

이때마다 동네에서 평소에는 꼼짝 못하던 내가 왕초가 되었다. 먹을 것이 귀하던 시절이었고, 명절 때나 되어야 고깃국을 1년에 한두 번 먹을 수 있을 때였기에, 잔칫날 맛있는 기름 냄새가 동네에 솔솔 풍기면 마치 똥개가 냄새를 맡듯 온 동네 친구들이 우리 집 주변으로 몰려들었다. 뭐라도 한 조각씩 얻어먹으려면 아니꼬워도 그날만은 나에게 잘 보여야 하는 것이었다. 그래서 잔칫날은 내가 맛있는 것을 실컷 먹을 수 있는 것도 행복했지만, 빌빌하던 내가 잘난 체하며 으스댈 수 있는 날이어서 너무나 행복한 날이 아닐 수 없었다.

게다가 손님들이 올 때마다 얼른 마을 입구까지 나가 인사하는 나에게 칭찬과 함께 용돈을 많이 주셨다. 칭찬도 받지, 용돈도 두둑이 받지, 맛있는 먹을 것도 먹지, 동네 친구들한테 으스대지…마냥 즐겁고 행복한 시간이었다.

"아! 그리운 그 시절이여!"

외할아버지 추도예배

　봄이 되면 논만 있는 광활한 들판에 사는 사람들은 소위 말하는 춘궁기(春窮期: 농촌에서 하곡인 보리가 여물지 않은 상태에서, 지난해 가을에 걷은 식량이 다 떨어져 굶주릴 수밖에 없게 되던 4~5월의 시기를 일컫는 말)가 제일 어려운 시기이다. 그야말로 먹을 것이 거의 없는 시기이다. 어릴 적 우리들은 아직 덜 여문 보리알을 불에 약간 태우고 비벼낸 것을 먹거나 달콤한 아카시아 꽃을 따먹었다. 형편이 좀 나은 집 애들은 말려둔 누룽지를 먹거나, 아니면 보릿겨로 만든 개떡을 만들어 주면 그것을 먹었던 시절이었다.
　그래서 내가 제일 아쉬워했던 것 중의 하나는 '왜 우리 동네엔 밭이나 산이 없어서 고구마를 먹을 수가 없는 것인가?'였다. 어쩌다가 산골 마을에 가서 나뭇가지로 만든 족대에 방안 가득 담겨 있는 고구마를 볼 때는 그 모습이 제일 부러웠다.
　그런 시절에 외할아버지 추도예배가 음력으로 4월, 양력으로 5월 초 경에 있었다. 해마다 이때는 진봉면 신석소 마을에 사는 막내 만수 삼촌댁으로 외할아버지 추도예배를 드리러 어머니와 함께 갔다. 그때마다 나는 꼭 어머니 치맛자락을 잡고 따라다녔다.
　외갓집에 가면 언제나 삼촌과 외숙모는 나를 반갑게 맞아주셨을 뿐만 아니라 기특하다고 하며 유난히 귀엽게 여겨 주셨다. 하지만 나는 그보다는 외숙모가 해마다 꼭 해주시는 닭고깃국과 콩밭의 짓거리(김치거리)로 만들어 주시는 맛있는 열무김치가 더 먹고 싶어서 따라다녔다. 일 년 동안 정성스럽게 키운 제일 큰 장닭 한 마리를 잡아서 미역국을 끓였는데, 물론 두툼한 다리는 목사님과 어른 몫이었지만, 나에게는 고기 몇 조각 들어간 그 미역국도 이루 말할 수 없이 맛있었다.

우리 삼촌과 숙모님은 전주로 이사 가시기 전까지 관기에서 망해사 쪽으로 가는 찻길가의 작은 오두막집에서 사셨다. 평생 두 분이 토닥토닥하면서 가난하게 사셨지만, 목사가 된 큰아들과 딸 둘 그리고 늦둥이 막내를 잘 키워내셨다. 온 집안의 막내아들이었지만 할아버지의 추도예배를 꼭 챙기시는 효자, 효부셨고, 인정도 많고 마음씨가 선한 분들이셨다.

"외삼촌, 외숙모님! 정말 감사했습니다."

짱둑이 터지다

나의 초등학교 시절은 그래도 철모를 때여서 그랬는지 평범했지만 재미있는 생활이 이어졌다. 3학년 때 아버지께서 김제시 진봉면(원래 부모님께서 사시던 곳이었음) 관기 일원에 둑을 막는 간척사업을 하셨다. 거의 전 재산을 투자하고 빚도 꽤 많이 얻어서 약 200만㎡ 가량 크기의 둑(1,200평짜리 논 500필지 분량이라고 기억함)을 멀리 고군산 인근의 섬을 사서 돌을 구하고, 배로 그곳까지 돌을 운반해다가 오랜 시간을 거쳐 막았다.

둑을 다 완성했기에 물을 공급할 양수기는 몇 톤짜리를 구할 것이며, 구획정리는 어떻게 하고, 경지정리는 어떻게 하며, 가난하고 어려운 사람들 몇십 가구를 모아서 집을 지어 농사를 지으며 살게 하겠다는 등 구체적인 계획을 세우고 있었다.

그러던 어느 날 새벽, 아버지를 도와서 집사 역할을 했던 분이 십 리가 훨씬 더 되는 먼 새벽길을 한달음에 달려와서 막았던 둑이 다 터졌다는 소식을 전해왔다. 둑을 다 막아 성공했다는 기쁨을 나누기도 전에 청천벽력 같은 비보가 날아든 것이다. 둑은 물때가 사리 때(음력 보름과 그믐 무렵에 밀물이 가장 높은 때)가 된 데다가 작은 게 구멍에 큰물이 들락날락하면서 큰 구멍이 되었고, 마침내 둑을 다 무너뜨린 것이었다.

그 새벽에 아버지는 그 자리에 털썩 주저앉으셨다. 그것이 아버지 생애의 마지막 실패의 순간이었고, 절망의 순간이었다. 그걸 목격했던 어린 나는 그 순간을 지금도 잊을 수가 없다. 비록 나이는 어렸지만 절망의 순간을 경험하는 최초의 시간이었다. 아버지는 그 후 재기하지 못하셨다. 우리 집안은 정말 이루 말할 수 없는 곤경에 빠져들기 시작했고, 길고 긴 가난이 시작되었다.

하루아침에 집안이 폭삭 망하여 수많은 빚더미에 앉은 상거지의 처지가 되어 시래기에 쌀 한 줌씩만 넣은 시래기죽도 먹고, 무죽도 먹게 되었다. 내 위에 다른 누나와 형들은 다 집을 떠나 있었지만, 나와 막내 누나는 오롯이 환란의 폭풍에 싸여 시련을 당하시는 부모님의 모습을 보면서 어려운 삶을 살아야만 했다.

막내 누나는 어린 시절에 온 동네 친구들이 다 가는 중학교에 입학하지 못하고 볏짚 가마니를 짜서 부모님을 도왔고, 아버지는 밤늦게까지 새끼를 꼬시는 날이 많았다. 이렇게 볏짚 가마니를 짜서 면 소재지 공판장에 내다 팔아 생활을 했다.

아버지는 그런 삶을 사시면서도 새벽마다 잠이 곤히 든 우리를 깨워서 꼭 가정 예배를 드렸다. 우리 가족 앞에서 한 번도 좌절한 모습을 보이시거나 낙심되는 말이나 표현이 없으셨고, 힘들다는 넋두리를 하시거나 한탄하시거나 눈물을 보이신 적도 없었다. 그것이 쉽지 않은 일이셨을 텐데도 말이다.

나는 어머니가 늘 쓰시던 재봉틀을 가지고 자주 놀았는데, 재봉틀 바퀴를 운전대 삼아 그때부터 운전 연습을 하면서 놀 때가 많았다. 아마 지금 운전 실력의 대부분은 그때 연습해둔 덕분인 것 같기도 하다.

늘 어렵고 가난했지만, 그럼에도 불구하고 우리 부모님은 언제나 나에 대한 절대적 지지와 무한한 긍정의 마음으로 나를 사랑해 주셨다. 그래서 나는 자신감 넘치고 자아가 건강한 사람으로 성장할 수 있었다. 막둥이였기에 무조건적인 사랑을 받았고, 부모님의 무조건적이고 긍정적이셨던 사랑은 나에게 긍정적 자아를 형성시켜 주셨다. 나 또한 그런 양육 환경의 영향으로 성인이 된 지금, 나의 자녀와 주변과 이웃에게 긍정적 에너지를 나누어 줄 수 있는 사람이 되었다고 생각한다. 교육학도 심리학도 접한 적이 없으셨던 사랑하는 아버지, 어머니께 늘 감사하며 살고 있다.

소꿉친구들

　내가 자란 십자공굴 마을은 이십여 호가 채 안 되는 작은 동네였다. 그나마 띄엄띄엄 있는 집들이 몇 채나 되었다. 함께 놀았던 소꿉친구 동창들은 김성만, 김영근, 송기상, 김규철, 신명균(부잣집 아이여서 전주에서 학교를 다녔고, 실제로 잘 어울리지는 않음)이 있었다. 그리고 여자는 윤정숙, 유순덕, 이경님 정도가 다였다. 선배로는 재문이, 성렬이, 문철이, 막둥이, 천복이 형과 옆집 순복이, 영순이, 옥심이, 춘옥이, 영례 누나 정도였다. 후배는 구멍가게를 하던 집 정숙이 동생인 윤정수와 성만이 동생 경철이와 미경이가 생각난다.

　광활 땅이 갯벌을 막아서 이루어진 터라 오랜 시간이 지나자 반질반질하게 굳어져서 우리들이 놀기에 딱 좋은 흙이 되었다. 여러 가지 강치기, 딱지치기, 구슬치기, 고무줄놀이, 말뚝박기, 쌈치기(일명 짤짤이라고도 함), 못치기, 쥐불놀이, 물고기 잡기, 민화투 치기, 땅따먹기 등 다양하고 재미나는 놀이가 무수히 많았다. 그러고 보니 늘상 놀았던 일밖에 기억이 안 나고 함께 모여서 공부를 하거나 숙제를 한 기억은 전혀 없다.

　그럼에도 불구하고 우리는 아이를 키우면서 맨날 "공부해라, 숙제해라, 학원 가라"고 다그치기만 하며 살았던 것 같다. 시대가 변하기는 했지만,

01_ 나를 보내신 하나님

이것은 이율배반적인 일이 아닌가?

　그런데 한 가지 기억하기 싫은 일이 있다. 성만이와 영근이는 같은 김씨라고 자주 나를 왕따시켰다. 때로는 자기들의 유불리에 따라서 체격이 작고 허약한 나를 후배인 정수와 겨루게 만들 때가 여러 번 있었다. 물론 내 손에 먹을 것이 있거나 아쉬울 때에는 나를 잘 따르는 친한 친구였지만 말이다.

　밥을 잘 먹고 자란 정수는 나보다 여렸지만 체격이 나보다 크고 체력도 좋아서 자기와 비슷했던 성만이와 영근이에게는 찰싹 붙어서 아부를 떨었다. 그렇지만 나를 만만히 보아서 성만이와 영근이의 비위가 상하거나 나에 대해서 불만이 생길라치면 성만이와 영근이가 은근히 정수를 시켜서 나와 싸우게 만들었다. 정수한테 한 대 맞아서 코피를 흘리거나 정수 밑에 깔려서 버둥거리는 내 모습을 보면서 낄낄대며 대리만족을 하던 모습들이 소꿉장난 시절의 아픈 추억이었다.

　하지만 늘 그렇지만은 않았다. 성만이와 영근이, 때로는 기상이와 순덕이와 경님이는 거의 매일 함께 노는 소꿉장난의 주요 멤버였고, 먹을 것이 생기면 한 조각을 함께 한 입씩 나누어 먹던 어릴 적 친한 친구들이었다. 지금은 모두 다 흩어져 살게 되었고, 어디서 무엇을 하며 지내는지 알 수도 없다. 하지만 어릴 적 추억을 함께 쌓았던 귀한 친구들이 어디에 있는지 때로는 보고 싶다.

연탄가스 중독

* 두 번째 죽음에서 살리심

초등학교 저학년 때의 일이다. 아마 초등학교 1, 2학년 때쯤으로 기억된다. 둘째 누님의 출산을 위해 어머니가 서울 누나네로 가시게 되었다. 난 어머니를 따라 동행하게 되었고, 그곳에서 조카가 태어나기를 기다리며 며칠을 묵게 되었다. 아마 지금의 서울시 성동구 옥수동 산비탈 달동네 어딘가에서 살고 있었던 것으로 기억된다.

인근 행당동에 이모님이 살고 계셨는데, 아마 한참 동안 걸어야 할 만큼 멀리 떨어져 있는 이모네 집까지 시골 촌에서 온 어린아이가 걸어서 왔다갔다를 몇 차례 하는 모습을 보고 어머니를 비롯한 어른들이 기특해하셨다. 이때 이종사촌인 호석이 형님께서 나와 어머니, 이모님을 남산에도 데려가고, 케이블카도 태워주시고, 전철도 타보는 호강을 시켜 주어서 촌놈이 처음으로 서울 구경을 하였다.

그러던 중 어느 날인가 아침에 내가 깨어나질 못했다. 그때는 대부분이 연탄으로 난방과 취사를 하던 때여서 자칫하면 구들장 틈새로 연탄가스가 새어나와 방 안으로 새어들어 오곤 하던 때였다. 그 무렵 아침 뉴스엔 밤새 연탄가스 사고로 중태가 되었거나 사망했다는 뉴스가 자주 나오곤 했었다. 그 뉴스거리의 대상이 될 뻔했던 사람이 나였던 것이다.

따뜻한 곳에서 자라고 아랫목에 자리를 해주셨고, 머리를 벽쪽 틈새로 두르고 잤던 내가 유독 가스에 중독이 되었고, 그렇지 않아도 몸이 약한 나는 의식을 잃고 사경을 헤매게 되었던 것이다. 의식이 돌아와서 주변을 보니 거의 반라의 모습으로 마당에 엎드려져 있었다. 아마 땅 기운을 쏘이면 정신이 든다는 생각에서 그렇게 한 것이라고 했다.

그 후에도 그 누나가 부산으로 이사를 가서 방학 때면 조카들의 공부를 도와주러 갔다가 두어 차례 연탄가스에 중독되었다가 깨어난 적이 있었다. 그러고 보니 나는 연탄가스 중독에서만 서너 차례 살아난 것 같다. 그러한 가운데 나를 사랑하셔서 나를 버리지 않으시고 되살리신 하나님의 은혜가 감사하여 남은 삶을 더욱 보배롭고 가치 있게 살아야겠다고 다짐해 본다.

조카 현주와 현상이

　조카 현주와 현상이는 아주 어릴 적에 나랑 함께 살았다. 큰형님이 결혼을 하고 형수와 함께 부모님 집에서 살았기 때문이다. 철모르는 나는 형수님의 신혼 방에 자주 놀러 갔었는데, 두 분이서 나누는 말을 내가 알아들을 수 없도록 형수님이 혀를 꼬아서 두 분이서만 알아들을 수 있는 말을 하곤 하였다(조금 커서 생각해 보니 말끝마다 '사사 시시 소소'를 넣어서 말하는 것임을 알았다). 눈치 없는 나는 그것도 모른 채 형수님 방에 더 자주 갔으며, 그때마다 형수는 뭔 말인지 몰라서 자꾸 물어 보는 어린 내 모습을 보고 깔깔대며 웃곤 했다.

　하루는 마당에서 여물을 썰다가 놓아 둔 작두를 가지고 놀게 되었는데, 때마침 현주가 다가와서 함께 놀이를 해 달라고 졸랐다. 별 위험을 알지 못하던 나는 풀을 써는 놀이를 하면서 현주가 풀을 넣고 내가 작두로 자르는 매우 위험한 놀이를 하게 되었다. 아뿔싸! 드디어 일이 터지고 말았다. 현주의 손가락 하나가 작두에 잘리게 된 것이다. 나는 너무나 놀라고 무서웠다. 현주는 자지러지게 울고 손에서는 핏방울이 뚝! 뚝! 뚝! 떨어졌다. 내가 일으키고, 내가 목격한 최초의 사고였다.

　얼마나 무서웠는지! 얼마나 울었는지! 얼마나 혼이 났는지는 전혀 기억이 나지 않지만, 평생 잘려나간 손마디를 갖고 살아가는 조카딸 현주에게는 지금까지도 너무나 미안한 마음 금할 길이 없다.

나는 현상이가 태어날 때 아버지가 뒷마당에서 춤을 추시는 모습을 보았다. 얼마나 좋아하시던지 그 모습이 지금도 눈에 선하다. 지금 내가 아이를 장가보내고, 얼마 후 얻을 손주를 생각하니, 그때 아버지의 모습이 충분히 이해가 가고 나도 많이 고대하며 기다려진다.

어느 날 현상이가 아주 어렸을 때 집 앞 물가에서 빨래를 빠는 흉내를 내다가 그만 물에 빠졌다. 아무도 모르는 가운데 말이다. 지나가던 사람이 물 위에 바가지가 떠 있다고 생각하여 자세히 보니 아이가 물에 빠져서 물 위에 엎드려져 있는 것이었다. 급히 건져냈지만 의식은 없었다. 뱃속의 물을 빼는 등의 응급조치를 하여 안방 아랫목에 뉘어 놓았다. 얼마의 시간이 흐른 뒤 다행히 현상이가 깨어났다. 정말 아찔한 순간을 보낸 것이다.

큰형님은 결혼하고 아이를 낳은 뒤 또래보다 한참 늦은 나이에 군대에 갔다. 그러니 아내와 어린 자식이 얼마나 눈에 밟혔을까? 그러던 어느 날 갑자기 완전 무장을 한 형님이 집에 왔다. 부모님과 형수는 반가운 표정도 있었지만, 너무나 놀란 표정이었다. 혹시 탈영하지 않았나 해서다. '얼마나 새색시가 보고 싶었으면 훈련 중에 집에까지 왔을까?' 염려와 다르게 훈련 중 잠시 이탈하여 나왔는지 형님은 오래지 않아 군대로 돌아갔고 군 생활을 무사히 마치고 제대하였다.

나를 기르신 하나님

02

디모데전서 4장 6절

"네가 이것으로 형제를 깨우치면 그리스도 예수의 좋은 일꾼이 되어 믿음의 말씀과 네가 따르는 좋은 교훈으로 양육을 받으리라"

초등학교 시절

　나는 초등학교 시절 가정 형편은 어려웠지만, 아버지께서 육성회장을 계속 하셨기에 괜히 어깨를 으쭐대며 다녔던 것 같고, 담임 선생님들께는 별로 좋게 여김을 받지는 못했던 것 같다. 아버지가 학교 육성회장이기에 교장 선생님과는 교류를 했겠지만 담임 선생님 정도는 별로(?)로 여기시지 않았나 하는 생각을 나중에 내가 교사를 하면서 하게 되었다.

　나는 크게 두각을 나타내지는 않았지만, 꽤 공부도 잘하고 똑똑한 아이로 인정을 받아 전교 어린이 회장도 했다. 저학년 때 먹었던 급식은 미국에서 원조해 준 우유 가루나 옥수수 가루, 나중에는 옥수수 죽이나 우유 덩어리였다. 고학년 때에는 빵을 만들어 나누어 주었던 것 같다. 그 당시 내가 우리 반의 빵을 타다가 나누어 주는 당번을 했던 기억이 나는데, 그 시간이 내게는 무척 행복한 시간이었던 것 같다.

　매년 있던 반공 웅변대회에는 단골 반대표로 나갔다. 특히 6학년 때는 3반 서공석 선생님과 우리 4반 최영식 선생님이 서로 경쟁(?)이 붙으셔서 우리는 3반과 매번 흥미로운 축구 경기를 했다. 자주 용호상박의 경기를 치렀다.

　담임 선생님은 어떤 이유에서였는지는 모르지만, 우리 반 출석번호를 남자 1번은 남창우로, 여자 1번은 여미자로 정했다. 아마 그 애들이 우리보다 나이가 한두 살씩 많아서였는지도 모르겠다. 지금 생각해보면 6학년 미자는 또래보다 꽤 성숙한 모습이었다. 한번은 선생님께서 미자에게 노래를 시켰더니, 우리는 전혀 알지도 못했던 '그 집 앞'이라는 가곡을 아주 멋지게 불렀다. 그 시절 초등학교 6학년생들에게는 정말 깜짝 놀랄 만한 감동의 사건이었다.

하여튼 재미있고 활기찬 초등학교 시절을 보냈다. 여름에는 집 앞 개울(지금은 작은 도랑에 불과함)에서 수영도 했다. 옆집에는 옻칠을 한 상을 만들어 팔던 재문이 형이 살았는데, 그 집 앞에 있는 버드나무에 올라가 다이빙을 하면서 물놀이를 즐겼다. 겨울에는 얼음 위에서 썰매를 타고 놀았고, 때로는 얼음을 깨서 배로 만들어 타면서 즐겁고 신나는 어린 시절을 보냈다. 그 주 무대가 사방으로 물길이 나 있는 공굴이라는 뜻의 십자공굴이었다.

초가을 달밤에는 그 공굴에 참게가 올라와서 잡기도 했고, 가을철에는 우리가 놀던 개울을 막고 물을 품어내어 붕어, 가물치, 메기 등 갖가지 물고기를 잡아서 어른들이 맛있게 끓여 주시는 매운탕을 먹기도 했다. 실컷 놀고 젖은 옷, 젖은 양말, 더러워지고 때론 헤어진 양말 때문에 많이 혼나기도 했지만, 그 시절의 아름다운 추억은 지금도 즐겁고 생생한 아름다운 추억으로 떠오른다.

여름과 겨울 방학 때마다 외가를 찾아온 조카 용운이(지금은 전주 임마누엘교회 담임목사)와 혜란, 혜일, 용주, 혜선 조카들은 지금도 그 시절의 추억을 그리워하곤 한다. 겨울 방학 때 아버지는 세숫대야에 물 한 대야를 방으로 떠오셔서 우리를 쭉 순서대로 앉히고 한 대야의 물과 수건 하나로 모두의 얼굴을 씻겨 주셨다. 그렇게 씻김 받은 우리들은 지금까지 모두 다 몸과 마음이 하나같이 예쁘고 건강하다.

"아버지! 감사합니다. 그리고 사랑합니다."

십자공굴의
추억

 나는 어려서 산도 없고, 바다도 없고, 나무도 별로 없이 순전히 논만 있는 들판에서 자랐다. 어쩌면 삭막하기까지 한 시골의 농촌이었다. 그 때문에 나는 학생 시절이나 지금이나 식물 이름, 나물 이름, 그리고 나무 이름에 대해서는 몇 가지밖에 모르고, 식물에 대한 상식도 많이 부족하다.
 간척지를 막아서 된 농지이기에 땅이 기름지고, 소금기가 있어서 흙이 쉽게 단단해지고 매끌매끌하여 먼지도 적어서 땅에서 여러 가지 놀이를 하기에 참 좋은 편이었다.
 내가 어린 시절 추억을 간직했던 곳은 김제시 광활면 옥포리에 있는 십자공굴이라는 작은 시골 동네로, 동진강 강가를 막아서 둑을 쌓아 만든 간척지 땅이었다. 바다를 막은 둑을 우리는 '짱둑'이라고 불렀는데, 그 짱둑 너머에는 갯벌이 있었다. 조수간만의 차가 꽤 있는 곳이어서 물이 빠질 때에는 갯벌에 나가서 꼬막과 바지락도 캐고, 생합도 캐고, 망둥어나 맛 등을 잡기도 했다.
 그중에 제일 많이 캤던 것이 바지락이었다. 바지락은 삶아서 먹거나, 많은 양은 소금에 절여서 젓갈을 담아 먹으면 참 맛있었다. 그중에서도 삶은 바지락을 초장에 무쳐서 먹는 게 나는 너무 맛있었다. 바지락을 삶은 물에 미역을 넣어서 국을 끓여 주시면 그날은 밥을 더욱 맛있게 많이 먹었다. 거기에 더하여 맛으로 국을 끓이면 더욱 금상첨화였다.

어느 날은 함께 살았던 사촌 영환이 형이 태워주는 리어카에 탔다. 바지락을 몇 포대씩 잡아서 잔뜩 싣고, 바지락 잡는 도구(당시엔 그랭이라고 불렀다)를 안고 그 위에 내가 앉았는데, 리어카가 뒤로 젖혀지는 바람에 내 머리 정수리가 약간 찢어지는 사고가 나기도 했다. 그 머릿속 흉터는 지금도 어린 시절의 아름다운 추억으로 간직하고 있다.

그 짱둑 안쪽에 우리 논이 여러 필지가 있었는데, 벼가 누렇게 익어가는 가을이 되어 논물을 뺄 때면 논에서 자랐던 크고 작은 붕어들이 무척 많이 잡혔다. 그 붕어는 시래기나 묵은 김치에 찌개를 해 먹으면 정말 맛있는 최고의 음식이 되었다. 너무 많을 때에는 쪄서 채반에 말려 두었다가 한겨울에 조림을 해 먹거나 찌개를 해 먹어도 정말 맛있었다.

어려서 보았던 한 가지 끔찍한 장면은, 바지락을 잡으려고 먼 바다까지 쫓아 나갔다가 썰물이 들어오는 것을 미처 알지 못하여 바다에 빠져서 여러 명이 함께 죽어서 한 마을이 온통 통곡으로 슬퍼하던 때가 여러 번이었다. 어린 나이에 여러 사람의 주검을 한꺼번에 목격한 놀라운 장면은 지금까지도 잊히지 않는 무섭고 슬픈 장면이 되었다.

지금은 먼 바다를 막아 새만금 방조제가 되어 다 육지가 되었지만 그 어릴 적 추억이 서려 있는, 바람에 흔들리는 갈대밭이 광활한 짱둑을 하염없이 다시 보고 싶다.

쥐꼬리와
채변봉투

　요즘 사람들이 흔히 사용하는 표현 중에 '쥐꼬리'라는 말이 있다. 돈 봉투나 월급봉투, 그리고 받는 것이 적은 것을 표현할 때 '쥐꼬리만 한 ○○'이라고 빗대는 말로 사용하기도 한다.
　내가 초등학교에 다닐 때는 우리나라의 경제 상황이 어려웠을 뿐만 아니라 식량 생산이 많지 않아서 자급자족을 하지 못하는 시절이었다. 그나마 생산된 식량들도 보관시설이 열악하고 환경이 좋지 않아서 손실이 많이 났던 시기이다. 더군다나 쥐가 워낙 많아서 보리농사와 벼농사를 주업으로 하는 들판에 있는 우리 농촌 지역에서는 밤낮으로 어디에서나 쥐가 지나다니는 모습을 흔히 볼 수가 있었다.
　그러다 보니 그렇지 않아도 부족한 식량이 많은 쥐들로 인하여 손실되는 양이 연간으로 보면 엄청난 양이 되었다. 그 당시 나라에서는 몇 년 동안 대대적으로 쥐잡기 운동을 하였다. 초등학교, 중학교 시절에 학교에서 자주 하던 일이 쥐꼬리 모으기 운동이었다. 쥐를 잡아서 쥐꼬리를 잘라 모아서 학교에 몇 마리를 잡았노라고 제출하는 일이었다. 지금이라면 정말이지 학교장의 목이 날아갈 상상하지 못할 엄청난 일이다. 하지만 그 당시는 당연시되고 일상적인 일이었고, 민원이 생겨서 문제가 되었다는 소리를 들어보지 못하였다.

　겨울철이 되면 쌓아둔 볏짚 위에 올라가서 발을 구르면 여기저기서 살이 많이 찐 튼실한 쥐들이 뛰어나왔다. 그러면 달아나다가 잡힌 쥐 몇 마리씩을 짚불에 구워서 먹을 것 없는 배고픈 시절의 간식거리로 삼기도 했다.

　또 하나의 잊혀지지 않는 이벤트는 학기 중 봄철과 가을철에 매년 한두 번씩 하는 채변 검사였다. 음용수가 깨끗하지 않아서 아이들의 뱃속에 각종 기생충이 많이 있었기 때문이다. 그 당시 대부분의 아이들이 자주 배앓이를 하고, 학교에 결석하는 주된 이유 중 하나가 되기도 했다.

　학교에서 모든 학생들에게 채변 검사 봉투를 나누어 주었고, 며칠 안에 선생님께 다시 제출하도록 했다. 정해진 날짜까지 미처 변을 보지 못하였거나 채변 봉투를 잃어버리면 어떻게든 남의 것이라도 넣어서 가져가기도 했고, 채변 봉투를 다시 그려서 만들어서라도 꼭 내야만 했다.

　검사 결과가 나오면 기생충이 있다는 아이들에게 기생충 약을 나누어 주었다. 약을 먹고 나서 2~3일이 지나고 나면 영락없이 대변에 회충이 몇 마리씩 나왔다. 반 친구 중에 안 나온 사람은 거의 없었던 것 같다. 나중에는 약 복용의 효과로 회충이 몇 마리씩이나 나왔는지 그 숫자도 다 보고했는데, 그날은 교실 안에 온통 웃음보가 터지는 날이었다. 이제 다시 생각해 보면 서글픈 추억의 날들이 있다.

뒤집힌 리어카

* 세 번째 죽음에서 살리심

중학교 시절에 있었던 일이다. 아버님께서 간척사업을 하셨다. 거의 전 재산을 쏟아 넣고 주변에 빚까지 얻고, 정부 보조금도 일부 받아서 약 60만 평 정도를 막아 개간하는 사업이었다. 첫 번째는 김제군(지금은 시가 되었음) 광활면 동진강 유역을 막아 성공하였다. 두 번째는 만경강 유역 김제시 진봉면 고사리(관기마을)와 만경면 몽산포 앞 유역의 간척지를 막기 위해 전력을 다해 시도했는데 실패하였다. 그 자리를 마지막으로 모든 것을 쏟아 부어 세 번째 시도를 했는데 또다시 둑이 터져 실패하고 말았다.

고향에서 존경받았던 지도자로, 그리고 지역사회에 여러 가지로 봉사하는 지역 유지로 명망 있는 집안으로 통했던 우리 가정이 사업 실패로 말미암아 하루아침에 몰락하게 되었다. 한순간에 기거할 집마저 없이 어려운 상황에서 나도 참으로 어린 심정에 부끄러움이 이루 말할 수 없었다.

하지만 당사자인 아버지는 하루하루를 살아가기가 얼마나 힘이 드셨을까? 나는 어려서 가난한 현실을 탓하기만 했지, 부모님이 겪으셨을 그 어려움은 알지 못했다. 성인이 되고 회사를 경영하다 보니 이제야 조금이나

마 알 수 있을 것 같고 이해가 되었다.

　당시에 형편이 어려운 가운데 결혼한 형님이나 누이를 제외하고 형과 누나 한 명은 전주 시내에서 학교에 다니고 있었고, 나와 바로 위 영옥이 누나는 집에서 같이 지냈다. 특히 막내 누나는 중학교 입학도 포기하고 짚으로 쌀가마를 만들어서 공판장에 내다 파는 일을 하며 집안 생계를 도우며 살았다. 참으로 피폐하고 어려운 농촌 생활을 한 것이다.

　이 무렵 나는 방과 후 쌀가마 짜는 일을 돕기 위해 볏짚을 부드럽게 하려고 버스가 지나다니는 신작로에 아침 일찍 깔아 놓았다가 학교에서 돌아오면 자동차 바퀴에 뭉그러져서 부드러워진 짚을 다시 수레에 실어서 들여오는 일을 했다.

　어느 날 저녁때였다. 여느 날과 다름없이 신작로 위에 깔아 두었던 짚을 들여오는 길에 집 앞에 있는 다리를 건너게 되었다. 다리의 폭도 넓고 평소 늘 다니는 길이기에 콧노래를 부르며 여유 있게 다리를 건너던 중 수레 손잡이를 양팔에 뒤쪽으로 끼고 다리를 건너다가 실수로 바퀴 하나가 다리 옆으로 빠지면서 수레가 다리 밑으로 떨어지게 되었다. 팔이 손수레 손잡이에 끼여 어쩔 수 없이 나는 수레와 함께 공중회전을 하여 3미터 높이의 다리 아래로 곤두박질쳤다. 기억에 남는 것은 몸이 공중에 붕 뜬 순간뿐이었다.

　얼마나 시간이 지났을까? 집에서는 올 시간이 훨씬 지났는데도 내가 나타나지 않자 어머니와 누나는 나를 찾아서 온 동네를 헤매고 돌아다녔다. 온 가족이 걱정하면서 나를 찾았던 것이다. 하지만 어두컴컴한 저녁이 되어 다리 밑에 떨어져 있는 나를 발견할 수도 없었으며, 그저 혼자서 죽어 가도 어찌할 수 없었을 것이다.

　눈을 떠서 정신을 차리고 보니 다행히 개울에는 거의 물이 말라 있었고, 더욱이 내 머리가 떨어진 곳은 푹신한 진흙으로 된 곳이었다. 내 머리 바로 옆으로 깨진 큰 유리병이 있었는데 뾰족하게 난 날카로운 모서리가

뒤집힌 리어카

불과 5cm도 안 떨어져 있는 것을 발견하고 몹시 놀랐다. 그렇지만 피 한 방울 난 곳이 없고 상처 난 곳도, 다친 곳도 전혀 없었다.

스스로 일어나서 집에 들어갔더니 누나와 부모님이 흙투성이가 된 나를 보고 놀라며, 애타게 찾았노라고 염려했던 이야기를 했다. 비로소 온 가족이 안도의 한숨을 쉬고 하나님께 감사하게 되었다. 지금 생각해 보아도 전적으로 하나님께서 나를 지켜주신 기적적인 사건임에 틀림없다.

하나님께서 나를 창조하신 목적이 분명하고 내게 주신 사명이 있었기에 죽음의 문턱에서 나를 살리시고 오늘에 이르기까지 나를 인도하신 것임을 깨닫고 감사와 찬송을 드린다. 남은 생애 동안 주님의 부르심에 합당한 열매를 맺는 삶을 살고자 한다.

"하나님, 참 감사합니다. 할렐루야"[할렐루야는 히브리어 הַלְלוּיָהּ로 '야훼(하나님)를 찬양하라'는 뜻임]

화상으로 생긴 흉터

 내 오른쪽 다리 정강이 가운데에는 손가락 두 개로 덮어야만 가려질 정도의 꽤 큰 화상의 흉터가 있다. 흉터가 생긴 지 벌써 46년이 흘렀지만 그 흉터는 여전히 줄어들지 않았고, 늙지도 않고 있다. 그만큼 화상의 흉터는 죽을 때까지 평생을 함께해야 할 상처가 된 것이다.
 이 흉터는 어머니를 도와드리다가 화상을 입어 생기게 되었다. 어느 여름날 어머니께서 깨진 플라스틱 대야를 때운다고 하시기에 그 큰 대야를 잡고 있다가 생긴 사고였는데, 대야를 때우기 위해서 동종의 플라스틱을 태워서 그 플라스틱이 녹아내릴 때 그것으로 땜질을 하려는 것이었다.
 한쪽 부분을 내 오른손으로 잡고 있었는데 대야를 때우기 위해 녹아내리던 뜨거운 플라스틱 액체가 내 손가락에 묻게 되었다. 순간 나는 너무 뜨거워서 손가락에 묻은 뜨거운 플라스틱 액체를 털어 내려고 했는데, 아뿔싸! 그 뜨거운 플라스틱 액체가 그만 반바지를 입고 있었던 내 종아리를 찰싹 휘감아 버렸다. 뜨거운 플라스틱 액체는 쉽게 떨어지지 않고 순식간에 내 종아리 피부를 녹여버렸다.
 고통이 이루 말할 수 없었다. 피부 껍질이 다 타고, 정강이뼈가 하얗게 드러났다. 그럼에도 불구하고 병원이나 약국에 갈 생각은 하지도 못한 채

소재지에 있는 약국에서 사다 주신 화상 치료용 소독제로 소독하고 거즈를 교체하여 붙이는 일을 반복하는 것으로 치료를 대신하며 무더운 한여름이 다 가도록 치료를 했다. 하지만 그 상처에는 오랫동안 새 살이 차오르지 않았고 피가 나고 진물이 흐르기를 반복했다. 꽤 오랜 시간이 흐른 뒤에야 상처가 아물게 되었다.

그 당시 농촌 마을에 사는 사람들이 의료 혜택을 받기란 쉽지 않았다. 가까운 곳에 의료 시설이나 의사가 있지도 않았지만, 경제적으로도 다들 어려워서 어지간한 상처는 엄마 손이 약손이었고, 침을 바르고, 간장을 바르고, 된장을 바르는 것으로 치료를 대신할 때가 많은 시절이었다. 그래서 나도 상처 치료를 위해 병원 한 번 가지 않았고 그럭저럭 지내다 보니 깊은 상처가 오래도 갔고, 흉터도 많이 남게 되었다.

그렇다고 그 일 때문에 지금까지 부모님을 탓하거나 원망하는 마음은 전혀 없었다. 그저 당연하고 일상적으로 벌어지는 삶의 일부분이었을 뿐이라고 생각하며 말이다.

전교 학생회장

　중학교는 이웃 성덕면 남포에 있는 남곡중학교에 입학하였다. 초반에는 버스를 이용해 통학하다가 2학년 때부터는 자전거를 이용하여 통학을 했다. 함께 자전거로 통학했던 안광식이라는 친구와 자연스럽게 가까이 지내게 되었다.

　광식이는 중학생이었지만 그 당시 유행했던 가요를 부르며 다녔는데, 그 노래가 박일남 씨가 부른 '갈대의 순정'이었다. 우리 둘 다 비를 너무 좋아해서 때로는 비 오는 날에도 일부러 비를 맞으며 자전거 통학을 즐겼다.

　광식이는 보통 자전거보다 안장이 좀 높은 9호 자전거를 타고 다녔다. 집에 돌아올 때에는 일부러 길이 파여서 물이 더 고인 곳으로 물살을 가르며 달리기도 했다. 비를 흠뻑 맞은 상태로 수업을 들을 때에는 다른 아이들과 선생님들은 이상하게 생각하기도 했겠지만, 우리 둘에게는 남이 모르는 희열이 따로 있었다.

　남녀 공학이었고, 광활면과 성덕면의 3개 초등학교에서 같은 학교 학생으로 만나 서로 잘 어울려 지냈다. 우리 학교는 유도를 특기 종목으로 선정하여 유도부가 있었고, 도내 대회는 물론 전국 대회에도 참여하여 좋은 성적을 얻곤 했다. 특히 3학년 때 담임 선생님이자 한문 선생님이셨던 이공필 선생님에 대한 기억이 많다. 한문 수업 시간은 내내 외우고 쓰기, 숙제 검사시간이었고, 매 맞는 시간이었다. 하지만 그때 배운 한자 실력은 내 인생에 지금까지 매우 소중한 자산이 되어 늘 감사하게 생각하고 있다.

비록 작은 시골 중학교였지만 지역 사학으로서 자리매김하고 지역 인재들을 육성해 왔다. 그러나 지금은 인구 감소와 도시화의 물결에 따라 아쉽게도 우리 모교는 오래전에 폐교가 되어버렸다.

나는 신체적으로는 체구가 작고 약한 편에 속하였지만, 매사에 열정과 열심이 있었다. 머리도 그리 나쁜 편은 아니었던 것 같다. 성적도 어지간하였고, 리더십이 있어서였는지 초등학교 때에 이어서 중학교에서도 전교학생회장에 출마하게 되었다.

사춘기에 여학생만 있는 교실에 들어가서 선거 유세를 하는 것이 많이 떨리고 어려운 일이었지만, 나는 서슴지 않고 당당하게 전체 12개 학급 중 6개 학급의 여학생반 교실을 혼자서 돌며 지지를 호소했다. 결과적으로는 열화(?)와 같은 여학생들의 성원에 힘입어 커다란 표차로 전교 학생회장에 당선되었다.

그때 생각나는 몇 가지 공약은 반바지 교복을 긴 바지로 입도록 해주겠다, 나무 책상(낡고 홈집이 많았음)을 호마이카(밥상의 재료로 새로 유행하던 재질) 책상으로 바꾸겠다, 학생의 자치와 자율권을 더 달라 등이었는데 지나고 보니 실소가 나오는 맹랑한 공약이었던 것 같다.

고향에서 친구들과 초등학교부터 9년 또는 중학교 3년을 동문수학했던 죽마고우들 중 몇몇(보균이, 태경이, 판사 동운이, 호만이, 장렬이, 기용이와 나)이서 '어우러지기'라는 모임으로 만난 지 벌써 45년이 되어 간다. 인생도 익어가고, 우리도 익어가는 요즈음 친구들이 더욱 보고 싶고, 너무 자랑스럽고 사랑스럽다.

지우고 싶은 시간들

　중학교 다닐 때까지 가정 형편이 어렵기는 했지만, 남들이 보기에 별다르지 않게 평범한 생활을 하였다. 나름대로 어려운 환경 가운데서 공부도 열심히 하였다. 부모님께서는 그 어려운 살림을 하시면서도 뒷바라지를 잘해주셔서 위축되는 일 없이 중학교 생활을 무난히 마쳤다.
　학교를 졸업할 무렵에 기술자 육성을 위해서 그 당시 정부 정책으로 전국에 기계공고 설립 붐이 일었는데 담임 선생님께서 그중 구미에 있는 금오공고를 추천해 주시겠다고 하였다. 3년간 학비 전액 면제에 기숙사 생활을 하게 된다고 하였다. 나의 단순한 생각으로 일단은 집을 멀리 떠나는 게 싫었고, 기계나 기술을 다루는 데 소질이 적다고 생각하기도 했고, 막연히 문과를 택하여 나중에 판사나 검사가 되고 싶었다. 그래서 추천을 거절하고 금오공고에 가지 않았다.
　나는 그 시절에 많던 형제들이나 부모님과 미래와 진로에 대하여 깊이 있게 상담하고 고민해 본 적도, 조언을 받아 본 적도 거의 없었다. 그 후 전주에 있는 고등학교에 가기를 원했으나, 그만 입시에 낙방하고 말았다. 내 인생의 첫 번째 실패였다. 전기 모집에 떨어졌으니 후기 모집에라도 응시해야 했지만, 무슨 생각인지 혼자 방황을 하다가 시기를 놓쳤다.

사실은 부모님께 중·하위 수준의 학교라도 전주에 있는 학교에 보내주기를 여러 차례 졸라도 보았고, 종용도 했다. 하지만 가세가 이미 많이 기울어 버렸기에 어려운 가정 형편으로 나를 유학 보낼 상황이 되지 않으셨기에 절대 안 된다고 하셨다. 나는 처음으로 큰 좌절을 맛보았다.

긴 방황의 시간이 시작되었다. 진학을 포기하고 직업 전선에 나서고 싶기도 하였다. 하지만 나는 체격도 작고 왜소하여 그것도 당장은 쉽지 않았다.

고등학교 진학을 포기하고 한두 달이 지날 즈음에 아버지께서 내 모습이 안타까우셨는지 도의원 시절 함께 의정을 살폈던 동지이자 친구인 박광현 의원이 이사장으로 계신 고등학교에 보결로 입학을 허가받았다고 하시면서 늦게나마 입학을 하라고 하셨다. 그곳이 죽산면에 있는 죽산고등학교였는데, 그 당시에 학교를 개명하여 새롭게 한 이름이 '김제서고'였다.

참으로 서럽고 비참한 생각이 들었다. 처음부터 지망했더라면 3년간 전액 장학생도 될 수 있었고, 같이 동문수학했던 친구들은 다 좋은 학교에 갔는데 나만 낙동강 오리알이 되어 너무나 창피하고 쪽팔려서 도무지 학교에 다니기가 싫었다. 철부지 마음으로 철없는 행동이었음을 오랜 뒤에야 깨달아 알게 되었다.

당연히 공부에는 담을 쌓았고, 아무런 흥미도 없이 책가방에 달랑 도시락만 가지고 다니고, 합기도나 배우며 1년 동안 재미도 없고 흥미도 없는 세월을 보냈다. 10년째 학교에 다니는 것이었지만 이 시기 1년간의 학창 시절은 내 인생에서 지워버리고 싶은 마음이 지금도 간절하다.

학교는 가고 싶어야 가고, 공부는 하고 싶은 마음이 있어야 된다. 너무 당연한 이야기이고, 당연한 상식이다. 그것이 통하지 않고 동기가 없고, 당사자의 의욕이 없으면 아무런 소용이 없다는 것을 스스로 겪은, 어쩌면 소중한 계기가 된 1년의 세월이기도 하였다.

19년의 석사 학위 수료까지의 학업 성적표에서 '양' 아니면 '가'로 도배를 한 시절은 유일하게 바로 이 시기였다. 이듬해 나는 원래 아버지께서 사셨던 진봉면 고사리 관기라는 곳으로 이사를 하게 되어 자연스럽게 전학하게 되었는데, 그 학교가 만경면에 있는 만경고등학교였다.

  낯선 그곳에서 보잘것없이 초라한 나의 현실을 재발견하게 되었다. 남자 학교여서 한 학년에 두 반이 있었는데 1반은 우수반, 2반은 열등반으로 편성되었고, 나는 당연히 열등반인 2반, 그것도 성적순 번호 중에서 맨 끝 번호로 배정이 되었다. 그제서야 나의 현실을 돌아볼 수 있었고, 초라하게 자존감 없이 비실대는 나의 모습을 깨닫게 되었다. 정신이 번쩍 들었다.

  이즈음 넷째 영선이 누나가 공무원 시험에 합격하여 김제 우체국에 발령을 받아 나와 같이 집에서 생활하게 되었다. 누나는 나의 멘토가 되어 주었고, 후원자가 되어 주었다.

  이제 정신을 차려야 했다. '내가 할 수 있는 유일한 것은 열심히 공부하는 것!' 그래서 이때부터 단단히 마음을 먹고 다시 책을 잡았다. 매달 시험을 보아서 성적순으로 순위도 정하고 반 배정도 하였는데, 한 학기가 지나면서부터 우등반 상위권까지 급성장을 하게 되었다.

  3학년이 되면서는 우수학급에 편성이 되었고, 나중에는 입시 특별반에 선발되어 기숙사 생활을 하고 야간 자습까지 하며 대학 진학의 꿈을 키웠다.

초라한 이사

아버지의 사업 실패 후 가세가 기울어 십자공굴 회령 12조에서 옆 동네 회령 13조로 이사를 하였다. 아마 중학교 2학년 때 무렵이었다. 이북에서 내려와 사시던 이만근이라는 분이 더는 농사일을 할 수 없게 되어서 도회지로 떠나면서 우리에게 집과 논을 맡겼다.

아버지께서는 얼마나 형편이 곤란하셨으면 농촌에서 몇 푼 안 되는 집 한 채 살 돈이 없을 정도였을까. 지금 생각해도 기가 막힌 현실이었다. 그래도 어떻게 땅과 집을 한꺼번에 임대로 줄 사람이 생겼다고 고마워하며 이사를 했다. 아마 한 2년 정도 계약했던 것 같다.

온 가족 넷이서 열심히 일을 도왔다. 나는 아직 나이 어린 학생 신분이었지만 나이 많으신 부모님께서 하시는 일을 보고만 있을 수가 없었다. 이때 모내기, 피 뽑기, 비료 주기, 보리 베기, 보리타작, 지게질, 농약 주기, 벼 베기 등 거의 모든 일을 조금씩 도우면서 농사일을 배웠다. 틈틈이 시간 될 때마다 가마니를 짜는 막내 누나를 돕기도 했다. 열심히 일하고, 열심히 살았지만 더 이상 계약이 연장되지 않았고, 다시 어디론가 이사를 해야 했다.

어떻게 구하셨는지 이번에는 진봉면 관기로 이사를 하게 되었다. 아버지께서는 화려하게 살았던 관기를 떠난 지 이십 년 만에 무일푼 빈털터리가 되어 다시 관기로 가게 된 것이다. 다행히 교직에 있는 박상렬 선생이라는 분이 전주 시내로 가면서 역시 집과 논 네 필지를 몽땅 우리에게 맡기셨다. 이사랍시고 짐을 가지고 가는데, 어머니와 영옥이 누나와 나 셋이서 리어카에 달랑 벼 한 가마와 밥그릇 몇 개, 옷 보따리 몇 개를 싣고 관기까지 4킬로미터정도 되는 길을 이사하게 되었다.

처절하고 슬픈 생각이 들었다. 하지만 울지는 않았다. 병아리도 키우고 돼지도 키우면서 열심히 돈을 벌어야 한다는 생각이 머릿속에 가득했다. 우리가 형편이 어려워져서 고향을 다시 찾아왔다는 소식에 온 동네 사람들이 우리를 반겨주었고, 무슨 일이든 우리에게 도움을 주려고 애를 많이 써주었다. 물론 진봉교회에서도 목사님은 물론 온 교우들이 우리를 잘 대해 주었다.

그 이유 중 하나는, 아버지께서 어디를 가시든지 주변 사람을 먼저 챙겨서 친절과 애정을 베푸셨고, 늘 남들에게 관심을 더 많이 갖고 돕는 일에 앞장서는 삶을 살아오셨기 때문이다.

온 가족이 신앙생활도 열심히 했고, 농사일도 하고 가축도 기르며 열심히 살았다. 그리고 2년 후쯤인가 그 집을 우리 명의로 사게 되었다. 나는 공부에 더욱 진력하였고, 영옥이 누나는 서울로 넷째 누나의 아들인 조카 민수를 보러 가기도 했으며, 나중에는 교회에서 만난 좋은 신랑감과 결혼을 하여 집을 떠나게 되었다. 이렇게 다시 찾은 고향 김제군 진봉면 고사리 40번지의 생활은 우리 가정이 회복되어 가고, 잃었던 행복을 다시 찾아가는 시간이 되었다.

예비고사

　고등학교 2학년 때부터 고향의 진봉교회에 출석했는데, 교회에 등록하고 얼마 되지 않아서 중고등부 학생회장이 되었다. 내 특유의 열정으로 열 명도 안 되는 중고등부 학생회를 1년도 채 안 되어 출석 인원 30~40명이 넘는 부서로 부흥을 이루었다. 나중에 깨달은 사실이지만 이 모든 것이 하나님의 은혜요, 하나님께서 하신 일이었다. 하지만 그 당시는 마치 내 힘으로 한 것처럼 많이 으스대었던 것 같다.

　고등학교 3학년이 되자마자 학교에서는 대학 입시를 집중적으로 준비하는 학생을 선발하여 학교 기숙사에 입소를 시켜 휴일은 물론 야간에도 입시 공부를 집중적으로 지도하는 기숙사반을 편성하였다. 나는 그 기숙사반에 선발된 후에 공부만 열심히 하겠다는 명분으로 1년 동안 열정적으로 섬겼던 중고등부 학생회장을 사임하고 맡은 책임을 던져버렸다. 굳이 그렇게 하지 않아도 되었는데, 주님의 일을 소홀하게 여기고 내 의지만 앞세운 결정을 하고야 말았다.

　중고등부 학생회에는 갑작스럽게 일대 혼란이 일어났다. 어느 날 갑자기 나타나서 열정적으로 활동했던 학생이 일 년 만에 그만둔다고 하니 당연히 그렇지 않았을까? 아무튼 나는 스스로의 결의를 다지고자 윗눈

썹을 모두 다 면도기로 밀어버리고 두문불출하리라 마음을 굳게 먹고 교회와 멀어졌다. 기숙사에서 1년을 밤낮없이 정말 열심히 공부에만 집중하였다.

지금도 생각나는 것은, 곧 칠십이 되시는 아버지께서 80킬로그램씩이나 되는 쌀 한 가마씩을 자전거에 싣고 그 높은 만경 언덕을 넘어오셔서 기숙사비로 쌀을 대신 내주시곤 했다. 나는 그때 '얼마나 힘이 드셨을까?' 하는 노고를 생각하기는커녕 돈이 없어서 쌀로 대신 기숙사비를 내시는 것을 창피하게 생각했다. 돌이켜 생각해 보면 '내가 얼마나 배은망덕한 자식이었던가?' 하는 후회와 함께 불효막심한 내 모습이 너무나 부끄럽다.

성적은 꽤 좋았다. 학교에서도 나 자신도 대입 합격에 대한 기대가 꽤 높았다. 3학년 담임이자 기숙사 사감이었던 김민항 선생님의 사랑과 기대를 듬뿍 받고 열심히 공부했다. 하지만 예비고사를 치르던 날, 그동안의 비뚤어진 판단에 대한 준엄한 심판이 내게 찾아왔다.

마지막 5교시에 국어와 농업, 그리고 기술 세 과목의 시험을 치렀는데 엄청난 실수를 저지르는 일이 벌어지고 말았다. 시험을 마칠 시간이 다 되었는데 문제지에 달아 놓았던 정답을 답안지에 옮기는 과정에서 답안지에 한 번호씩 밀려서 옮겨 적어 버렸다. 이미 시간이 다 되다 보니 더이상 답안지를 수정할 기회를 놓치고 말았다. 평소에 예상 점수가 높은 과목이었고, 자신이 있었던 과목들이었던 터라 높은 점수를 기대했지만, 결과적으로는 생각하지 않았던 엄청난 실수가 일어났다. 나의 열정으로 준비한, 노력의 결실로 여겼던 예비고사를 완전히 망치게 되었다.

예비고사 점수로 대학 입학을 결정하기에 예비고사를 망친다는 것은 곧 대학 입시를 망치는 것이었다. 좌절과 낙망이 나를 엄습했고, 고등학교 입학시험 낙방에 이은 인생에서 두 번째 실패를 경험하게 되었다.

얼마 지나지 않아 내 마음에 들어온 깨달음은, 교회도 신앙도 팽개치고 내 노력만으로 얻은 결과는 이렇게 아침 안개와 같이 허망한 것이 될 수도 있다는 것이었다. 나는 즉시 하나님께 회개했다. 그리고 어떤 일이 우선이고, 어떤 것이 지혜로운 삶이며, 어떤 것이 올바른 신앙생활인가를 깨닫고 새롭게 다짐하며 뼈저린 경험을 하는 계기가 되었다.

재수를 하다

　예비고사에 실패한 뒤 어려운 가정 형편에 재수할 엄두를 못 내고 있었는데 때마침 서울에서 봉제 공장을 하는 사촌 영환이 형님이나 도우면서 직업 전선에 나가기로 마음먹고 상경하였다. 공장을 막 새로 확장하여 설립한 단계여서 이것저것 할 일이 많았다. 비슷한 또래의 여공(봉재사)들 틈에 끼어서 재미있게 첫 사회생활을 시작하게 되었다.

　동대문구(지금은 중랑구로 분구가 되었음) 상봉동 태릉 입구에 있는 사거리 2층에 봉제 공장을 차렸는데, 나는 형님이 제공한 숙소에서 생활을 하며 회사 운영에 필요한 모든 자질구레한 심부름을 하며 돕는 일을 하였다. 시자재를 사 나르는 일과 회장실 청소, 때로 일손이 부족할 때 공장 일을 돕는 등의 일을 하면서 지냈다.

　몇 개월이 지났을 즈음 어느 주말에 신림동 누나 집에 갔다. 나의 평생 후원자였던 넷째 영선이 누나가 신설동에 있는 서울 114 번호 안내국에 취직이 되어 신림동 낙골의 셋째 누나네 집에서 같이 생활을 하고 있었다(아마 매형은 사우디아라비아에 근로자로 파견 나가 있었던 시기임). 영선이 누나는 내가 애기였을 때는 주로 나를 업어 주었던 누님이었고, 학생 때에는 학비와 용돈을 대 주었으며, 나중엔 배우자인 지금의 아내를 소개해 주었다. 지금까지 평생 내 후원자가 되어 준 특별히 고마운 누님이기도 하다.

영선이 누나는 "넌 공부를 더 해야 한다. 재수를 시켜 줄 테니, 회사 일을 그만두고 입시 학원을 다녀야 한다" 하면서 강력하게 권유하였다. 그래서 갑자기 생각하지 않았던 재수를 하기로 마음먹고, 회사를 그만두겠다고 형님께 말씀을 드렸다. 그러자 선선히 허락해 주면서 "열심히 공부해서 좋은 대학에 가라"고 격려를 하며 보내주었다.

그리하여 짧은 5개월의 공장 생활을 정리하고, 곧바로 서울역 맞은편에 있던 단과전문 경일학원에 등록하고 생애 처음으로 학원에서 공부를 시작하게 되었다. 당시 셋째 누나네 어린 조카들과 다섯 식구가 생활하기에는 방이 너무 좁아서, 신림동 낙골의 언덕 위 골목에 있는 혼자 누울 수 있는 작은 쪽방 하나를 얻어 주셨다.

생각지도 않던 기회를 얻었기에 정말 열심히 공부했다. 막상 직업 전선에서 일하던 터라 때론 힘든 시간도 있었지만, 앞날을 생각하면 공부를 더 하는 게 나을 것 같다는 생각은 있었다. 식사 시간과 잠자는 시간, 그리고 화장실에 앉아 있는 시간까지도 너무 아까웠다. 이때가 내 일생에서 공부가 가장 좋았고, 제일 열심히 했던 때로 기억된다. 하고자 하는 동기가 유발되었기에 공부가 너무나 잘되었다. 그리고 공부가 너무나 재미있었다.

'동기유발'은 교육학이나 심리학에서 자주 애용되는 용어인데, 공부할 때뿐만 아니라 무슨 장면에서든지 매우 중요하다고 생각한다. 특히 학생 시절 공부할 때에는 '동기유발'이 필수 요소이다. 많은 사람들이 이 시기를 기다리지 못하거나, 잘 알지 못해서 놓치는 경우가 많다. 그런데 감사하게도 나는 그것을 스스로 체험하였다. 또 나중에 학교 교사로 재직하면서 아이들을 지도할 때에도 많이 적용하기도 하였고, 우리 두 자녀들에게도 적용했다. 우리 아이들에게는 성공적으로 적용이 되었던 것 같다. 그 결과 괄목할 만한 성공을 이룰 수 있었다.

7월 중순부터 짧은 4개월의 기간 동안 정말 재미있고 열정이 넘치는 재수 생활을 한 결과 목표했던 성적이 달성되었다. 대학교 선택을 고민하면서 일단 졸업 후 취업이 보장되는 직종으로 하면서, 체구가 작고 몸이 약하다는 이유로 군대에 가는 것을 피하는 쪽으로 방향을 잡았다. 그리하여 자연스럽게 사범대학이나 교육대학으로 지원하기로 마음을 정하고 있었다. 조카인 서 목사가 자기가 다니는 전북대에 같이 다니자고 권유했는데, 전북대학교 사범대학은 군대 입대 문제가 있다는 단순한 이유 하나만으로 교육대학 진학으로 방향이 정해졌다.

  이때 부산에 사는 둘째 누나가 부산교육대학으로 입학해서 합격이 되면 조카들의 공부를 도와주었으면 좋겠다는 마음과 막둥이 동생을 거두고 싶다는 마음에 부산에 있는 대학에 입학하기를 바랐다. 하지만 아쉽게도 1점 차로 낙방하고야 말았다. 다행히도 전주교육대학에 합격하여 2년 동안의 학업과 군사훈련(RNTC-예비역 하사관 생도 훈련)을 마쳤다. 나에게 소중한 기회를 주었던 누님들에게 평생 감사를 드리고, 고마움을 전하고 싶다.

내 생애
최장거리 택시

　대학 입학 원서를 내는 시기에 아버지는 방광 결석증으로 대수술을 하셔서 전북대학교 부속병원에 입원해 계셨고, 어머니는 아버지 간호로, 막내 누나는 온 집안 살림을 도맡아 하느라 정신이 없어서 나를 도와줄 사람이 아무도 없었다.
　이때 나의 진로를 고민해 준 분이 둘째 누나이신 영순이 누나였다. 누나와 매형은 내가 부산에 있는 대학에 입학하기를 많이 원하셨다. 늘 장사를 하시느라 아이들을 잘 돌보지 못하기 때문이기도 하였지만, 어려운 부모님을 돕고 동생을 잘 건사해 주고 싶은 깊은 뜻이 있었다.
　영순이 누나는 1968년 비교적 이른 나이에 인근 만경에 살던 동갑내기 매형을 만나 연애 결혼을 하셨고, 서울에 자리를 잡고 살다가 매형이 외항선을 타게 되자 큰시누이가 사는 부산으로 이사를 하게 되었다. 그러다가 언제부터인지는 모르겠지만 부산 북구 모라에 있는 농심 부산공장 인근의 공단에서 식당을 운영했는데, 아마 20년가량을 하시지 않았나 싶다.
　나는 고등학교 시절에 방학 때마다 누나 집에 가서 여러 날을 지내고 오곤 했는데, 그곳에 가 있는 동안에는 아이들 숙제도 좀 봐주고 식당이 바쁠 때는 잠깐씩 거들어 주기도 했다. 주로 제일 많이 한 일은 나이 어린 처남과 함께 놀아주신 매형과 바둑을 두는 일이었다. 어느 때에는 정말이지 무박으로 3일간 바둑을 둔 적도 있었다. 내가 아홉 점 접바둑으로 시작하여 두다가 역전이 되어서 되레 매형이 아홉 점을 놓게 하는 일이 벌어지기도 할 정도로, 제대로 수를 연구하면서 둔 바둑이 아닌 웃기는 동네 바둑을 두곤 했다.

누나와 매형은 나를 많이 사랑해 주시고 많이 생각해 주신 고마운 분들이셨다. 매형께서는 예수를 믿지 않았고, 물론 교회를 다니지도 않았다. 하지만 장인, 장모와 처가 식구들 모두 신앙생활을 하였기에 대놓고 반대를 하지는 않으셨다. 그러면서 아이들이 교회에 다니는 것은 싫어하셔서 아이들은 성경과 찬송가를 집 담벼락 사이에 숨겨 두면서 몰래 교회에 다녔다.

한번은 하룻밤 동안 좋아하는 맥주를 실컷 사주면 교회에 나가시겠다고 생뚱맞은(?) 제안을 하셨다. 그래서 바로 약속을 하고 오래지 않아서 주말에 서울에서 부산까지 일부러 성경책을 사 가지고 내려가서 저녁 내내 맥주를 사드렸다. 맑은 정신은 아니었지만, 약속대로 매형께서는 다음 날 나와 함께 처음으로 모라교회에 출석하셨고 등록도 하셨다. 그 후 천국에 가실 때까지 신앙생활을 잘하셨을 뿐만 아니라 자녀들에게도 신앙의 유산을 남겨 주셨다.

이렇듯 정이 많고 사랑이 많은 누나와 매형의 강력한 권유로 부산교육대학 입시 전날 저녁에 늦게 전주에서 출발하여 부산에 가게 되었다. 어머니께서 어렵게 마련해 주신 차비로 대전까지 갔는데, 부산으로 가는 마지막 기차는 이미 떠나고 없었다. 정말 낭패였다.

이 사람 저 사람을 붙들고 물어보았더니, 동대구까지 가는 택시들이 있으니 동대구까지 택시를 타고 가서 동대구에서 다시 부산까지 가는 택시를 타라는 것이었다. 이제 갓 스무 살이 되는 내가 어디서 그런 배짱이 생겼는지 얼추 차비를 계산해 보니 탈탈 털어서 부산까지는 갈 수 있겠다 싶어 동대구행 택시를 탔다. 동대구에 도착해 보니 듣던 대로 역시 부산까지 가는 택시가 많았다. 부산 서면 로터리까지 가는 택시를 탔다. 남은 돈을 모두 털어서 탄 택시였다.

　서면 로터리에 내리고 나니 새벽 다섯 시쯤 되었다. 춥고 배가 많이 고프기도 했지만, 돈이 한 푼도 없어서 어찌할 수 없는 신세였다. 누나와 매형이 밤늦은 시간까지 장사를 하고 가게 문을 닫고 피곤한 몸으로 주무시는 이른 새벽 시간에 연락할 수도 없기에 참으로 난감한 상황에 직면했다. 그래도 용기를 내어 무작정 무일푼으로 택시를 타고 모라동 누나네 식당으로 갔다. 택시 기사에게 양해를 구하고, 식당 문을 사정없이 두드려서 곤히 잠든 누나를 깨웠다. 화들짝 놀란 누나가 나오셨다. 그리고 아무런 말없이 택시비를 모두 계산해 주셨다.

　엄청난 특수작전을 방불케 할 만큼 요란을 떨면서 최선을 다했으나 결국에 부산 교대는 낙방하고 말았다. 어렵게 차비를 마련해 주신 어머니께 너무나 죄송하였고, 이렇다 저렇다 하는 아무런 책망도 없이 조용히 위로해 주시고 격려해 주시며 철부지 처남과 동생을 사랑해 주셨던 매형과 영순이 누님께 한없이 고맙고 감사한 마음이다.

　"매형! 누님! 정말 감사했습니다."

꿈 많던 대학 시절

　대학 입학 무렵 아버지가 큰 수술을 하셨다. 전립선 비대증과 함께 방광 결석으로 방광에 꽉 찬 돌을 한 줌씩이나 꺼내기도 하였다. 어머니는 아버지 병간호를 하시느라 병원에서 한 달여를 지내셨고, 집에서 키우던 돼지와 가축들을 돌봐야 했기 때문에 막내 누나와 내가 집안 살림을 챙기며 지내야 했다. 집안 형편은 이루 말할 수 없이 어려웠고, 아버지 병원비에 더해서 대학 등록금은 엄두도 못 낼 절박한 형편이었다.
　그래서 대학은 자연스럽게 학비도 안 들어가고, 몸이 연약한 내가 군입대도 피할 수 있는 좋은 기회가 되어, 오래 생각할 여지 없이 전주교육대학교에 진학하였다.
　그 당시는 방송국에서 합격자 발표를 해주었고 수험번호를 불러 주었는데, 마침 중간에 수험번호와 함께 내 이름이 합격자 명단으로 방송을 타게 되어, 당사자인 나보다 먼저 방송을 통해 소식을 들은 동네 어른들이 합격을 축하해 주었다.
　짧은 2년 동안의 교육대학 시절은 시간이 금방 지나갔다. 1학년 때에는 5·18 광주민주화 항쟁이 일어나 휴교도 했었고, 여름 방학 동안에는 4주씩 35사단에 입소하여 군사훈련을 받아야 했고, 두 달가량의 교생 실습도 하였다.

국어과를 선택하여 문학청년이 되었고, 오르간 연주며, RCY 서클 활동이며, 모든 학교생활이 만족스럽고 흥미로웠다.

축제 때 창작동화구연에 참여하여 입상도 하였고, 며칠 밤을 새며 탈조각 작품도 제작하여 전시회에 참여하는 등 대학 생활을 매우 재미있게 했다. 어떤 계기가 되어 장학금도 받았다. 이즈음 농사일로 내 뒷바라지를 하시는 부모님을 돕겠다는 마음으로 학교에서 받은 80만 원의 장학금으로 송아지 한 마리를 사드리게 되었다. 그 송아지가 재산 밑천이 되기를 기대하며 열심히 거두어 키웠는데, 2년 뒤에 소값 파동이 일어나서 2년 동안 사료값을 들여서 키웠던 소를 원래 사드렸던 원가에 팔아야 하는 농촌의 절망을 보게 되었다.

이 무렵 막내 영옥이 누나와 생활비를 조금이라도 벌겠다는 마음으로 학교 앞 교대 정문 바로 앞에 분식점을 내서 라면도 팔고, 만두도 팔려고 했다. 그런데 만두를 만들어 찌면 모두 다 터져서 팔 수가 없었다. 골목골목마다 만두 파는 가게를 죄다 찾아다니면서 사정을 이야기하고, 만두를 쪄도 안 터지게 하는 방법을 물어보았다. 하지만 그 누구도 비법을 알려 주는 사람이 없었다. 끝내 만두는 만들어 팔지 못하고, 겨우 라면만 팔던 분식 가게는 얼마 되지 않아 계속하지 못하고 문을 닫아야만 했다.

처음에는 내가 기거할 곳이 없어서 하숙하는 큰형님 집에서 잠깐 기거하기도 했고, 몇 개월간은 혼자서 자취 생활을 하기도 했다. 자취 생활을 하는 동안 쌀이 떨어져서 2주 동안 라면만 먹고 지내기도 했고, 반찬이 없을 때는 일주일 동안 계속 왜간장에 밥을 비벼서 먹고 지내는 주도 있었다. 그래서인지 그 이후로 한동안은 라면은 냄새도 맡기 싫고, 간장은 쳐다보기도 싫은 적이 있었다.

할 수 없이 다시 큰형님 집으로 밥을 먹으러 다니기도 했는데, 한 끼

밥을 해결하는 것과 밥을 얻어먹는다는 마음이 얼마나 어렵고 힘든 일인지를 이때 절실히 느끼게 되었다. 물론 밥을 차려 주셨던 형수님도 신경이 많이 쓰이고 힘이 드셨을 것이다.

"큰형수님! 정말 고마웠습니다."

나를 인도하신 하나님

03

출애굽기 13장 21절

"여호와께서 그들 앞에서 가시며 낮에는 구름 기둥으로 그들의 길을 인도하시고 밤에는 불 기둥을 그들에게 비추사 낮이나 밤이나 진행하게 하시니"

발령 대기 1년

　부모님께서 연로하신 데다 날로 몸이 쇠약해 가시는 모습이 마음에 늘 걸려서 부모님이 계신 고향 근처에서 근무하기를 기대하고 전라북도 발령을 희망했다. 할 수만 있으면 내가 가까운 곳에 살면서 자주 돌봐드리겠다는 생각에 타 시·도는(그 당시는 경기도 지원이 대부분이었고, 경기도는 곧바로 발령을 받았음) 아예 지원 대상이 아니었다.
　그 무렵 급격한 도시화의 영향으로 전라북도 인구는 많이 줄고, 수도권 지역, 특히 경기도는 인구가 급격히 늘어나는 시기가 되었다. 그래서 전라북도 발령을 희망한 나를 비롯한 대기자는 졸업 후 바로 발령이 나지 않았고, 타 시도에 희망자는 발령이 곧바로 났다.
　차일피일 발령을 기다리다가 일 년이 지나갔다. 가정 형편도 어려웠고, 마땅히 다른 할 일을 찾기에도 어려워서 서울 사촌형님네 공장을 오가며 종종 일을 돕기도 했고, 아버지의 농사일도 거들며 생활했다. 선배들 중에는 3년씩 발령을 기다리고 있는 사람들도 많았다. 마음은 조급하고, 당장 쓸 용돈 한 푼이 아쉬운 생활이 계속되는 가운데 둘째 형이 결혼을 하고 이라크에 근로자로 파견되어서 형수와 갓 태어난 조카 진상이, 그리고 부모님과 같이 한 집에서 생활하였다.

지나고 보면 짧은 1년의 생활이었지만, 나에게는 커다란 고통의 시간이었다. 어린 조카 진상이는 밤마다 잠을 자지 않고 밤새 울어대서 온 집안 식구가 잠을 못 잤고, 생활비가 쪼들려서 늘 힘들었다. 그런데 해외에 가서 번 돈을 한 푼도 허투루 쓸 수 없다는 형수의 강변으로 부모님과 형수 간의 갈등이 늘 있었다. 형수는 형수대로 어린 나이에 시집을 와서 혼자서 애를 낳고 시집살이를 하려다 보니 얼마나 스트레스가 있었을까 싶었다. 나마저 어려운 시기에 실업자 아닌 실업자가 되어 있었기에 몸과 마음이 몹시 편치 않은 일 년이었다.

무언가 대안이라도 찾고 싶어서 전라북도 지방 농림직 7급에 응시하였는데 어떻게 합격이 되었다. 이듬해 발령을 기다리고 있는데, 지방공무원으로 발령이 나면 군대에 가야 하는 게 문제였다. 처음에는 바로 발령이 나서 어려운 형편을 해결하고 집을 떠날 수 있어서 좋아했으나, 군입대는 너무나도 어려운 문제였다. 애써 합격을 했지만 포기하고 다시 교사 발령을 기다려야만 했다.

이 무렵 교육청에서 연락이 왔다. 전라남도로 희망하면 발령이 날 수 있으니, 발령 희망지를 옮기라는 것이었다. 아마 전남에서는 수도권으로 가는 교사가 많아서 자리가 생긴 모양이었다.

나는 더 이상 기다릴 수도 없고, 집을 하루라도 빨리 떠나고 싶었기에 인사발령 희밍지를 전라남도로 옮겼고, 1983년 3월 25일자로 드디어 발령이 났다. 이제 완전히 독립하여 집을 떠나게 되었고, 언제 부모님과 다시 살 수 있을지 기약할 수 없는 독립과 이별이 시작되었다. 첫 발령지는 전라남도 고흥군 봉래면 신금리에 있는 봉래초등학교였다.

멀리 떠난다는 생각으로 보던 책 보따리가 여러 상자였는데, 이것저것 다 챙기다 보니 짐이 너무 많았다. 막내 매형이 동행해 주었는데, 김제 진봉에서 고흥군 외나로도까지 기차 한 번, 직행 버스 두 번, 배 한 번 그리고 내려서 택시 한 번까지 멀고도 먼 섬 외나로도 면소재지인 봉래에 도착하였다.

  지금은 나로도가 내나로도를 거쳐 외나로도까지 연륙교가 놓였고, 우리나라 우주선 발사 기지가 되었지만, 그때만 해도 고흥읍에서 버스로 비포장도로를 한 시간씩 달려서 포두면 동래도라는 나루터에서 배를 타고 30~40분가량 들어가야 외나로도 선착장에 도착할 수 있었다. 그리고 다시 택시로 한 10분가량 가야 학교와 하숙집이 있었다. 그야말로 기쁜 마음보다는 귀양을 가는 느낌이 들 정도였다. 지나고 보니 감사보다는 해방감에 들떠서 간 첫 발령이었던 것 같다.

학사과정 입학

1982년도에 한국방송통신대학교에 처음으로 학사과정이 개설되었다. 교육대학이 2년제 초급대학이었기에 학사과정은 꼭 하고 싶었던 터라 바로 입학 원서를 냈다. 평소에는 방송으로 강의를 듣고, 방학 기간에 출석수업이나 시험을 치르는 과정이라서 학교 재직 중에 공부하기에는 아주 좋은 기회였다. 학과는 행정학과를 선택하였다.

한국방송통신대학교 학사과정 1회 편입학을 하였다. 학번 8209576714는 지금도 내 머릿속에서 지워지지 않는 학번이다. 강의는 서울대학교 법대나 행정대학원 교수가 쓴 교재로 직접 방송 강의를 했기에, 서울대학교 학생 못지않은 수준 높은 강의를 들을 수 있었다. 틈틈이 시간을 내어서 미처 듣지 못한 내용은 녹음 테이프를 이용하기도 했고, 과제도 열심히 했다. 교육 내용이 매우 흥미롭고 재미있었다. 그 주옥 같은 교재는 20여 년이 지나도록 버리지 않고 보유하고 있었는데, 훗날 가세가 기울면서 어쩔 수 없이 다 버리게 되었다.

3년의 과정 동안 과락도 없었고, 꽤 우수한 성적으로 학사 과정을 마치고 학위를 받았다. 마지막 졸업시험과 영어시험이 어려워서 힘겹게 통과하게 되었다. 논문심사 과정이 없기는 했으나 만만치 않게 학위를 주고 있어서 비록 방송통신대학 과정이었지만 무시당하지 않을 정도의 실력을 갖추고 졸업하게 되었다.

행정학, 행정조직론, 재무학, 경영론, 공기업론, 경영통계학 등 실제로 행정학 공부는 학교에 근무하는 과정에서도 직·간접적으로 많은 도움이 되었을 뿐만 아니라 대학원 공부를 할 수 있는 기반이 되기도 하였다. 또한 현재 하고 있는 사업에도 많은 도움이 되고 있다. 내가 미래의 일을 예측하여 경험한 것은 아니었지만 지금 와서 생각해보니, 이러한 과정 하나하나가 모두 다 하나님의 예비하심이었고 인도하심이었음을 깨달으며 하나님께 감사드린다.

우리의 삶 가운데는 항상 결정적 시기가 있고, 우선순위가 있다. 보통 대부분의 사람들은 미처 인식하지 못하고 기회를 놓치거나, 아예 알지 못하고 지나가는 경우가 많다고 생각한다. 대개 인생에는 몇 번의 기회가 온다고들 말한다. 그런데 그 기회를 알고 포착하는 일은 매우 어려운 것 같다. 사람에게는 늘 한계가 있고, 지혜가 부족하기 때문이다.

그 부족함 때문에 누군가의 가르침과 도움이 필요하고, 절대자의 인도하심도 필요하다고 생각한다. 나에겐 그 절대자가 하나님이시고, 예수님이시고, 성령님이시다. 모두 다 삼위로 계신 한 분이시지만, 그 역할이 다르기에 세 분의 인도하심이 오늘의 나를 존재하게 하셨다.

지금까지의 내 삶을 돌아보면 어느 한순간, 어느 한 가지도 하나님의 인도하심이 없었던 때가 없었다. 주님의 인도하심에 늘 감사와 영광을 돌리고 있다. 나를 부르시는 그날까지… 할렐루야! 아멘!

첫 발령

 1983년 3월 25일! 해당화가 피고 지는 섬마을 선생님이 되었다. 나로도는 경치가 정말 아름답고 원양어선이 출항하는 항구가 있는 꽤 큰 섬이었다. 반농반어의 생활을 하는 이들과 농사만 짓고 생활하는 섬 안쪽의 사람들, 그리고 배로 고기잡이를 하는 어부와 선주가 공존하는 섬으로, 우리나라에서 꽤 큰 섬에 속하고 어쩌면 꽤 부유한 섬이었다.
 부임한 학교에 처음 들어서는 순간 나를 깜짝 놀라게 한 것이 있었다. 그때까지만 해도 우리 고향 김제에는 춘궁기가 있었고, 거의 모든 아이들이 검정 고무신을 신었고, 몇몇 아이들만 운동화를 신었었는데, 여기는 그 반대로 신발장에 유명 메이커 운동화가 대부분이었다. 농사짓는 집안의 몇몇 아이들만 고무신을 신고 다녔기에 신발장에 즐비한 것은 유명 메이커 운동화였다.
 원양어선이 출발하는 항구였기에 면 소재지인 축정항에는 큰 배도 많았고, 큰 얼음공장도 있었다. 배에 기름을 대는 큰 주유소와 저유탱크도 몇 개씩 있었다. 주 특산물이 삼치였는데, 그때 당시에 만선이 되면 한 번에 삼사천만 원씩 벌어오곤 했었다. 그래서 그랬는지 씀씀이가 크고 호탕하면서 인심도 후했고, 도시 생활 못지않은 부유한 생활을 하는 사람들이 많았다.

원래 섬사람들이 정이 많고, 사람에 대한 정이 있어서인지, 그리고 선생님에 대한 존경과 사랑의 마음이 많아서인지 모르지만, 사람들이 이기적이지 않았다. 그리고 총각 선생인 나뿐만 아니라 선생님이라면 그저 무조건으로 무한 공경과 애정을 쏟아 주었다. 더군다나 젊고 갓 부임한 사회 초년병인 총각 선생인 나를 향한 관심과 애정은 하늘을 찌르는 듯 어디를 가나 인기 만점이었다.

그 덕분에 정말 즐겁고 행복한 나로도에서의 삶이 시작되었다. 학교에서 조금 떨어진 바닷가에 가게를 겸하는 집에서 하숙을 하게 되었다. 인근 중학교 교사들과 함께 여러 사람이 함께 하숙하게 되었는데, 모두가 미혼인 총각 처녀 선생들이어서 자연스럽게 잘 어울려 지내게 되었다.

저녁이 되면 같이 하숙하는 선생들과도 어울렸지만, 대부분은 선배 동료 교사들과 함께 많이 어울렸다. 이때까지 별로 마시지 않았던 술을 마시게 되었고, 나도 모르게 점점 술고래가 되어 갔다. 특히 퇴근해서 교문만 나서면 온 동네 학부형들이 먼저 본 사람이 임자라는 듯 나를 납치해 가서 저녁 늦게까지 술자리에 함께하기 일쑤였다. 그러다 보니 거의 매일 술을 마시게 되었고, 어느 날은 다음 날 아침에 술이 덜 깨서 출근하는 날까지 생기게 되었다.

하지만 주일날에는 어려서부터 늘 교회에 다녔기에 자연스럽게 예배에 참석하였고, 고등부 교사로도 자원하여 봉사하기도 했다. 이때는 신앙생활과 술에 대해서 깊이 연관을 지어 생각하지는 않았고, 크게 죄의식을 갖지 않았던 것 같다.

얼마 후에 친하게 된 지역 학부모가 몇 사람 있었는데, 이분들 가운데 나를 지극히 아끼고 사랑해 준 분들이 있었다. 그중에 한 분이 오토바이 타는 것을 가르쳐 주기도 하였고, 오토바이를 맘껏 타도록 빌려주기도 해서 한동안은 나로도를 125cc 오토바이로 누비고 다닐 수 있었다.

첫해에 5학년을 담임하게 되었는데, 한 학년에 두 학급씩 편성이 되었으니까 아마 12학급에 병설 유치원 한 학급까지 13학급짜리 학교였던 것 같다. 같은 학년 1반 선생이 학년 주임 역할을 했는데, 1반은 고 서병환 선생이었다. 늦은 나이에 고아로 자란 노처녀 여선생과 결혼을 해서 40대가 훨씬 넘은 나이에 아내와 떨어져서 신혼 생활을 했고, 아내 뱃속에 임신한 태아를 두고 있는 분이었다. 키도 훤칠하고, 성격도 쾌활하고 운동, 특히 배구를 잘해서 거의 매일 수업이 끝나면 교직원 모두가 친목 배구 경기를 하곤 했는데 인기가 짱이었다.

그런데 그 형이 겨울방학이 시작되자마자 자기 이름처럼 병환이 났다. 큰 병원을 몇 차례 다니던 중 간암 말기 진단을 받았고, 남은 수명이 3개월밖에 되지 않는다는 의사의 선고를 받게 되었다. 정말 놀랍고 충격적인 슬픈 소식이었다.

그 덕에 학기 말의 모든 일은 나 혼자서 처리해야 했고, 수업도 한 교실에 백 명이 넘는 아이들을 두고 합반 수업을 해야 했다. 자연스럽게 두어 달간의 혹독한 초임교사 훈련을 받게 되었다. 아쉽게도 그 선배는 사망선고를 받은 지 3개월을 넘기지 못하고 세상을 떠나고 말았다. 태어나서 처음 겪는 내 주변인의 죽음이었다. 초임에 일 년 가까이 같이 지내면서 정이 들었던 터라 정말 슬프고 가슴 아픈 일이었다. 지금도 나로도에서의 첫 경험 중 잊히지 않는 아픈 추억으로 남아 있다.

그 다음 해 교장 선생님께서 업무 분장으로 학교 경리 업무를 맡겼다. 그 당시 경리는 봉급을 군 교육청에서 직접 수령하여 한 사람 한 사람의 급여를 봉투에 담아서 현금으로 지급하였다. 한번은 인근 학교에서 일어난 일인데 교육청에서 봉급을 수령해 오다가 돈이 든 가방을 차에서 잃어버려서 난리가 난 적도 있었다.

학교 경비는 도급 경비(전체 예산 범위에서 학교장의 재량권으로 집행할 수 있는 자금)와 전도 경비(미리 지출 항목이 정해져서 계정 간의 전용이 불가한 자금)로 나누어 집행했는데, 나는 2년 동안 초임교사로서 경리 업무를 담당하느라 많이 힘이 들었다. 하지만 그 경험은 지금까지도 나에게 유익한 경험이 되었다.

초임의 봉래초등학교 5학년 2반 아이 중에 고학봉이라는 아이가 있었는데, 산 아래 바닷가 외딴집에서 할머니와 사는 아이였다. 거의 매일 친구들과 싸우고, 우리 반에서 제일 말을 안 듣는 아이였다. 교사 초년생으로 더 잘해보려고 했던 나의 눈에 자연히 아이의 행동이 많이 거스르게 되었고, 내 나름대로 체벌을 많이 했다. 가정 방문을 하면서 직접 사는 모습을 보니 너무 미안한 마음이 들었다. 할머니를 만나고 나오는데, 꼭 가지고 가라고 하시면서 내 손에 쥐어주던 작고 말라붙은 사과 한 개에서 인간애가 느껴지고 담임교사로서 책임감이 더 깊어졌다. 그런 학봉이의 가정 환경을 보니 이해가 갔다. "학봉아! 미안하다."

다시 가고 싶은
나로도

고흥군 봉래면 일대에 내나로도와 외나로도로 나뉘어 있는 나로도는 참으로 아름다운 섬이다. 지금은 연륙교가 놓여서 내도와 외도가 다 연결이 되었고, 외도 끝에는 우리나라 유일의 우주선을 발사하는 기지가 만들어져 있다. 그 당시만 해도 참으로 아름답고, 삼치가 많이 나는 풍요로운 섬이었다.

'축정'이라는 면 소재지에는 면사무소, 파출소, 보건지소, 우체국, 큰 수산업협동조합, 수산물 공판장 등의 많은 기관과 시설이 있었고, 큰 제빙공장도 있고, 비교적 큰 해양 경찰의 경비정 기지도 있었다.

나로도 두 섬에는 초등학교가 세 곳, 초등학교의 분교가 한 곳, 중학교가 한 곳, 고등학교 한 곳이 있었다. 자녀들을 여수나 광주로 유학을 보내는 집도 꽤 있었다. 인근에는 금산도(소록도)와 지죽도, 좀 멀리는 거문도와 백도가 있었고, 여수에서 여객선 페리호가 정기적으로 다니는 꽤 큰 섬에 속하였다.

나로도는 남해안 섬 중에서 경치가 특히 아름다운 섬이다. 우주발사 기지가 지어진 섬 끝자락 부근의 경치는 정말 아름다운 비경이 많았다. 지금은 '개발로 훼손이 많이 되지 않았을까?' 하는 염려가 되는 곳이다.

사시사철 아름다운 갖가지 꽃과 나무가 있고 풀꽃들이 만개하였다. 특히 향기가 진하고 꽃이 아름다운 석란과 풍란이 많은 곳이기도 하다.

해수욕장은 오래된 소나무 숲으로 둘러싸여 있는데, 경치도 아름답고 물도 맑을 뿐 아니라 모래도 고와서, 매년 6월경부터는 수많은 행락객들로 붐비는 아름다운 곳이었다. 특히 남해안에 몇 개 없는 몽돌해수욕장도 있다. 아름드리 소나무가 빽빽하게 방풍벽을 이루는 아름다운 나로해수욕장 바로 앞집이 내가 하숙하던 집이었다. 아침이면 파도 소리에 잠을 깨어 방문을 열면 나로도 해수욕장의 풍광과 기분 좋은 바닷바람이 방 안을 금방 가득 채우곤 했다. 주변에 크고 작은 유인도와 무인도로 둘러싸여 있는 경치가 아름답고 풍광이 좋으며, 해산물이 풍부하고, 양식장과 각종 해초류가 풍성한 살기 좋은 섬이다.

낚시를 좋아하는 동호인들도 많이 찾는 곳으로, 나는 배로 밤낚시를 즐기는 동료들을 따라다니며 재미있는 시간을 함께 보냈다. 또한 맛있고 싱싱한 회를 실컷 먹기도 했으며, 함께 놀아 달라고 조르는 동네 아가씨들과도 종종 풍류를 즐기기도 했다.

일 년에 한 번 '개 트는 날'이라고 해서 온 마을 사람 누구나 바닷가에 가서 조개도 줍고, 각종 해초류들을 마음껏 채취할 수 있는 날을 허용하는데, 그날 나는 난생처음 혼자서 해삼을 한 양동이나 잡는 즐거움을 만끽할 수 있었다. 그런데 해삼은 지푸라기나 비닐에 닿으면 얼마 되지 않아 몽땅 녹아버린다는 사실도 처음 알게 되었다.

가까운 무인도에다 염소를 방목하여 키우는데, 인근 면 소재지인 축정에 있는 식당에서 매일 한 마리씩 염소 요리를 했는데 퇴근이 늦으면 맛을 볼 수가 없었다. 늘 해산물을 많이 접하여 소위 말하는 '육고기'를 접할 기회가 적었던 그곳 사람들은 소고기나 돼지고기보다 염소고기 요리를 많이 즐겨 먹어서다.

처음에는 음식을 대하는데, 특이하게 생선으로 미역국(나는 그때까지 미역국은 소고기나 닭고기로만 끓이는 줄 알았음)을 끓여주고, 떡국에 굴을 넣어서 끓이는 등 이상하게 여겨지기도 했지만 먹으면 먹을수록 너무나 시원하고 맛있었다. 생선을 굽거나 찜을 할 때는 자르지 않고 통째로 찜을 하거나 구워서 상에 올려놓았다.

가게 이름이 아마 '신금상회'였던 것 같다. 주인 아주머니는 거의 남는 게 없을 정도로 매 끼니마다 싱싱한 생선을 아낌없이 요리해 주었고, 항상 누가 봐도 풍성하고 맛있게 상을 차려 주었다. 하숙생들의 밥상을 아낌없이 풍성하게 해주신 하숙집 아줌마인 수정 엄마께 감사를 드린다. 내 젊은 시절의 나로도는 잊을 수 없는 행복한 추억의 장소이다.

봉래초등학교에서

나는 1983년 3월부터 만 3년을 첫 발령지인 외나로도 봉래초등학교에서 근무했다. 5학년, 4학년, 3학년을 1년씩 담임했다. 아이들과의 생활은 참 보람 있고 행복했다.

내가 젊은 총각 선생이라고 첫해에 씨름부를 맡겼다. 고흥군 전체 체육대회가 매년 있는데 아이들을 지도해서 군 씨름 대회에 나가라는 것이다. 봉래면에는 3개의 초등학교와 분교가 있었는데, 예선에서 1등을 해야 군 대회에 나갈 수 있었다. 원래 고흥군에는 금산도 출신의 레슬링선수 김일과 세계 챔피언이었던 권투선수 유재두도 있었다. 그 밖에 유명한 운동선수가 많은 배출된 지역이기도 하다. 그런 연유인지 군 체육대회는 많은 지역 사람들이 기다리고 기대하는 축제의 장이었다.

한 번도 씨름을 해본 적도, 가르쳐 본 적도 없는 나에게 선수를 가르치고 성과를 내라고 하니 참 난감하기도 했다. 하지만 중학교 때 배웠던 유도 실력과 고등학교 1학년 시절에 배운 합기도 유단자의 실력이 이때 도움이 될 줄이야! 아무튼 열심히 배우고, 열심히 기술을 가르쳤다. 지나가며 지켜보던 선배 선생님들이 한 수씩 가르쳐 주기도 했다. 이 모든 노력을 했지만 아이들의 체력이 문제였다.

주변의 도움을 받아 고기도 좀 사먹이고 했지만 어림도 없었다. 선배 선생님들께 말씀드렸더니 전교생에게 개구리를 잡아 오라고 해서 그것을 먹이면 몸에 좋다고 하였다. 하기야 나도 생각해 보니 어려서 친구들이랑 개구리를 잡아먹었던 적이 있었다. 그래서 아이들에게 말했더니 모두 좋아했다. 그렇게 개구리로 몸보신을 시킨 적이 있었다. 지금은 말도 안 될 기막힌 일이지만 말이다.

이런저런 노력을 어여쁘게 봐주어서인지 면 대회에서 우승하여 면 대표가 되었다. 그리고 마침내 군 대회에 참가했다. 우승까지는 하지 못했지만 입상하게 되어서 아이들에게 자부심을 느끼게 해 주었다. 이 일로 나에게는 성취감을 주었고, 학부모와 학교와 지역에는 축제에 일조하는 일이어서 뿌듯했다.

발령 첫해의 일이다. 처음에 우리 전주 교대 동기 열두 명이 고흥군으로 함께 발령났다. 그런데 알고 보니 모두 육지로 발령이 나고 나 혼자만 유일하게 섬으로 발령이 난 것이었다. 한번은 교육청에 가는 길에 인사담당 장학사를 찾아가서 "왜 하필 저 혼자만 섬으로 보냈습니까?"라고 따졌다. 장학사는 매우 정중하고 친절하게 "선생님! 그곳이 제일 좋은 곳이에요. 근무하기에 환경도 좋고, 벽지 점수도 딸 수 있는… 일부러 선생님을 생각하여 그곳으로 보내드렸어요. 누군가 부탁도 있었고요"라고 설명을 해주었다.

나중에 안 사실이었지만, 광주에 교수로 있던 육촌 상천이 형님이 알음알음 인맥을 동원하여 내 임지를 부탁했다고 한다. 그 말을 듣고 보니, 그 장학사가 얼마나 나이 어린 초임교사인 나를 철부지처럼 보았을까 하는 생각이 들었다.

같이 근무하는 교사 대부분이 가정을 가졌고, 가족이 있는 교사들은 모두 관사를 제공해 주었다. 하지만 나같이 가족 없이 혼자 생활하는 교사에게는 관사 제공이 되지 않았다. 그러다 보니 외지에 가족을 두고 혼자서 온 교사들이나 가족이 있는 선배 교사들은 주말 일직과 퇴근 후 숙직을 싱글인 나에게 빈번하게 대직을 부탁하였다. 어차피 나는 혼자여서 시간이 많았고, 특별히 할 일도 많지 않았으며, 일직과 숙직 수당을 벌 수 있다는 생각에 거의 일직과 숙직을 도맡아 전담하다시피 했다.

처음 몇 달은 그럭저럭 지낼 만했지만, 시간이 갈수록 학교에 개미 새끼 한 마리 안 오는 적막강산의 시간이 점점 늘어갔다. '나도 고향의 부모님을 보러 다녀올까?' 하는 생각을 종종 하기도 했다. 하지만 너무 거리가 멀고 오가는 시간이 너무 많이 걸리다 보니 방학이 될 때까지 기다리는 수밖에 없었다. 여름 방학 때와 겨울 방학 때, 거의 일 년에 두 번 부모님을 만나러 갈 수밖에 없었기에 혼자서 외롭고 쓸쓸하게 보낸 시간이 꽤 많았다.

이제 겨우 대학을 갓 졸업한 사회 초년생인 나에게 선생이라는 것 때문에 어른 대우를 해주었고, 학교 초임의 어리숙한 모습을 많이 도와주고 가르쳐주고 깨우침을 받았던 소중한 봉래초등학교에서의 초임 시절이었다.

짧은 3년의 시간이었지만, 그곳에서 만나 같이 지냈던 초임의 선배 선생님들과 그곳의 모든 분들이 결코 잊히지 않는다. 그분들은 모두 정이 많고 순수하며 소박한 섬 사람들이었다.

고마운 삼현이 엄마

 첫 임지였던 봉래초등학교에서 잊을 수 없는 한 분이 있다. 그분은 바로 삼현이 엄마다. 아들 삼현이와 아래로 딸 은주, 두 자녀를 둔 학부모였는데 그때 당시 그 지역에서는 보기 드문 엘리트였다. 발령 3년째 되던 해에 3학년이 된 삼현이의 담임을 맡게 되었다. 그 무렵 하숙비 얼마라도 절약하여 저축해야겠다는 생각에 인근에 빈 방을 하나 구해서 자취 생활을 하게 되었다.
 자취 생활은 대학 다닐 때도 좀 경험했던 터라 헌 책상 몇 개를 방에 들이고 이불을 깔아 간이침대를 만들고, 여행용 버너와 반합을 사서 자취 생활을 시작하였다. 지금 생각해보니, 나는 어떤 일을 새롭게 시작하기 전에 생각을 많이 하는 것보다 일을 먼저 벌이고 나서 거기에 맞게 생각을 해가는 외향성 지수가 꽤 높은 사람이다. 아무튼 자취 생활을 하다 보니 아무래도 먹는 것도 부실해졌고, 내 모습도 좀 초라하게 보였나 보다.
 평소 말없이 학교 일을 적극적으로 도왔던 삼현이 엄마가 총각 선생으로 담임이 된 나를 위해 앞장서서 모든 일을 도와주고 용기를 주며 격려를 아끼지 않았다. 그러던 어느 날, 자취를 한다는 소식과 먹고 사는 게 부실하다는 소문을 들었는지 점심시간에 집밥을 해서 학교까지 이고 오셨다. 너무 깜짝 놀랐다. 집밥의 양이 너무 많아서 동료 교사들이 사택에 식사하러 가지 않고 함께 먹을 정도로 맛난 점심을 차려 오셨다.

나와 동료인 선배 교사들이 맛있게 먹고, 감사하다는 말을 이구동성으로 여러 차례 해주었다. 그런데 오히려 이 말에 고무가 되었는지 아예 다음 날에도, 그리고 그 다음 날에도 아마 한 학기 내내 점심을 해서 날라주셨다. 아무리 만류를 하고 정중하게 거절해 보았지만 소용이 없었다. 이루 말할 수 없이 고마운 일이었지만 당사자에겐 너무 힘든 일이고, 받아서 먹는 나도 마음이 썩 편하지가 않았다. 그렇게 한 해가 지나갔다.

사실 삼현이 엄마는 그럴 만한 형편이 되는 것도 아니었다. 원래 육군 간호장교였고, 포항이 고향이었는데 언론 관련 사업을 크게 하는 부유한 집안의 딸이었다고 한다. 그런데 복무 중 어느 날 전속 부사관이었던 병사가 장교인 삼현이 엄마를 꼬드겨서 가깝게 되었고, 술에 취한 채 간호 장교가 병사에게 넘어간 케이스가 되었다.

얼마나 순수하고 순진한 사람이었던지 그 일로 인하여 삼현이 아빠와 결혼을 하게 되었다고 했다. 삼현이 아빠는 키도 크고, 인물이 잘 생긴 외모를 갖춘 남자였다. 한때는 봉래면에서 알아주는 선주 집의 아들이어서 꽤 부유하게 살았다고 들었다. 하지만 삼현이 엄마와 결혼할 무렵에는 가산이 모두 탕진되었고, 형편이 어려운 지경이었다. 마땅히 벌이가 없어서 밭에서 나는 작물로 먹거리를 대신하고, 삼현이 아빠가 종종 조금씩 벌어 오는 돈으로 생활하는 형편이 넉넉지 않은 집이었다.

언제나 밝고 선하고, 모두에게 친절했던 간호장교 김○○ 대위가 생각날 때면 한없이 고마운 생각이 들고, '언젠가는 선물을 한 보따리 들고 찾아가 만나서 감사를 드려야 할 텐데' 하는 마음만 갖고 산 지가 벌써 38년이 흘렀다.

"감사한 삼현이 엄마! 고맙습니다. 그리고 한없이 미안합니다."

잘못된 욕심

　어려서부터 교회 다니는 것이 나의 삶이고 습관이었다. 주님을 깊이 만나거나 잘 알지도 못했고 성경 말씀을 자세히 알지 못했지만 그저 나름의 신앙관을 갖고 내 판단에 기준에 의해서 신앙생활을 하였다. 그중의 하나가 헌금에 대한 생각이었다.
　첫 월급으로 첫 달에 받은 돈이 약 70만 원 정도였는데, 그것은 3월 말에 발령을 받았기에 1분기 상여금의 3분의 1과 3월분 6일간의 근무 일수를 모두 합해서 받은 돈이었다. 부모님께 먼저 생활비를 조금 보내드리고, 하숙비도 내고, 적금도 조금씩 들었다. 용돈을 쓸 일이야 별로 없었다. 동네를 나가면 대부분 다 공짜였기 때문이나. 처음으로 받는 월급이라서 감사하기도 했고 기쁨이 넘치는 4월 17일의 첫 월급날이었다.
　성경 말씀대로라면 소득의 십일조를 마땅히 드려야 하는데 아까운 생각이 들었다. 그동안 배우고 들은 대로라면 월급 총액의 10분의 1을 하나님께 헌금으로 드리는 것이 마땅한 일이다. 하지만 막상 드려야 한다고 생각하니 시간이 갈수록 점점 더 아깝다는 생각이 들기 시작하였다.
　그러던 중에 내 나름의 기막힌(?) 아이디어가 떠올랐다. 그것은 하나님께서는 성경 말씀을 통하여 "네 부모를 공경하라"고 하셨고, '부모를 잘 공경하는 것은 곧 하나님을 공경하는 것이고, 하나님을 기쁘게 해드리는 것'이라고 생각하면서 그런 내 생각을 하나님께서도 인정해 주시리라고 믿었다. 그래서 보이지 않는 하나님께 십일조를 드리는 것보다 그만큼을 눈에 보이는 부모님께 조금이라도 용돈을 더 드리는 것이 현실적이고, 부모님께도 조금이라도 더 효도하는 방법이라고 생각하여 결정한 것이다. 이 얼마나 좋은 아이디어이고, 부모님도 좋아하시고, 하나님께서도 좋아하실 일거양득의 기특한 생각인가?

감사헌금만 조금씩 드리고 부모님께 5만 원씩 드리려던 용돈을 10만 원으로 올려서 보내드리기로 했다. 십일조를 드리지 않는 것을 하나님의 것을 도둑질하는 것이라는 것을 까맣게 모르고 말이다.

봉래에서 3년째 되던 해였다. 나로도 축정에 가까이 지내며 호형호제하던 형님이 자신의 125cc 오토바이를 거의 나에게 맡기다시피 해서 그 오토바이를 자주 이용했고, 오토바이를 타고 많이 놀러도 다녔다. 그러던 어느 날 다른 사람이 오토바이를 운전하였고, 나는 그 오토바이 뒷자리에 앉아서 뒤 짐받이를 손으로 붙잡고 버티면서 지금의 우주발사 기지가 있는 곳까지 비포장길을 달려서 놀러 다녀왔다.

그날 저녁부터 갑자기 허리가 아프기 시작했다. 얼마나 아팠는지 일어설 수도 없었고, 앉아서 밥을 먹을 수도 없을 정도였다. 한 이틀을 꼼짝을 못하고서야 동료가 구해다 준 진통제를 먹고 겨우 출근은 하였다. 하지만 좀처럼 차도가 없었다. 허리가 아파서 배를 내밀고 다니는 나를 보고 선배 교사들은 "젊은 후배놈이 거만하게 하고 다닌다"라고 놀리기도 하였다.

보건소에서 양약을 타서 먹고, 부모님이 보내주신 한약을 공수해 먹기도 했고, 침도 여러 차례 맞았지만 백약이 무효였다. 약 6개월 동안을 죽도록 고생했다. 시간도 들고, 고생도 하고, 돈도 많이 들었고… 그러던 어느 날부터 언제 무엇이 어떻게 효과가 있었는지 모르게 허리의 통증이 싹 사라졌다. 몸이 가뿐해지니 기분이 너무너무 좋았다.

그러다가 치료비를 계산해 보게 되었는데 어찌 된 일인가? 그동안 내가 잘못된 생각으로 떼어먹은 십일조 액수와 치료비로 들어갔던 금액이 너무나 똑같음을 알게 된 것이다. 하나님은 너무나도 정확하신 분이셨다. 내가 하나님의 것을 계속하여 도둑질을 하지 못하도록 하여 더 잘못된 길로 가지 않도록 깨달음을 주셨다. 나는 하나님의 그 사랑에 감사를 드리게 되었다. 이 일 후로는 하나님의 돈은 어떠한 일이 있어도 절대 떼어먹지 않겠다고 결심을 하는 계기가 되었다.

"하나님! 정말 죄송합니다. 정말 잘못했습니다. 저를 용서해 주세요."

말라기 3장 8-10절 "⁸사람이 어찌 하나님의 것을 도둑질하겠느냐 그러나 너희는 나의 것을 도둑질하고도 말하기를 우리가 어떻게 주의 것을 도둑질하였나이까 하는도다 이는 곧 십일조와 봉헌물이라 ⁹너희 곧 온 나라가 나의 것을 도둑질하였으므로 너희가 저주를 받았느니라 ¹⁰만군의 여호와가 이르노라 너희의 온전한 십일조를 창고에 들여 나의 집에 양식이 있게 하고 그것으로 나를 시험하여 내가 하늘 문을 열고 너희에게 쌓을 곳이 없도록 붓지 아니하나 보라."

기울어져 가던
우리 집

전라북도 김제군 진봉면 고사리 40번지.

우리 아버지와 어머니가 마지막에 사셨던 고향 집 주소이다. 교직에 있던 박상렬이라는 분이 있었는데, 젊어서 아버지께 은혜를 입었다고 시내로 이사 가면서 비워 두었던 집을 우리에게 거저 주다시피 하였다. 아마 논도 네 필지를 경작하도록 도지를 주어서 어려웠던 고향살이를 하게 되었다.

광활에서 간척사업으로 완전히 망하고 다시 원래 살던 고향으로, 그리고 초대 도의원까지 하셨고 정미소를 두 개씩이나 운영하시던 아버지가 빈손으로 다시 진봉 땅에 가신다는 것은 모든 자존심을 땅에 묻고 거의 죽은 목숨 같았을 것 같다. 그런데도 아버지는 그 모든 것을 감내하시고, 영화를 누리며 떵떵거리고 사시던 진봉 땅에 빈털터리가 되어 결코 쉽지 않은 길을 다시 가신 것이다.

아마 그 모습은 오래전 총각 때 금구면 애통리에서 술과 놀음으로 모든 가산을 탕진한 할아버지를 모시고 진봉 땅에 일본 사람의 소작농으로 살기 위해 몸부림치며 오셨던 그 모습과 다를 바가 없다고 생각되었다.

아버지는 몹시 어려운 생활을 이어갔다. 그런데 어느 날 아침에는 우리 집 마루에 쌀가마가 놓여 있었다. 우리의 궁핍한 생활을 안 누군가가 밤중에 몰래 가져다 놓은 것이었다. 어려운 일이 있으면 주변 동네 사람들이 이것저것 많이 도움을 주었다. 아버지께서 오래전부터 주위에 덕을 베풀며 사셨기에 가능한 일들이었다. 내가 기억하는 우리 아버지는, 일평생 우리 어머니보다 우리 가족보다 이웃과 다른 사람을 더 생각하고 도와주고 아낌없이 베푸는 삶을 사셨던 그런 분이셨다.

관기에 있던 그 집은 초가집 위에 농촌 개량 사업을 한답시고 초가지붕을 걷어내고 지붕에 무거운 기와를 올렸다. 시간이 흘러가니 자연스럽게 무게를 견디지 못한 집이 옆으로 슬며시 기울게 되었다. 우리가 살기 이전부터 이미 조금은 기울어져 있었다. 집안에 가족 모임이 있을 때마다 기울어져 가는 집 문제를 형님들에게 상의했지만, 다들 살기 힘들어서 그랬는지 아무런 반응이 없었다. 비가 많이 오거나 태풍이 불 때면 늘 집이 무너지지 않을까 걱정이 되었다.

나로도 재직 3년째 되던 해 모았던 돈을 털고 약간의 빚을 내어 집수리에 나섰다. 여름 방학 한 달 내내 부모님과 내가 셋이서 기울어진 집을 바로 세우고 한쪽 벽을 헐고 블록으로 쌓는 식으로 집을 바로 잡아 나갔다. 여름 내내 그 많은 땀을 흘리며 집수리를 마쳤다. 옆으로 기울었던 집은 바로 세워졌고, 집 안쪽은 재래식 아궁이를 없애고 입식 부엌에 식탁도 놓고, 싱크대를 설치하였고, 방에는 언탄 보일러를 깔았다. 문은 미닫이문으로 교체하였고, 창문도 새로 달았다. 겉은 이전과 별로 다름없이 보였지만 내부는 신식 집으로 변하였다.

너무도 기쁘고 뿌듯하였다. 부모님과 형제들도 모두 좋아하였다. 무엇보다도 많은 비가 오거나 바람이 거세게 불 때도 큰 걱정 없이 편한 잠을 잘 수 있었다. 다리가 아픈 어머니가 상을 펼칠 필요가 없고, 밥상을 방으로 나를 필요도 없이 식탁에 앉아서 식사하고 편리한 주방에서 생활하실 수 있는 것을 너무 좋아하셨다. 이 작은 일 하나가 내가 부모님 생전에 조금이라도 감사를 표현할 수 있는 징표가 되었다. 지금 생각해 보아도 내가 젊은 시절 했던 가장 가치 있는 일 중의 하나였다고 생각한다. 감사한 일이었다.

어머니와 논두렁

늙으신 부모님은 관기에서 농사를 지으시며 한동안 사셨다. 나를 비롯한 자식들은 출가하거나 집을 떠나 살았고, 부모님 두 분이 외롭고 쓸쓸하게 논농사를 지으며 근근이 생활하셨다. 멀리 섬에서 근무를 하던 나는 여름 방학과 겨울 방학에만 집에 가게 되었는데, 어느 해 여름 방학에 있었던 일이다.

집에서 좀 떨어진 곳에 우리가 막았던 둑이 있었고, 그 둑을 따라 갈대밭이 형성되어 있었는데, 그 갈대밭을 일구어 만든 몇 평 안 되는 작은 논이 있었다. 배수로 가까이 있어서 논두렁이 쉽게 터지기가 일쑤였고, 특히 작은 바닷게가 많아서 논두렁에 구멍을 자꾸 내는 바람에 조금이라도 소홀히 살피는 날에는 논두렁이 터져서 논이 쉽게 유실되곤 하는 곳이었다.

하루는 어머니가 나와 같이 가서 터진 논두렁을 보수하자고 하셔서 삶은 고구마 몇 개와 물을 챙겨서 논으로 갔다. 우선 드문드문 보이는 피를 뽑았다. 그리고 유실된 논두렁을 막기로 했다. 비가 온 지 얼마 되지 않아서 배수로에는 물이 많았고, 물속에서 줄줄 흘러내리는 진흙으로 둑을 막다 보니 논두렁이 잘 복구되지 않았다.

어머니와 나는 한참 동안을 애써서 겨우 둑을 쌓았다. 그것도 서너 군데를 말이다. 그런데 복구한 둑이 조금 있으면 슬슬 무너져 내려 버렸다. 단단한 흙이 아니고 더군다나 물속에서 진흙으로 작업을 했으니 그럴 수밖에 없었다. 여러 차례를 그러다가 어머니와 나는 너무 속이 상하여 그 물속에서 부둥켜안고 한참을 울었다. 내가 없는 많은 시간 동안 어머니 혼자서 이 일을 하셨을 것을 생각하니 더 눈물이 나왔다.

'우린 왜 이렇게밖에 살 수 없는 것일까?' 특히 우리 어머니의 일생이 너무 불쌍하고 서글픈 마음이 들었다. 어머니는 열네 살 어린 나이에 열 살이나 더 많은 스물네 살인 우리 아버지를 만나 시집오셨다. 외할머니가 일찍 돌아가셔서 홀아버지와 함께 사시다가 일찍 시집을 가야만 했던 것이다. 가난한 집 맏며느리로 오셔서 시부모님들과 시동생 둘과 시누이까지 건사하며 시집살이를 하셨다.

자식을 열이나 낳았고, 사업이며 정치며 늘상 밖으로 바쁜 아버지 뒷바라지에 나중엔 일찍 돌아가신 외할아버지 대신 친정 남동생과 시동생네 아이들까지 모두 건사하는 등 헤아릴 수 없는 무수히 많은 일을 하시며 지금까지 살아오셨다. 이제 늘그막에 편히 사실 때도 되었건만 아직도 이런 어려운 일을 감당하며 살아가셔야 한다는 것을 생각하니 너무도 가슴이 아팠던 것이다.

그날 늦은 시간까지 논두렁 보수를 마쳤다. 당연한 일이었지만 어머니는 나에게 고맙다는 말을 여러 차례 하셨다. 힘들고 몸이 많이 피곤하기는 했지만, 어머니와 단둘이서 특별한 추억을 쌓는 좋은 기회였고 보람도 있었던 행복한 조각논의 추억이다.

우리 어머니는 과일 중에 감을 특히 좋아하셨다. 어찌나 좋아하셨는지 떫은 땡감도 잘 드셨고, 앉은 자리에서 반 접(한 접은 백 개임)도 너끈히 드실 정도였다. 때로는 묵은 옻나무 껍질에 토종 장닭을 넣어 삶아내어 고기는 온 식구들에게 주고 어머니는 시커멓게 우러난 옻닭 국물을 보약 대신 자주 드셨다. 그 덕에 나도 옻닭을 좋아하고, 감도 내가 제일 좋아하는 과일이 되었다.

"사랑하는 우리 어머니! 너무너무 사무치게 보고 싶네요!"

죽도분교에서

　벽지나 오지는 승진에 가산점을 주는 제도가 있었기에 나는 3년 만기가 되어 다른 학교로 전근을 가야 했다. 첫 임지였던 외나로도 봉래초등학교를 떠나 인근 도화면 지죽도 옆에 있는 지죽초등학교 죽도분교로 전근을 가게 되었다. 죽도분교는 그야말로 작은 미니학교였다. 전주 교대 선배가 분교장이었고, 같은 학교 일 년 후배와 나, 이렇게 동문 셋이서 근무를 하게 되었다.
　죽도라는 작은 섬은 전체 거주 인구가 40가구였다. 여름철에는 주로 붕장어 아나고와 바닷장어를 잡아 생활하였고, 겨울철에는 김을 주로 양식하여 생산하는 일이 주업이었다. 그 동네에서 하숙하게 되었는데, 여름철이 되면 늘 붕장어 아나고 국, 붕장어 아나고 조림, 붕장어 아나고 무침 등 붕장어 아나고만 반찬이 되고, 겨울철에는 김 종류만 대부분 반찬으로 나왔다. 정말 두 가지는 줄기차게 질리도록 먹었다. 일 년 내내 아마 평생 먹을 양을 이때 다 먹지 않았나 싶다.
　그곳에서는 복식학급을 운영하였는데, 복식학급은 두 학년을 한 교실에서 함께 나누어서 수업하는 것이다. 나는 1학년과 2학년을 맡았고, 분교장인 선배는 3·4학년을, 자연스럽게 후배는 5·6학년을 맡아 가르치는 복식수업을 했다. 지금은 인구가 줄고 한 학급당 학생 수가 적어져서 자연스럽게 20명 미만이 되었지만, 그 당시는 한 학급당 학생 수가 50명이 넘는 시절이었다. 하지만 그때 죽도분교에서 내가 담임했던 복식학급은 두 학년을 합쳐서 열두 명이었고, 전교생을 다 합쳐도 30명이 채 안 되는 규모였다.

그래도 그 숫자를 가지고 운동회를 하면 한 팀이 준비하고 한 팀이 출연하고, 한 팀은 응원하면서 하루 동안 몇 번을 손바닥만 한 운동장을 들락거리면서 동네 축제를 이루었다.

어느 날은 수업 시간에 칠판에 판서를 하다가 뒤를 돌아다보니 아이들이 한 명도 없이 사라졌다. 놀라서 옆 반을 보니 옆 반은 선생님까지 모두 감쪽같이 사라지고 없었다.

정말 깜짝 놀랐다. 이내 아이들 소리가 들리는 쪽으로 고개를 돌려보았더니, 아뿔싸! 모두 김 덕장(김을 말리는 곳)에 매달려 있지 않은가? 죽도는 김을 많이 생산하는 곳이었고, 특히 덕장에 말리는 김은 소위 말하여 '돌김'이라서 맛이 좋고, 값비싼 김이었다. 갑자기 비가 내리면 누구네 것이든지 먼저 본 사람이 김 덕장으로 달려가서 김을 걷는 게 이 동네의 관습이었다. 그런데 아직 그곳 물정을 모르던 나만 민감하게 눈치를 채지 못하고 웃지 못할 해프닝을 겪게 되었던 것이다.

나는 이때서야 김이 어떻게 생산되는지 알게 되었다. 김은 초겨울철에 포자를 가는 줄에 매달아서 바다에 발을 묶고 넓게 김발을 쳐 놓으면 점점 자라서 배로 채취를 하게 되고, 그 채취한 김은 필수적으로 꼭 민물에 담가야만 우리가 먹을 수 있는 형태의 김이 되는 것이었다. 민물에 담갔던 김을 알맞은 크기로 떠서 덕장에 말리거나 많은 양은 기계에 넣어 말리면 제품이 되는 것이다.

그런데 겨울철에는 날이 가물어서 섬에서는 민물을 구하기가 힘이 들기도 하지만, 작은 섬이라서 물이 귀하기 때문에 집집마다 마당을 깊이 파고 빗물을 모아서 평소 생활용수로도 쓰지만 김 제조용으로 쓰는 것을 보았다. 한 가지 아쉬운 점은 채취한 김의 양은 많았지만, 항상 민물의 양이 적기에 사용한 물을 반복하여 사용할 수밖에 없었고, 당연히 그 물은 청결할 수가 없다는 사실이었다.

  그와 함께 바닷장어도 많이 잡혔는데, 고단백 식품이라서 주로 일본으로 수출을 하거나 서울 수산물 시장에 판매를 하였다. 주민들이 생각보다는 고소득을 이루고 살고 있었다. 지금은 이미 어른이 되어 함께 익어 가고 있을 죽도에서의 아이들과 하숙집 가족들이 그립다.

태풍 '베라'

　죽도분교 재직 시에는 사택을 배정받았다. 조그마한 부엌 하나에 방 한 칸짜리였다. 혼자서 생활하기에는 딱 좋은 방이었고, 큰 물통이 있어서 빗물을 모아서 썼다. 식사가 제일 문제였는데 식당이 따로 없어서 마침 섬과 육지를 드나드는 나룻배('종선'이라고 함)도 운영하고 자그마한 가게를 겸하는 이장 집이 있어서 식사를 부탁했다. 고맙게도 부탁을 들어주어서 후배와 나 둘이서 식사 문제를 해결할 수 있었고, 그곳에서 재직하는 동안 별다른 불편함 없이 지내게 되었다.
　그러던 어느 여름날, 무서운 태풍이 닥쳐왔다. 배를 지키려고 밤새 뱃속에서 버텨내는 사람도 보았고, 배가 부서질 위험에 처하자 몸에 밧줄을 두르고 폭풍이 몰아치는 바다로 거침없이 뛰어드는 배 주인을 보면서 정말 생존을 위해 때론 목숨의 위험까지도 무릅쓰는 대단한 모습을 보고 많은 것을 느끼기도 하였다.
　원래 평지가 거의 없는 비탈에 가옥들이 지어졌기에 태풍이 무섭게 몰아닥치자 금방이라도 집채만 한 파도가 섬 전체를 덮칠 것만 같았다. 방에 앉아 긴장하고 있는 순간에 우지끈 소리가 나더니 일순간에 내 방 지붕이 날아가 버렸다. 원래 지붕은 나무에 슬레이트로 씌웠던 것이었는데 거센 바람을 이기지 못하고 날아가 버린 것이다. 태풍이 그렇게 무섭다는 것을 직접 경험한 것은 처음이었다.

비가 쏟아지는 방에서 간단히 이것저것 짐을 챙겨 선배가 사는 사택으로 짐을 날랐고, 후배가 쓰는 방에서 임시로 기거하기로 했다. 다행히 감사한 것은 나와 주변의 누구도 다친 사람이 없었다는 것이다. 그해 태풍 베라는 수많은 피해를 남겼고, 베라 말고도 유난히 많은 태풍이 지나간 여름이었다.

그 덕분에 가을 내내 사택 수리를 도왔고, 방에 물이 들어 피해를 입은 주민을 돕는 일까지 거들다 보니 그해에만 도배한 방의 숫자가 여덟 개나 되었다. 도배를 처음 해보았지만 갈수록 실력이 늘어서, 지금도 어지간한 도배는 능숙하고 예쁘게 할 실력이 쌓이는 계기가 되었다.

태풍이 지나간 뒤 얼마 지나지 않아서 마을 주민들에게 태풍 피해 보상금이 나왔다. 마을 이장이 도움을 요청하여 큰 마대자루 몇 개를 마을 회관으로 옮겨 주었는데, 그것은 다름 아닌 돈 자루였다. 난생처음 그 많은 자루에 담긴 돈을 날라주고 또 직접 보았다. 더욱 놀라운 것은, 마을 주민들을 방송으로 모으더니 그 돈뭉치를 몇 뭉치씩 집집마다 나누어 주는 것이었다. 나의 한 달 월급이 겨우 60~70만 원 정도로 기억되는데, 보상금치고는 엄청나게 많은 돈이라고 생각되어 깜짝 놀랐다. 그리고 어촌 사람들이 고향에서 논농사를 짓는 부모님보다 훨씬 부자라는 생각이 들었다.

여름이 가고 태풍의 흔적도 사라진 죽도는 다시 평온해졌다. 무료함을 달래기 위해 아이들과 함께 미리 비싸게 사두었던 낚싯대를 들고 낚시를 하러 갔다. 얼마 지나지 않아 허접한 신우대로 낚시를 하는 어린아이들은 들락날락할 때마다 고기를 낚아 올리는데, 비싼 내 낚싯대로는 고기가 한 마리도 잡히지 않았다.

내 모습이 안타까워 보였는지 아이들은 잡은 고기를 몽땅 선생님께 드리겠다며 나에게 다 몰아주었다. 체면을 세워주려고 한 어린 제자들에게 몹시 창피하기도 했고, 미안하기도 했다. 낚시는 낚싯대가 문제가 아니라 낚시를 하는 기술이 더 중요했던 것 같다. 그날 이후로 나는 거의 한 번도 낚시를 한 적이 없다. 즐겁지도 않고 지루하게만 느껴졌기 때문이다.

사랑하는 영미 씨!

죽도에 있는 동안 여름 방학을 맞았다. 나를 늘 후원하고 뒷받침해 주었던 넷째 영선이 누나가 다니는 회사에서 오랫동안 보아왔던 직장 동료이자 후배를 나에게 소개해 주었다. 직접 소개하기가 어렵다고 친구인 문금숙 씨를 통해서 소개하는 형식을 취하여 나와 선을 보게 되었다.

연세가 많으신 우리 아버지는 내가 대학을 졸업하자마자 "내가 언제 죽을지 모르니, 내가 죽기 전에 널 여우고(결혼시키다) 죽어야 한다"라고 늘 말씀하시고 결혼을 서두르셨다. 그래서 일찍부터 맞선을 몇 차례나 보았다. 그즈음엔 나도 배우자를 만나고 결혼을 해야 하겠다는 마음이 들어서 새벽기도를 작정하고 40일 동안 새벽 기도회에 다니기도 했다.

1986년 8월 13일, 서울 서대문에 있는 모인 커피숍에서 운명적인 첫선을 보았다. 첫인상이 딱 마음에 들었다. 연보라색 자켓과 진보라색 스커트에 보라색 아이새도우를 하고 분홍색 블라우스를 입었는데, 첫눈에 마음에 확 와 닿았다. 이런저런 이야기를 나누다가 저녁 식사를 같이 해야 겠다는 생각에 식사를 같이 하자고 하였더니 응해 주었다. 우리는 인근에 있는 설렁탕집으로 함께 갔다. 그렇게 첫 만남에 우리는 설렁탕을 먹었다.

그런데 이 아가씨가 첫 만남이었음에도 불구하고 설렁탕 한 그릇을 뚝딱 하고 하나도 남기지 않고 먹어치우는 것이었다. 그것도 체면을 차리거나 별 부끄러움 없이 말이다. 나는 평소 마음에 밥 잘 먹고 신체 건강한 여성을 배우자감으로 생각하고 있었기에 밥 먹는 모습마저도 너무나 마음에 쏙 들었다. 그런데 나중에 안 사실이지만, 본인은 내가 별로 마음에 안 들어서 일부러 게걸스럽게 식사를 해서 싫어지게 하려고 그렇게 했노라고 했다. 아뿔싸! 아무튼 인연이 되려니 자기는 별로 안 좋은 모습을 보이려고 한 행동이었지만, 나에게는 그것조차 매력으로 보였다.

내가 근무하는 죽도에서 서울까지는 밤을 새며 무려 열 몇 시간을 오가야 하는 상황이었다. 지금처럼 휴대폰이 있는 것도 아니었고, 전화라고 해봤자 마을 회관에 있는 공중전화가 전부였다. 편지도 며칠씩 걸려야 주고받을 수 있는 환경이었다. 그래서 종종 죽도로 전화를 걸어왔는데, 마을 회관에 있는 공중전화기로 전화가 오면 이장(하숙집 아주머니였음)이 방송을 했고, 내 연애 전화는 온 마을에 방송으로 소문을 내야만 마침내 받을 수 있었다.

더군다나 전화가 오는 저녁 때에는 사람들이 회관에 모이는 시간이어서 나는 수많은 마을 사람들과 아이들 앞에서 매우 부자연스럽고 공개된 대화를 할 수밖에 없었다. 전화 통화를 마치고 나면 이것저것 온갖 이야기들을 물어보는 바람에 진화할 때마나 험난한 곤혹이었다. 한동안 온 동네에 내 연애 이야기가 큰 뉴스거리였다. 그래도 나는 전화가 오기만을 온종일 기다리는 설렘이 늘 좋았다.

밤이면 편지를 썼다. 미농지에 구구절절 아름다운 미사여구와 한 글씨 하는 서체(사람들에게서 글씨를 잘 쓴다는 소리를 듣고 살 때였음)로 보통 한 번에 십여 장씩 써서 편지를 보냈다. 아마 그 글 속에 사랑을 고백하는 표현도 있었다고 생각된다. 지금도 아내가 장롱 깊숙한 곳에 숨겨 두었을 텐데 좀처럼 공개를 하지 않고 있다. 한 가지 섭섭한 것은 내가 무려 열 통의 편지를 보냈던 것 같은데 36년이 지난 지금까지도 답장이 한 통도 없는 것이다. 때로는 '내가 얼이 빠져도 많이 빠진 놈이었구나' 하는 생각이 들 때도 있었다.

그래도 주말마다 서울까지 짧은 데이트를 하러 다녔다. 토요일 12시에 수업을 마치자마자 배 타고 바다를 건너, 버스 타고 고흥으로, 고흥에서 다시 순천으로, 순천에서 저녁을 먹고 밤 열차를 차고 영등포역에 새벽에 도착하면 신림동 누나 집에 잠깐 들러서 세수하고 간단히 아침을 먹었다. 예배를 드린 후 한두 시간의 데이트를 즐기고는 바로 점심 식사 후 다시 순천행 기차를 타야만 했다. 그렇게 죽도에는 월요일 아침 출근 시간에 겨우 도착하는 일정이었지만 하나도 힘들거나 지루하지 않았다. 연애 시절은 그런 것이었다.

우리 큰아들 은상이가 매일 여자 친구를 만나러 다니는 것이 이해가 가면서도 나는 좋은 마음에 놀려대기도 했다. "어제 만나고 무슨 할 말이 있다고 또 만나러 가?"라고…. 그렇게 짧은 연애 기간을 보냈다. 그리고 우리는 얼마 지나지 않아 결혼을 약속하고 일사천리로 결혼 준비에 들어갔다. 전라남도 남쪽 끝 섬마을 선생과 서울에 직장을 가진 예쁜 아가씨가 말이다.

결혼 날짜를 잡은 후, 어느 날 내 예복을 찾아서 나에게 전해 준 날이었던 것 같다. 으슥한 집앞 골목에서 손이라도 한번 잡아 볼까 하여 헤어지는 순간 기회를 포착하려는데, "뭔 손을 다 잡는데요?" 하며 수줍어하는 모습이 지금도 아른거리는데 벌써 함께 살아온 지 36년이 되었다.

우리는 8월 13일에 처음 만났다. 만난 지 120일째 되는 그해 12월 13일에 전주 제일예식장에서 진봉교회 김창수 목사님의 주례로 초스피드의 연애와 결혼을 하였다.

전근을 신청하기 위해서는 예비부부의 증명서가 필요했기에 결혼식 날짜를 급하게 잡게 되었는데, 결혼식 날을 잡은 이후 먼저 혼인신고를 하게 되었다. 그런데 장인어른께서는 결혼을 서두르는 분명한 이유가 있기는 했으나, 서두르는 것이 어떤 알지 못하는 숨긴 문제가 있지는 않은지 불안해하셨다고 한다. 나중에 알았지만, 내가 다녔던 고등학교에 몰래 가셔서 성적 증명서도 떼어 보았고, 면사무소까지 오셔서 호적등본(그때는 개인정보 보호법이 없었다)도 떼어 보셨다고 들었다.

그 후에 바로 경기도 전출 신청이 있었기에 고흥에서의 초임 생활 4년 만에 경기도 남양주로 전근을 오게 되었다. 원래 우리는 떨어져 살 것을 각오하고 결혼을 하였는데 정말 기적 같은 도우심이 일어났다. 서울과 인접한 남양주 덕소초등학교로 발령이 나게 되어서 중랑구(당시는 동대문구) 면목동에서 아내와 행복한 결혼 생활을 시작하게 되었다.

답장 없는 연애편지

첫선을 본 뒤 거의 매주 편지를 쓰거나 그 멀고 먼 서울로 영미 씨를 만나러 다녔다. 그리고 주중에는 밤마다 편지를 쓰고 부쳤다. 결혼하기까지 짧은 4개월 동안에 서울에 한 열 번쯤 올라왔었고, 편지를 꼭 10통을 부쳤다. 지금 생각해봐도 내가 어지간히 우리 영미 씨에게 '뿅' 갔지 않았나 싶다. 답장을 한 번도 받아보지 못한 눈이 먼 이 사내가 그 시절에 보낸 연애편지 몇 편을 여기에 실어 본다.

〈세 번째 보낸 편지〉

   - 영미 씨와 함께 가을을 맞는 마음으로⋯

歲時는 말이 없는 가운데 스스로 바뀌어 가는군요.
그것이야말로 침묵의 웅변인지도 모르겠어요.
9월이 되면서 하늘이 달라졌구려.
태풍 '베라호'가 지루하던 여름을 몰아간 자리에
계절을 독촉하듯 비가 내리더니,

높디높은 가을 하늘이 상쾌하게 열렸어요.
여름을 매듭짓고 새로운 출발을 다짐하게 되는 가을이
이제 성큼 우리의 곁에 다가선 듯합니다.
한겨울의 모진 바람이 찬란한 봄을 잉태시켰다면,
그렇게도 찌는 듯한 폭염은 풍성한 결실을 약속했겠지요.
땀으로 영글어 갈 풍요로운 들녘에 보기에도 탐스러운 오곡이
황금빛으로 물들여질 강산들을 상상만 해도 아름답군요.
이러할 즈음,
저 하늘처럼 높고 밝게, 보다 더 소망스럽게
이 가을을 맞이해야 할 마음에 손질을 가해 두어야 할 것이 있지 않나
이 밤 조용히 생각해 봅니다.
주님의 은혜 중 안녕하신지?
너무 갑작스럽게, 너무 복잡스런 용어로 '큰 부담을 드리지나
않았을까?' 하는 마음이 이내 뇌리를 차지하고 있군요.
'베라호'가 준 선물이 제게도 있어, 날려버린 지붕 때문에
태풍의 맛을 짭짤하게 본 듯합니다.
겨우 여유를 찾아 글을 드립니다.
늘 주님께 감사하면서 기쁜 마음으로 생활할 수 있도록
축복해 주심을 더욱 감사히면서 살아갑니다.
영미 씨께도 넘치는 은총과 축복이 함께하시길 기원하면서…
또 드리죠.
안녕.

팔육년 구월 초 사흗날에
죽도에서, 영 드림

〈여섯 번째 보낸 편지〉

시 「당신을 향하여」

영창

내가
당신을 만남은,
아픔이었습니다.
시련이었습니다.
차라리 가장 괴로운
학질이었습니다.

오히려 그것은 오아시스 같은
삶의 생명수였습니다.
순전히 그것은
주님의 섭리였습니다.

당신이여!
나, 영원히 헤어나지 못할
당신의 사랑의 늪에 빠지렵니다.

무조건 포용하려 했는데
무조건 사랑하려 했는데
이 어인 은총입니까?
이 어인 축복입니까?
생각의 바탕이 같고

삶의 입맛마저 같으니 말입니다.

당신이여!
나, 당신을 영원히 헤어나지 못할
활화산 같은 내 뜨거운 용광로에
녹여버리렵니다.

당신은
이 풍만한 내 가슴에
온통 자리해 버렸습니다.
나, 당신의 심장을 향해
뜨거운 정열의 시위를 당깁니다.

당신의 모든 것이
내게 매력 만점입니다.
당신의 모든 것이
내 서원한 기도의 응답입니다.
당신의 모든 것이
내 공개하기 싫은 일기가 되었습니다.

나 당신의 미래를
화려하게 치장할 소품이 되렵니다.
나 당신의 미래를
행복과 사랑으로만 조각해 드리렵니다.
나 당신의 미래를
온통 책임지렵니다.

사랑스러운 이여!
그대 고운 손을 펴서
내 강렬한 정열의 날개를 잡으소서.
사랑스러운 이여!
그대 아름다운 가슴을 활짝 열고
내 소중한 구애를 받으소서.
사랑하는 영미여!
말씀하소서.
그대 가슴 깊이 뜨거운 호흡으로
'나 그대의 사랑을 용납하노라'

내 삶을 드리다.
내 꿈을 드리다.
내 소망을 드리다.
내 청춘도 드리다.
내 사랑 모두 다 드리다.

당신이 나의 분신이외다.
당신이 나의 삶이외다.
당신이 나의 영원이외다.
당신이 나의 호흡이외다.
당신이 나의 긴긴 밤의 꿈이외다.
당신이 나의 환한 희망이외다.
당신이 나의 아름다움이외다.

당신이 나의 전부이기에
이 밤,
당신을 향하여….

팔육년 시월 초 아흐레날에
사랑하는 영미씨께 드립니다.
당신의 영창

〈아홉 번째 보낸 편지〉

당신께 드립니다.
뭔가 쓰고 싶기에 pen을 들었더니 막상 쓰려고 하니,
또 할 얘기가 없는 듯도 하군요.
쓴다 쓴다 하면서도 못 쓰고, 한다 한다 하면서도 답장 한 번
못하는 당신의 심정을 손톱만큼은 알 수 있을 것 같구려.
사랑하는 영미 씨!
우린 이제 제각기 不完全한 삶의 부스러기들을 추켜들고
'내'가 아닌 '우리'의 영원을 향한 大長程에 나서려 합니다.
준비가 필요하겠지요.
집도, 살림도, 식량도… 다 중요합니다.
하지만 더 소중한 것, 더 중요하고 가장 필요한 건
당신과 나의 '사랑' 오직 그것뿐입니다.
여보!
우리 척척 들어 안기는 사랑, 끈적끈적한 情이 넘치는 사랑,
그냥 서로를 서로에게 주는 사랑, 그런 사랑을 합시다.
가장 아름다운 색채로 우리의 사랑을 채색합시다.

가장 아름다운 작품으로 우리의 사랑을 조각합시다.

이제, 난 당신이 아니면 안 됩니다.

이제, 난 당신이 아니면 단 한시도 살아 존재할 수 없습니다.

여보!

남은 시간을 주님께 기도하며 지내요.

우리의 그리움을 기도로 해결해요.

기도 중에 꿈속에서 우리의 만남을 이룹시다.

당신께 미안한 생각뿐이오.

당신께 실망 주지 않도록 당신만 죽도록 사랑하는 멋진 남편이 되리다.

살 빼지 말고, 열심히 드시고….

또 드리리다… 뽀뽀!!!

안녕.

1986. 11. 12.

당신의 남자 昌

첫날밤

　우리는 처음 만난 지 정확히 120일 만에 초스피드로 결혼하게 되었다. 우리 집안으로 보면 늙으신 부모님께는 짐을 더는 기쁨이었다. 처가 입장에서는 두 분 다 맏이인 장인어른과 장모님 양쪽 집안 모두 처음 하는 혼사라서 두 집안에 기쁨이 충만하였고, 가족들과 친지들 그리고 하객들이 모여 많은 축하를 받는 가운데 결혼식을 하게 되었다.
　서울과 강경, 진봉에서 버스가 여러 대 동원되었는데, 당일에 우리 결혼을 축복이라도 해 주시려는 듯 눈까지 많이 내려서 서울에서 오는 버스는 정해진 시간 직전에 겨우 도착하였다. 서울에서 아내와 합창단을 같이 하는 동료들이 하객으로 많이 왔고, 그들 중에 중창팀이 축가도 해주었다.
　하객이 너무 많았던 탓에 예식장 내에서 모두 손님 접대를 하지 못하고, 인근 식당 몇 곳에 나누어서 피로연을 하게 되었다. 하객들에게 '궁중 전골'이라는 맛고을 전주의 대표 음식으로 접대를 하게 되었는데, 우리 결혼식에 하객으로 참석했던 많은 사람들이 결혼 후 한참이 지났는데도 맛있게 먹었던 '궁중 전골' 이야기를 하곤 했다.
　하객이 너무나 많아서 손님 접대를 하느라 분주한 탓에 폐백은 집에 가서 하기로 하였다. 전통 한복을 입고 폐백을 올리는 사진이나 장면을 보면 아내는 지금도 "우리는 저렇게 폐백도 못했다" 하면서 아쉬움을 표하기도 한다. 무슨 일이든 때와 장소가 있고, 결정적 시간이 있기 마련인데 말이다. 일평생 한 번 있는 그 시간에만 할 수 있는 일들을 우리가 살아가는 삶 속에서 종종 만나게 되는데, 과연 그때 어떤 선택을 할 것인가에 따라 방향과 결과가 크게 달라지는 경우가 많기에, 순간의 선택이 매우 중요한 것이다.

몇몇 친구들과 피로연을 했다. 거의 모든 게 생각나지 않는데, 딱 한 가지 생각나는 것은 친구들 앞에서 불렀던 노래이다. 처음 부른 노래는 '사랑해 당신을'이었다. '예 예 예'가 서른여섯 번이나 반복해서 나오는 노래이다. 그리고 앵콜을 외치는 바람에 할 수 없이 한 곡을 더 했는데, 그 무렵 나는 가수 김도향 씨나 배호 씨의 노래를 좋아했다. 박일남의 '갈대의 순정'을 소위 말하는 18번지쯤으로 여기고 살 때인데, 그날은 이상하게도 김도향이 노래한 '바보처럼 살았군요'를 불렀다. 그 가사가 이랬다.

어느 날 난 낙엽 지는 소리에
갑자기 텅 빈 내 마음을 보았죠
그냥 덧없이 흘러버린
그런 세월을 느낀 거죠
저 떨어지는 낙엽처럼
그렇게 살아버린 내 인생은
우~~~우~~~우~~~~~

잃어버린 것이 아닐까
늦어버린 것이 아닐까
흘러버린 세월을 찾을 수만 있다면

얼마나 좋을까 좋을까
난 참 바보처럼 살았군요
난 참 우~~에
난 참 바보처럼 살았군요
우우우~~~~
난 참 바보처럼 살았군요
난 참 우~~에
난 참 바보처럼 살았군요
우우우~~~~

'난 참 바보처럼 살았군요'를 몇 번씩 반복하는 노래였다. 왜 하필 그 많고 많은 노래 중에서 그 노래를 불렀을까? 내가 살아갈 미래를 결혼 첫 날부터 이렇게 노래를 하다니… 지금까지 살아온 날들을 생각해보니 정말 바보처럼 살았는데, 하나님의 은혜가 아니었다면 그때 부른 노래처럼 정말 나는 인생의 바보가 될 뻔했던 것 같다.

결혼식을 마치고 친족들과 형제들만 집으로 갔다. 물론 신랑, 신부와 함께였다. 약식 폐백을 하고, 저녁 식사 후 우리는 다시 첫날밤을 지낼 전주 코아호텔로 이동했다. 가족처럼 지내는 큰매형 동생인 서재식 님께서 좋은 말씀을 해 주시며 우리를 호텔까지 태워다 주셨다.

가정을 갖고 아내와 함께 새 출발을 하는 첫날, 꼭 하고 싶은 중요한 일이 가정예배였다. 아내에게는 깜짝쇼였지만 아내는 생뚱맞게 생각하기 보다는 내심 놀라기도 하고 꽤 좋아하는 모습이었다. 지나고 보니 첫날밤의 첫 가정예배는 다시 경험할 수 없는 소중한 시간이었던 것 같다. 다음날이 주일이었기에 다시 진봉교회에서 주일 예배를 드렸는데, 목사님께서 갑자기 특송을 하라는 바람에 특송까지 하고 제주도로 신혼여행을 가게 되었다. 우리는 그렇게 새 출발을 했다.

어머니 같은 큰누님

신혼여행은 제주시 신제주에서 여행사와 '풍남호텔'을 경영하시던 큰매부님의 배려로 제주도에서 행복하고 즐거운 시간을 보냈다. 특히 모든 비용을 당시 회사의 실무자인 조카 용주가 다 부담해 주어서 신혼여행 경비를 커다란 결혼 선물로 받은 것이나 다름이 없었다.

우리 큰누님은 올해로 여든넷이 되셨다. 그러니 나보다 나이가 더 많은 자식이 있고, 손주도 여럿이다. 딸 셋과 두 아들, 다섯 남매를 두셨고 비교적 이른 시기에 매부님을 먼저 천국으로 보내셨다.

부잣집 맏이로 태어나셔서 어려서 한때 호사를 누리기도 했지만 이른 나이에 가난한 매부를 만나 결혼을 하셨고, 결혼 후 가세가 더 기울어져서 이루 말할 수 없는 고생을 하셨다고 들었다. 평신도로서 전주시 평화동에 '평화동교회'를 세우고 평신도 목회를 하신 큰매부를 도와 가난한 살림을 꾸려 나가시느라 평생 고생을 하셨다. 나이가 많고 치매까지 앓으셔서 온통 방 안에 똥칠해 대시던 시아버지도 오랫동안 수발을 하시던 효부 며느리이기도 하셨다.

내가 초등학교에 다니던 시절, 여름 방학이 되어 누님댁에 놀러 갔을 때였다. 큰 바람이 불고 비가 오는 날이면 복숭아 과수원에서 비바람에 떨어진 복숭아를 큰 바구니에 한 바구니씩 가득 주워 와서 조카들과 함께 배가 터지도록 실컷 먹는 일이 종종 있었다. 그때 그 복숭아는 껍질이 쏵쏵 벗겨지는 크고 단맛이 풍성한 아주 맛있는 황도, 백도 복숭아였다. 그때 맛본 복숭아 맛은 지금까지도 다시 맛볼 수 없었던 정말 맛있는 복숭아였다.

내가 자식 같은 막둥이 동생임에도 불구하고, 큰누님은 내가 장로라고 항상 "장로님! 장로님!" 하시며 부족한 나를 존중해 주시고, 장로가 된 이후에는 한 번도 "야!"라고 부르신 적이 없다. 그러실 때마다 나는 더 큰누님을 대하기가 송구하고 죄송한 마음뿐이다.

말씀만 그렇게 하시는 것이 아니라 하찮고 작은 먹을 것 한 가지라도 매번 더 챙겨주시려고 하고, 우리 가정의 세세한 일과 하물며 한참 젊은 내 건강까지 챙기시며 염려해 주시는 모습이 마치 어머니가 내게 하시던 모습과 전혀 다름이 없다는 생각이 들 때가 많다.

젊어서는 음식 솜씨가 뛰어나서 큰 손님들을 너끈히 치러내시기도 하셨고, 식당을 하시는 동안에는 손님들이 이구동성으로 맛있다고 호평을 할 정도로 음식도 맛있게 하셨고, 여장부처럼 스케일이 크셔서 늘 씀씀이도 크고 남에게 주는 것을 좋아하셨다. 그러고 보니 그런 면은 아버님과도 똑같이 닮고, 나와도 닮은 점이 많은 누님이시다.

이렇듯 우리 큰누님은 나를 비롯한 다른 동생들도 일일이 챙기시고 살펴주시는 맏이로서의 역할을 너무나 잘해주시는 어머니 같은 분이시다.

"누님! 늘 감사합니다. 부디 건강하게 오래오래 사세요! 누님!"

은인 영환이 형님

　돌이켜보면, 나는 어떤 구체적이고 세밀한 준비 없이 일을 먼저 시작하고, 거기에 맞추어 문제를 해결해 가는 높은 외향형의 성향을 가진 사람이었다. MBTI 공부를 하면서 더 구체적으로 알게 되었지만(MBTI의 ESTJ성향), 그 성향이 내 일생에 많은 영향을 미치고 어떤 일의 성패가 좌우되기도 한다는 것을 세월이 가면서 더욱 절실히 깨닫게 되었다.
　결혼하면서도 신혼집에 대한 구체적인 계획도 방안도 갖지 못한 채 짧은 기간에 멀리 전남 고흥에서 서울 살림을 준비하고 있었다. 어떻게 보면 대책 없는 사람, 무대포의 사람임에 틀림이 없었다. 그렇다고 아버님께서 방 한 칸 마련해 주실 돈이 있었던 것도 아니고 나도 모아둔 돈도 별로 없는 상태였으니 말이다.
　한 가지 위안은, 어차피 떨어져서 신혼살림을 할 건데 집은 각자 살던 집에서 그럭저럭 지내다가 서울로 전근이 되면 어떻게 해볼 생각이기도 했다. 그러던 와중에 경기도에서 전입 신청을 받는다는 낭보가 날아들었는데, 갑자기 살 집이 문제가 되었다. 이때 구세주같이 짠! 하고 나타난 분이 우리 사촌 영환이 형님이었다.
　어느 날 영환이 형님이 나를 만나자고 했다. 결혼 소식을 들은 형이 신혼집에 대해서 나에게 물어보았다. 자초지종을 말하였더니 "내가 여유로 집을 한 채 갖고 있는데, 아무 걱정하지 말고 무조건 그 집에서 살라"고 하는 것이었다. 그 집이 면목동에 있었고, 무려 대지가 100평이 넘는 단독 주택이었다. 마당에 잔디가 깔려 있었고, 작은 연못에 물고기도 사는 신혼부부가 살기에는 너무나 크고 화려하고 과분한 집이었다.

하나님께서는 그렇게 영환이 형님을 통하여 내 신혼집을 여호와 이레(여호와 하나님께서 미리 예비해 두셨다는 뜻)로 마련해 주셨다. 돌이켜 생각해 보면 결코 쉽지 않은 통 큰 배려를 한 영환이 형님께 평생 감사하며 살아야 한다. '지금의 나 같으면 그렇게 할 수 있을까?' 하는 생각을 하면서 말이다.

큰 집에 살다 보니, 매일 시간 맞추어서 연탄을 한 번에 아홉 장씩 두 번을 갈아야 했다. 그 당시 방범대가 우리 집 대문에 순찰함을 달고 순찰을 해주면서, 청소하시는 분들과 함께 명절 때에는 슬그머니 떡값을 요구하기도 했다. 과일을 사도 봉지로 조금씩 사면 가게에서 한 박스씩 들여놓으라고 권유를 하는 등 갑자기 부잣집 아들네 신혼부부처럼 여김을 받고 살았다. 내가 결혼을 하고 가정을 이루어 인생의 첫걸음을 내딛는 순간에 영환이 형님은 영원히 잊지 못할 큰 은혜를 나에게 베풀어 주셨다.

"형님! 감사합니다. 그 은혜와 사랑을 평생 잊지 않겠습니다."

면목동에서 다닐 수 있는 가까운 경기도 지역은 남양주이었기에, 경기도 배정을 도와준 분이 남양주 덕소로 발령을 내주었다. 아마 도움을 준 그분은 아내의 친구인 혜숙 씨의 남편이 아는 사람이었던 것으로 알고 있다. 참으로 감사했다.

그 집에서 2년가량의 신혼 시절을 보냈다. 그 후 그 자리에 빌딩을 건축하게 되어서 다른 곳으로 이사를 해야 했다. 미처 저축된 돈이 없던 터였는데, 형님께 말했더니 선뜻 칠천만 원의 현금을 빌려주셨다. 신혼집도 세 한 푼 없이 공짜로 2년을 살고, 집에서 내보낼 때는 칠천만 원이라는 거금을 선뜻 내어준 은인이 영환이 형님이었다. 그 당시 칠천만 원이라는 돈은 조금만 보태면 연립 한 채를 살 수 있는 큰돈이었다.

지금 아무리 생각을 해보아도 아무나 쉽게 할 수 있는 일이 아니었다. 그것은 특별한 마음으로 특별한 사랑이 없으면 할 수 없는 일이었다. 그래서 영환이 형님이 나에겐 은인이고 특별한 분이라고 감사한 마음을 갖고 살고 있다.

일순간에 경기도 발령도, 살 집도 해결되고, 알맞은 학교 배정 등 어려운 문제가 한꺼번에 이루어졌다. 이 모든 것이 하나님의 인도하심과 예비하심, 그리고 사랑이 있었기에 기적이 일어났다.

"영환이 형님! 정말 고마웠습니다."

브라스 밴드

　초등학교는 발령을 받으면 학급 담임과 보직, 그리고 보직이 없을 때는 담임 업무 외에 별도의 담당 업무를 배정한다. 나는 이제 겨우 경력이 5년차인 비교적 젊은 교사이기에 대개 학년은 제일 만만하고 잘 맡기를 꺼리는 5학년을 배정받게 되었다.
　부임한 지 며칠 되지 않은 어느 날 오후 교장 선생님께서 교장실로 나를 호출하셨다. '무슨 일일까? 나는 보직교사도 아닌데….' 교장 선생님께선 나에게 부임한 후 근황이 어떤지 등을 묻더니 대뜸 내 담당업무로 밴드부를 맡으라는 것이었다. 정말 놀랍고 황당한 일이었다. 나는 겨우 음악 교과 수업 정도나 하고 오르간이나 조금 치는 정도인데 브라스 밴드라니….
　나중에 알고 보니 밴드부를 맡았던 전임 고참 교사가 다른 학교로 전근을 갔고, 지난 5년간 학부모들로부터 많은 후원을 받아 비싼 악기에 아이들 단복 구입 등 이것저것 투자해 놓은 것이 많아서 중단할 수도 없었던 것이다. 그렇다고 선뜻 어려운 일을 경력 있는 교사가 맡겠다고 나서지도 않았을 뿐만 아니라 맡겨도 한다고 했을 리 만무하였다. 아무래도 내가 제일 만만한 젊은 교사였던 것 같다. 아! 이 일을 어찌하랴!

나는 꼼짝 없이 브라스 밴드를 맡게 되었다. 기가 막힌 일은 매주 아침 조회 때마다 연주를 해야 하고, 매년 6월에 있는 남양주 다산문화제에 출연해야 한다는 것이었다. 운동회 때에는 퍼레이드를 해야 하는 등 엄두가 나지 않는 일들이 주어졌다. 커다란 부담감으로 그날 밤부터 잠이 잘 오지 않았다. 신혼 때이고, 이제 가정을 꾸리고 행복한 신혼의 단꿈을 꾸고 있었는데 날벼락 같은 일이 벌어진 것이었다.

언제나 우리의 삶과 현실은 변화무쌍하고, 그때마다 부딪히는 상황은 결국 이겨내고 극복할 수밖에 없었다. 나는 일에 대하여 두려워하지 않는 방법을 아버지께로부터 은연중에 배워왔던 것 같다. 그래서인지 일을 두려워하지 않는 도전적인 정신은 나의 강점 중 하나가 아닌가 싶다.

밴드부의 상황을 보았다. 3학년부터 6학년까지 50명가량으로 관악기 몇 종류와 타악기, 그리고 멜로디언과 큰북, 작은북 몇 점으로 편성되어 있었다. 3학년들은 서로 밴드부에 들어오려고 아우성일 정도로 아이들 사이에 인기가 높았다. 3학년 학부모들은 줄을 대어서라도 가입시켜 달라고 할 정도였으니 의외로 생각지 못한 큰 힘이 되었다.

기본기가 거의 갖추어져 있어서 지도하기에는 큰 어려움이 없었다. 아이들은 가소성이 있고 음악적인 인지능력이 빠른 데다가 평소에 관심이 있고 기본 재능이 있는 아이들로 선발되었기에 모든 것이 생각보다는 어렵지 않았다. 나는 관악기를 전혀 다룰 줄 몰랐는데, 5, 6학년 선배 아이들이 3, 4학년 후배 아이들을 가르치는 방식으로 배우고 익히며 스스로 완성해나갔기 때문에 며칠이 지나지 않아서 조회 연주나 행사곡들은 바로 지휘를 할 수 있었다.

문제는 악기별로 편곡을 해서 새로운 곡을 주어야 하는데 나에게는 그럴 능력이 없었다. 경찰악대, 광운고등학교 밴드부, 염광여상 밴드부, 육군 군악대, 덕소고등학교 음악 교사와 아내 회사의 합창단 지휘자 등 주변의 모든 음악하시는 분들의 인맥을 동원하고 소개를 받아서 열심히 찾아가고 도움을 요청했다. 내 모습이 가상했던지 주변에서 한두 곡씩 편곡도 해주고 밴드 지휘나 운영 등을 조언해 주는 등 도움을 많이 주었다.

다행히 얼마 지나지 않아 참여한 다산문화제에서 좋은 곡으로 우승도 하였다. 여름 내내 뙤약볕에서 노력한 결과, 가을 운동회에서 퍼레이드를 하는 등 엄청난 발전을 이루게 되었다. 그 덕분에 나는 일약 탁월한 밴드 지도 우수교사(?)라는 칭찬도 받게 되었다.

나중에는 아마 평소에 안 하던 잠꼬대도 많이 하고, 지휘하는 잠꼬대도 자주 하는 모습을 봤다는 아내의 목격담을 듣기도 했다. 그때부터 내리 3년을 지도하게 되었다. 두려움보다는 도전적인 자세와 능동적이고 성실한 자세가 있었기에 새로운 일은 결코 내 앞에서 장애가 될 수 없었다. 그리고 나는 한번 맡은 일은 어떻게든 끝까지 이루어내는 의지와 열정이 있다. 이때의 뿌듯한 경험은 지금도 내 인생의 아름다운 추억으로 기억된다.

우리 목천교회

* 첫 번째 Calling of GOD!

1986년 말 결혼 후 서울에서의 삶이 시작되었다. 그런데 교회를 정하는 일이 어려웠다. 나는 어려서부터 장로교 합동 측 교단에 소속된 교회를 다녔고, 아내는 감리교단에 소속된 교회에서 어린 시절을 지냈다. 교단을 따지지는 않았지만 앞으로 오래도록 우리 가정이 속할 교회를 정하는 일은 쉽지 않았다.

주변에 있는 교회들을 이곳저곳 탐방하러 매 주일 돌아다니게 되었다. 한 4~5개월을 다니던 중 그나마 우리 부부가 마음을 같이한 교회가 우리 집 길 건너에 있는 목천교회였다.

목천교회는 장로교 통합 측의 교단에 속해 있는 교회였는데, 인근 면목교회에서 장로로 계시던 김증우 목사께서 늦게 신학을 하시고 목사 안수를 받아서 개척한 교회였다. 교회 개척은 1974년에 면목교회 출신 몇 명의 성도들과 부친이신 김시완 장로께서 기증하신 면목동 17-15호(지금은 용마산로 432) 부지에 건물을 지어서 시작하게 된 교회였다.

우선은 교회 분위기나 예배 분위기가 좋아 보였고, 설교가 깊은 내용은 없었지만, 은혜와 감동이 있고 표현할 수 없는 목회의 매력이 있었다. 단지 찬송할 때 박수를 치는 모습은 부흥회나 특별 집회를 빼고는 일상적인 예배시간에서는 생소하게 보였고, 예배 중에 주기도송을 모두가 함께 부르는 것도 생소하고 낯선 것이기는 했지만, 우리 집 가까운 주변에서 다닐 만한 교회로는 제일이라는 생각에 1987년 5월에 정식 교인으로 등록을 하였다.

직장 생활을 하는 아내는 교대 근무로 인하여 겨우 주일 예배에 참석만 할 수 있었지만 나는 곧바로 중고등부 교사로 자원하여 교회 등록과 함께 교회학교 중고등부 교사로 섬기게 되었다. 이때부터 15년을 교회학교 중고등부 교사로 봉사했다. 이때 깨달은 점은 교회학교 교사는 가르친다고 하기보다는 아이들을 통하여 배우는 것이 더 많았고, 나에게 은혜가 되는 것들이 참으로 많다는 점이다.

이때 만난 분 중에 나에게 영적인 멘토가 되어 주신 분이 조용달 목사님이셨다. 이분은 원래 육군 장교 출신이었는데 발가락이 썩어가는 버거씨병(Buerger's disease: 말초 동맥과 정맥에 염증을 일으키는 질환)에 걸리게 되어서 군을 퇴직하고 목회자를 서원하여 신학을 하게 되었다. 그리고 그 병을 치유 받은 은혜로 목숨 걸고 목회를 하시는 분이셨다.

그 당시는 전임 전도사로 계실 때였는데, 전도사님은 중고등부 담당 교역자이셨다. 영적인 면에서 좋은 스승이었고, 성향도 나와 많은 부분이 비슷해서 아주 재미있게 몇 년을 같이 사역하게 되었다. 그리고 나와 우리 가정을 위해 많은 기도를 해주신 분이셨다.

그즈음 목천교회 시무 장로이셨던 조병준 장로께서 노회 중고등부 연합회 회장으로 섬기게 되었는데, 도와줄 사람이 필요하다고 나를 연합회에서 함께 섬기도록 추천하여 졸지에 노회 중고등부 연합회의 임원으로 섬기게 되었다. 이로부터 십수 년 동안 중고등부 연합회를 섬기게 되었다. 우리 교회 중고등부와 노회 중고등부 연합회의 기반을 잡는 일에 진력하며 헌신하게 된 것도 이때부터였다.

나는 교회에 등록한 이후 중고등부 교사는 물론이고 교회의 모든 일을 맡겨 주시는 대로 최선을 다해 열심히 섬겼다. 3남선교회(당시엔 닛시 선교회) 회장을 맡은 뒤부터는 매일 밤늦게까지 선교회 회원들을 심방하고 교제를 나눴다. 그 결과 겨우 서너 명 모이던 선교회가 얼마 되지 않아 이삼십 명이 모이는 선교회로 급성장되기도 했다. 등록 교인이 된 지 3년 만인 1990년 11월, 30대 초반 나이에 최연소 집사 안수를 받게 되었고, 안수집사로 23년을 섬기게 되었다. 할렐루야!

초대 김증우 목사님은 미국으로 이민을 가신 후 미국에서 돌아가셨고, 2대 이세호 목사님은 불미스런 일로 사임하셨다. 이제는 두 분 다 천국에 가셨다. 지금은 3대 김상원 목사님께서 담임을 하시는데, 29년 동안 교회를 많이 부흥시키시고 열정적으로 목회를 하셔서 내 인생에 신앙의 지표가 되고 계신다.

목천교회 교인이 된 지 어언 36년이 되었는데, 하나님께선 나를 어떻게 평가하실까? 오래 다닌 것이 중요한 것이 아니라 지금까지의 나의 신앙생활을 과연 하나님께서는 어떻게 평가하고 계실까를 생각할 때에 하나님 앞에 그저 송구하고 부끄러울 따름이다. 하지만 지나온 모든 세월을 돌아볼 때 모든 것이 하나님의 은혜요, 하나님께 감사할 따름이다.

"하나님 아버지! 참 감사합니다."

급성 간염

　갑작스런 생활 패턴의 변화가 건강 이상으로 나타났다. 결혼과 전근, 주변 환경의 급격한 변화와 이전에 안 하거나 없던 일들이 많아지기 시작하면서 몸이 허약해진 것이었다. 어느 날 계단을 오르는데 다리에 힘이 쭉 빠지고 맥이 빠지면서 계단을 잘 오를 수가 없었다.
　섬에 있는 분교에서 근무할 때에는 아이들이 몇 명 안 되는 상황에서 업무나 수업을 감당하는 모든 면에서는 여유가 있었는데, 서울에서는 분주한 삶이 이어졌다. 먼 길을 출퇴근도 해야 했고, 담임한 학급당 인원도 많았고, 업무도 잘 모르는 브라스밴드를 맡아 배우면서 지도해야 했고, 교회에서도 교사 봉사의 일에나가 중고등부 연합회 서기 일까지…. 이전에 비해서 엄청나게 일이 많이 불어났고, 신혼 생활에 주변에 챙겨야 할 일도 많아졌다. 짧은 기간에 갑자기 일이 많아졌으니 과로로 인하여 병이 날 수밖에 없었던 것이다.
　집 옆 병원에 갔더니 소화불량이라고 약을 지어 주었다. 2~3일 먹어 보았는데 전혀 호전되지 않았다. 다시 인근 내과 병원을 찾았는데, 이번엔 급성 간염이 왔으니 당장 입원을 하라는 것이었다. 갑작스런 진단에 깜짝 놀라게 되었다. 소화불량이 아니고 급성 간염이 왔다는 쪽에 더 신뢰가

가기는 했지만, 더 큰 병원의 진단을 받고 싶어서 동대문에 있던 이화여자대학 부속 동대문 병원으로 갔다.

내과 전문의인 윤견일 박사(훗날에 이대 목동병원 병원장을 역임함)를 주치의로 선택하여 진료를 받았다. 처음 진료부터 너무나 자상하고 친절한 분이었다. 검사 결과를 보더니 역시 급성 A형 간염이 왔다는 것이다. 피로가 누적되고 면역력이 약해져서 올 수 있는 병이고, 바로 조치하지 않으면 위험해질 수 있다는 진료 소견을 이야기해 주었다. 이전 병원에서 빨리 입원하라고 했었다고 얘기했는데도, 윤 박사는 입원 권유를 하지 않고 아무런 주사 한 방도 안 주고, 아무런 약도 처방하지 않았다. 아니, 위험할 수도 있다면서 왜 아무것도 없느냐고 질문을 하였더니, 빙그레 웃으면서 하는 말이 "간은 쉬면서 자연치유를 받는 게 좋은 것"이라고 하였다.

간은 우리 몸의 모든 독을 해독하는 장기이기에 해독이 필요한 간에 독한 약을 먹으면 간이 하는 일이 더 많이 생겨서 치료가 더디다는 것이다. 그래서 약도 주사도 주지 않는 것이라고 말씀하였다. 그러면서 간에 좋은 단백질 식품 몇 가지를 권유해 주었는데 콩류, 굴, 소고기 등 고단백 식품으로 잘 먹고 푹 쉬기만 하면 된다는 자상한 설명이었다. 지금까지도 잊히지 않는 너무 고맙고 감사한 의사였다.

그야말로 되도록 푹 쉬면서 지극정성으로 보살펴준 아내 덕분에 잘 먹었다. 그러던 어느 주일날, 오전 예배에 참석한 뒤 집에서 이불을 뒤집어 쓰고 기도를 하게 되었다. 간절히 기도하던 중 갑자기 가슴이 뜨거운 불덩이가 되어 가는 듯한 느낌을 받았다. 도저히 견딜 수가 없어서 이불을 걷어치우고 방안을 이리저리 굴렀다. 너무 뜨거운 불덩이였다. 땀이 비 오듯 흘렀다. 몸이 더워서 그런 것 같지만은 않았다. 그러면서 시간이 한 이십 분 정도가 흘렀다. 서서히 몸이 식으면서 몸이 아주 편해졌고, 기분도 꽤 좋아졌다. 참으로 생애 처음으로 경험한 신기한 체험이었다.

얼마 지나서 예약된 날에 병원 진료를 갔다. 담당 의사가 깜짝 놀라면서 이렇게 급속히 완치된 것은 처음 보았다고 하면서 너무 잘했다고 격려를 하시곤 이젠 병원에 다시 올 필요가 없다고 했다. 너무 행복한 순간이었다. 내가 처음으로 경험한 신기하고도 놀라운 치유의 은사를 체험하는 소중한 시간이었다. 돌아오는 길에 버스 안에서 '아! 불덩이를 경험한 순간이 하나님께서 내 몸을 치유하시는 순간이었구나'라고 생각하며 감사를 드렸다. 할렐루야!

아내의 첫 수술

결혼한 지 얼마 되지 않았는데 나는 과로로 인한 급성 간염을 앓게 되었고, 이번에는 아내가 아팠다.
증상은 아랫배가 살살 아픈 것이었는데, 점점 통증이 심해져 갔다. 집 옆 내과 병원에 갔더니 소화기관 문제라고 하면서 소화제를 주었다. 며칠을 지나 봐도 소용이 없었고 차도가 없었다. 다시 조금 더 큰 병원으로 갔다. 역시 장에 염증이 있는 것 같으니 약을 먹어 보라는 것이었다. 아무래도 미심쩍어서 아예 큰 여성 전문병원으로 가기로 했다.
퇴계로에 있는 제일병원이었다. 첫날 진료하자마자 의사가 하는 말이 자궁에 물혹이 있는데 너무 커서 곧 터질 수가 있으니 곧바로 수술을 하지 않으면 안 된다고 했다. 며칠 방치했다가 속에서 터지면 큰일이 난다는 말도 덧붙였다. 나중에 임신에 지장을 줄 수도 있다는 말도 했다. 겁이 덜컥 났다. 이때 나의 성급한 성미의 기재(機才)가 즉시 발동되었다. 시간을 갖고 생각해 볼 여유도 없이 곧바로 수술에 들어갔다.
그런데 수술 중에 갑자기 밖으로 나온 의사의 말이 "혹 난소에 문제가 있을 수 있으니, 한쪽 난소를 제거해야 한다"라는 것이었다. 너무 갑작스런 일이 계속되었다. 한 번도 경험해 보지 않았고, 어느 누군가에게도 상의하거나 할 여유가 없이 벌어진 일들이었다. 하지만 동의하지 않을 수 없는 순간이었다. 한쪽 난소를 제거하는 일은 나중에 임신을 하는 데 있어서 막대한 지장을 초래할 수도 있다는 중요한 일이었음에도 말이다.

    수술은 잘 마쳤다. 며칠 동안 병원과 집에서 요양과 휴식을 취하고 아내는 건강을 회복하였다. 장모님께서 지극 정성으로 돌봐주신 덕분이기도 하였다. 나중에 들은 이야기이지만, 수술하지 않고 물혹을 주사기로 제거하거나, 물혹을 한약으로 말리는 방법도 있다는 이야기를 들었는데, 늘 신중하지 못하고 급하게 결정해 버리는 나의 성격 때문에 아내에게 괜한 고생을 시키지 않았나 하는 미안함과 후회가 한동안 나의 마음을 사로잡았다.

    이후로 몇 년 동안 기다리던 임신이 되지 않았고, 난소가 한쪽만 있기에 임신에 지장이 많다는 것을 불임 치료차 다니는 병원의 의사를 통해서 알게 되었다.

    어떤 일이든 나의 신중하지 못한 신속한 결정이 크고 작은 문제를 가져오게 되고, 그 일로 인하여 결과가 엄청나게 달라진다는 사실을 많이 인식하게 되었다. 그런 나의 태도를 좀 더 진중한 태도로 바꾸고자 노력하려고 하지만, 아직도 나는 여전히 신속한 결정을 더 좋아한다. 때로는 우물쭈물하다가 기회를 놓치는 경우도 허다하였고, 결정 앞에 우물쭈물하는 우유부단한 사람은 별로로 생각되기 때문이다. 단지 요즈음 내가 크게 변화되었다면 커다란 연단을 겪고 난 이후로 지금은 무슨 일이든 먼저 하나님께 묻는 습관이 생겼다는 것이다. 할렐루야!

우리 첫 자가용
Pony

아버지는 내가 대학을 졸업하던 직후부터 늘 나에게 운전면허를 따라고 말씀하셨다. "차가 있든 없든 앞으로는 차를 운전할 수 있어야 해!"라고 하시면서 말이다. 그럴 때마다 나는 "차도 없는데 웬 운전면허예요?"라며 듣는 둥 마는 둥 하였다.

어려서부터 아버지의 자전거 앞자리에서와 어머니의 재봉틀 바퀴로 수없이 예행연습을 해놓은 터라 운전에 대한 두려움이나 불안은 전혀 없었다. 전혀 배운 적도 없으면서 형이나 매형이 운전하는 모습을 보고 틈이 날 때마다 머릿속으로 주행 연습을 나름대로 꾸준히 하고 있었다.

어쩌다 형이 차를 끌고 오는 날에는 겁도 없이 몰래 무작정 차를 끌고 다니기도 했다. 어느 날엔 밭고랑에 빠지기도 했고, 어느 날엔 논바닥에 차를 처박아서 논 주인에게 변상을 하고 몰래 차를 세차하느라 진땀을 뺀 적도 있었다.

한 번은 전주역 앞으로 르망(그 당시 차 이름)을 끌고 나갔는데, 도대체 후진 기어가 들어가지 않는 것이었다. 르망은 기어 손잡이를 들어 올려야 후진 기어가 들어간다는 사실을 몰랐던 것이다. 아무튼 나는 꽤 무모한 사람이었다. 그렇게 위험할 수도 있는 차량을 면허도 없고, 동승자도 없이 연습을 하러 다녔으니 말이다. 교통경찰이 차가 고장이 난 줄 알고 앞에서 밀어 주어서 기어로 후진하는 역할을 해주었다. 겨우 앞으로만 전진하여 돌아오는 웃지 못할 추억도 있었다.

이렇듯 운전이 자신만만하였기에 면허 취득이 쉬울 줄 알았다. 학원 등록도 하지 않고 면허 시험에 응시하였다. 결과는 낙방이었다. 주차나 코스에 공식이 있다는 것은 미처 몰랐다. 두 번의 낙방 후 면허를 취득하였다. 그리고 얼마 되지 않아서 중고차를 구했다.

우리 집 첫 애마 포니의 탄생은 이랬다. 그 당시 형이 택시회사에 근무를 하고 있었는데, 영업용으로 사용 기한이 다 된 차를 수리 후 일반 승용차로 부활시킨 차를 나에게 준 것이다. 차를 처음 인수하는 날, 연수를 한 번도 안 하고 신월동 차고지에서 종로통을 거쳐 면목동 집까지 직접 끌고 오는 무모한 도전은 계속되었다. 그런데 종로2가 YMCA 부근에 왔을 때 1차선에서 갑자기 차가 멈춰서 버렸다. 마침 퇴근 시간이 되어서 도로에 차가 이루 말할 수 없이 많이 밀려들었다. 정말 처음 겪는 난감한 상황이 벌어졌다.

땀을 뻘뻘 흘리며 당황해 하고 있는 나에게 교통경찰이 다가와서 차를 밀어 줄 테니 길가 쪽으로 차를 대라는 것이었다. 복잡한 시내 한복판에서 급히 형에게 연락을 취했고, 회사 차량 수리팀을 보내와서 수리 후 면목동까지 무사히 갈 수 있었다.

그 후 문제가 또 생겼다. 전셋집을 살다 보니 주차 공간이 문제가 되었다. 기존에 주차를 하던 이웃과 줄다리기가 벌어졌다. 차는 샀는데 주차할 곳이 마땅치 않다 보니 서로 갈등이 생기지 않을 수가 없었다. 결론은 서로 조금씩 양보하고 이해하며 사는 수밖에 없었다.

이 애마 포니는 워낙 잘 만들어진 차여서 폐차가 될 때까지 우리 가족을 위해 헌신을 다하고, 결국은 폐차가 되어 새 차로 구입할 수 있는 보상금까지 주고 떠났다.

코리아나
관광여행사

　1986년 아시안게임이 서울에서 열리고, 이어서 1988년은 올림픽이 열렸던 해였다. 그 여파로 여행 산업이 많이 활성화되고 있었다. 이때 제주에 사시던 큰매형이 여행사를 하고 있었다. 내가 결혼했을 때 큰매부의 둘째 아들인 조카 용주는 20대 중반의 어린 나이임에도 불구하고 여행사를 실제로 운영하고 있었다. 그 당시 결혼하는 신혼부부의 80~90%가 제주도로 신혼 여행지를 정하는 시기였다. 그래서 내가 겸업하여 서울에서 서울 지사를 운영하였다.
　현직 교사이면서 부업으로 사업을 시작한 것이다. 처음에는 사무실을 내어 퇴근 후 대부분 업무를 보았고, 때로는 낮 시간에 일이 많아지자 사람을 따로 두고 업무를 하였다. 특별한 준비도 없이 주변에 여행 갈 사람들을 소개받아 일정을 제주 본사에 넘겨주고, 나는 주로 비행기 티켓팅과 공항 안내를 하게 되었다. 두툼한 휴대 전화를 들고 다니면서 항공사와 직접 통화하면서 티켓을 발부해 주었다. 많은 사람들이 신기해했고, 나를 대단한 사람으로 여기기도 했다.
　소개가 점점 늘면서 꽤 재미있게 일을 하였다. 관광 사업이 여행 알선 사업이었기에 행사 차량을 알선하기 시작하였다. 때마침 학교마다 현장학습이 막 붐을 이루는 시기여서 거의 모든 학교가 소풍도, 봄·가을 현장

체험학습도, 여러 가지 수련활동도 버스를 이용해서 가는 시즌이 형성되었다. 그야말로 여행사 특수를 맞이하게 된 것이다. 규모가 큰 학교가 대부분이었는데, 한 학교 학급수가 60학급 정도에 이르니 한 학교만 잡아도 차량 60대는 족히 되었고, 1년에 네 번 정도를 나가니 240대 물량은 족히 되는 것이다. 그런데 한 학교만이 아니지 않는가?

그 당시 월급이 7~80만 원 정도였는데, 차량 알선 수수료가 대당 5만 원씩이었다. 금방 큰 돈을 벌 수 있을 것 같았다. 혹하는 마음에 학교에 사표를 내려는 마음이 상당히 컸다. 그 상황을 눈치 챈 아내가 아버지께 나 몰래 말씀을 드렸던 것 같다.

어느 날 느닷없이 방문하신 아버지께서 아침 출근길에 잠깐 앉으라고 하시더니 "너, 사업하려고 학교를 그만두려는 것 같은데, 만약 그렇게 하려면 부자간의 연을 끊자"라고 밑도 끝도 없이 느닷없는 폭탄선언을 하시는 것이었다. 사업을 하다 실패해서 늙도록 어렵게 고생하신 아버지 입장에서 내 앞날이 몹시 염려가 되실 터였다. 그래서 고심 끝에 올라오셔서 던지신 말씀이었다. 그 길로 아무 말씀 없이 아버지는 고향으로 내려가셨다.

마침 나는 사업을 계속하려고 회사를 키우고 다양한 거래처도 만들며, 항공사의 안정적인 티켓 확보도 하며 착착 준비하고 있었던 차에 충격적인 말씀을 들은 것이다. '그냥 안정적으로 갈까? 한번 크게 튀어 볼까?' 하며 갈등이 많이 되었다. 내 자신의 고민도 고민이었지만 아내와 가족들이 반대를 하고 있고, 더군다나 아버지가 강하게 반대하시는 마당에 내 고집만을 부릴 수도 없는 딜레마에 빠지게 되었다.

항공사 티켓은 그저 얻어지는 것이 아니었다. 밤늦은 시간까지 이어지는 고급 술 접대와 접대비가 있어야 했다. 그것이 늘 내 마음 한구석에 걸리는 것이었다. 그뿐만이 아니었다. 교회에서 만난 성가대 지휘를 하던 친구가 사업을 하면서 해외 박람회에 수시로 많은 사람을 보내는데, 나에게 티켓 업무를 맡길 테니 선금조로 자금을 빌려달라는 것이었다. 그 당시 이천만 원이나 되는 큰돈이었다. 그러나 한 건도 성사가 되지 않았고, 그 속임수에 넘어가 이천만 원을 고스란히 손해를 보기도 했다.

또 한 가지 일은 예식장과 결탁하는 일이었는데, 예식장에서 결혼예식을 하는 손님을 연결해 주는 대가로 수천만 원씩의 소개비를 선금으로 달라는 것이었다. 안정적으로 소개를 받고 많은 신혼부부를 소개받을 수는 있었지만, 그 당시 내 수중에는 돈도 없었을 뿐만 아니라 그런 일 자체가 선뜻 마음에 내키지 않아 갈등을 많이 겪기도 하였다.

어느 날 교회에서 기도를 하면서 "제가 열심히 돈을 벌어서 선교를 하겠으니 저를 도와주세요"라고 기도하는데, 내 귓가에 속삭이는 음성이 들렸다. "내가 언제 너에게 돈을 벌어서 선교하라고 하든?" 하는 아주 선명한 말씀이 들렸다. 나는 너무나 놀랐다.

그 후로 나는 바로 항복을 선언하고 말았다. 내가 시작했던 첫 번째 사업 시도였지만 아쉽게도 서울 사무실을 조카에게 인계하고 곧장 정리를 하였다. 그 후 얼마 지나지 않아서 걸프전(1991.1.17.~2.28, 이라크와 미국을 비롯한 34개 다국적군 간의 전쟁. 여행은 전쟁 뉴스가 나오는 순간 바로 매출이 급감하게 됨)이 일어났다.

학교 교사로서 세상 경험을 하는 첫 번째 경험이었는데, 주변 사람들이 모두 사기꾼처럼 여겨졌다. 사업을 하는 사람들 중에는 거짓말을 밥 먹듯이 하는 사람이 상당수 있었고, 거짓말을 할 때도 어떻게 얼굴 표정 하나 변하지 않을 수 있는지 궁금하기도 했다. 하지만 세월이 지나다 보니 그런 사람들은 그런 생활이 일상화되어 있기에 얼마든지 자연스런 표정이나 모습일 수 있다는 것을 깨닫게 되었다.

그 일을 계기로 나는 첫 사업체였던 코리아나 관광여행사를 정리하기는 했으나, 언젠가는 학교보다는 사업을 하고 싶은 마음이 점점 더 고무되어 가고 있었다. 그리고 어떤 사업을 하든지 '신의와 성실'로 하겠다는 다짐을 하게 되었다. 그것이 그리스도의 제자 된 자로서 올바른 신앙인의 모습이기도 하기에….

태아와 숫자 '4'

* 환상을 보여주심 1

 결혼 후 2~3년이 되어도 임신 소식이 없자 집안 안팎에서 태어날 아이에 대한 소식을 묻는 사람들이 많아졌고, 아이 소식을 묻는 일이 아예 일상이 되었다. 나름대로 병원도 다니고 여러 가지 노력을 했지만, 우리 부부는 이유 없는 불임 부부로 결론이 나고 있었다. 그렇다고 입양을 하는 것은 아내가 극구 싫다고 했기에 우리는 전적으로 하나님께 맡기고 기도하기로 했다.
 우리 부부는 아이에 대한 모든 마음을 내려놓기로 하였고, 작정하여 기도하기로 했을 뿐만 아니라, 주위의 모든 가족과 교회 모든 식구들에게도 중보기도를 부탁하였다. 특히 그 당시 우리 구역장을 맡으셨던, 지금은 고인이 되신 초대 김증우 목사님의 부인 박인희 사모님과 주변의 온 가족들이 정말 열심히 기도를 해주셨다.
 1989년 3월 어느 날 꿈을 꾸게 되었는데, 알파벳 숫자 '4'자와 태아의 웅크리고 있는 사진이 교차하면서 보였다. 한번은 숫자가, 한번은 태아의 사진이 번갈아 가면서 크게 클로즈업 되었다가 아주 작아지고, 다시 크게 클로즈업 되었다가 아주 작아지는 모습이 여러 번 반복되는 것을 보게 되었다. 너무나 선명한 꿈이었다. 그러나 그 꿈이 무엇을 의미하는지는 이해하지 못하였다.

꿈을 꾼 지 몇 달이 지난 6월경에 놀라운 응답을 주셨다. 아내가 몸에 이상을 느낀다는 것이었고, 생리가 끊어졌다고 하면서 혹 임신일지도 모른다는 것이었다. 조용히 병원에 가서 임신 검사를 하니, 정말 놀랍게도 임신이 되었다는 것이다. 할렐루야!

세상적인 모든 방법을 포기하고 오로지 하나님의 은혜만 구하고, 아들 딸 가리지 않고 아이 하나만 허락해 주시면 감사하겠노라고 매달렸을 뿐이었는데 임신이라니! 정말 이보다 기쁜 일이 없었다. 그간의 모든 마음고생과 걱정과 염려가 한순간에 다 씻겨 나갔다. 이루 말할 수 없이 기쁘기 한이 없었다. 남은 기간 동안 산모와 아이가 모두 건강하여 출산이 잘 되기를 기도하였다. 기도한 바대로 열 달을 채우고 이듬해 3월에 자연분만으로 순산하였다.

꿈의 의미가 무엇이었는지는 얼마 지나지 않아서 깨닫게 되었다. 숫자 '4'는 결혼한 지 4년 만에 수태하게 해 주시는 것을 의미하였고, 태아는 수태할 것을 보여주신 하나님의 특별한 암시요 환상이었다는 것을 깨닫게 된 것이다. 천지 만물을 창조하시고 나를 창조하신 놀라운 하나님의 사랑이요 선물이었다.

결혼하고 자녀를 갖는 것이 누구에게나 평범하게 주어지는 일반적인 당연한 은혜로 생각하고 있었던 나에게, 자녀의 출생과 생명은 사람의 생사화복을 주관하시는 창조주 하나님의 놀랍고 특별한 은혜요 사랑임을 절실히 깨닫는 기회가 되었다. 그렇게 태어난 우리 은상이가 이제 결혼을 하고 가정을 갖게 되었다.

시편 127편 3절 "보라 자식들은 여호와의 기업이요 태의 열매는 그의 상급이로다."

내 생애
최고의 선물

　1986년 12월 13일 13시에 전주시에 있는 고려예식장에서 김창수(당시 고향 진봉교회 담임) 목사님의 주례로 많은 사람들의 축하 속에 가정을 이루게 되었다. 아홉 차례의 맞선 끝에 좋은 사람을 만났고, 만난 지 120일 만에 결혼하게 되었는데, 그 당시 배우자를 놓고 40일간 작정 새벽 제단을 쌓고 있었다. "제 일생의 반려자로 꼭 필요한 믿음의 사람, 하나님께서 예비하신 귀한 사람을 맺어 주시옵소서." 36년을 함께 살아온 지금, 응답해 주신 하나님께 감사를 드린다.
　결혼 전부터도 자녀에 대해서는 별다른 계획이 없었다. 결혼 초기에도 '자연히 살다 보면 자녀도 생기고 낳아서 기르면 되겠지. 누구나 그러니까…'라고 생각했다. 막내인 우리 쪽에서는 노부모님들과 형제들이 자연히 아이를 기다리며 재촉하셨고, 제일 맏이인 장인과 장모, 처가 식구들도 은근히 아이를 기다리고 있었다. 그런데 당연히 생기리라 생각했던 아이는 생기지 않고, 염려해 주는 주변의 소리들은 우리 부부에게 점점 크게, 점점 심각하게, 점점 고통스러운 충고로 들리기 시작했다.
　그들은 지나가는 말로, 또는 별 의미 없이 조언이나 격려의 말로 한마디씩 하는 말이었지만 우리 부부에게는 고통의 말, 상처의 말, 때로는 쓰라린 아픔으로 쌓이게 되었다. 너무나 고통이 많았기에 국내에 있는 유명한 불임치료 병원은 있는 대로 모두 다 쫓아다니며 상담하고 치료를 받았다. 유명한 한의원은 물론 민간요법까지도 여러 가지를 적용해 보았다. 나에게 문제가 있나 해서 검사에 응해 보았고, 병원에서 권유하는 임신을 위한 것이라면 수없이 많은 일들을 시도해 보기도 했다.

그동안에도 주변의 별별 말 때문에 나보다는 아내가 너무 많은 고통을 당하고 있었다. 더군다나 아내는 말을 들으면 혼자서 새겨내는 내향형의 성격이어서, 나에게 다 표현하지 않았겠지만 늘 퇴근해 오는 표정만 보면 대략 짐작이 갔다. 곁에 있는 나도 우리의 문제를 가지고 다른 사람들로부터 듣게 되는 말로 인해 우리 둘의 분위기가 자꾸 나빠지는 데 대한 안타까움이 늘 있었다.

어느 날은 "난 아이도 못 낳는 병신이야!"라며 한없이 울기도 했고, 어느 때는 "지나가는 임산부를 보면 괜한 시기가 나서 넘어뜨리고 싶은 맘도 생겨" 하면서 자신에게 전이된 분노의 감정을 표현하기도 했다. 지금은 별것 아닌 것처럼 말하게 되지만, 그 당시는 하루하루가 그렇게 견디기 힘들고 고통스러울 수가 없었다. 병원에서는 인공시술이나 시험관 아기를 시도하자는 권유를 계속 했고, 우린 입양에 대해서 여러 번 이야기를 나누었다. 하지만 아내는 결코 입양은 마음이 허락하지 않는다고 반대했다.

만 4년이 지난 후 결국 우리는 시험관 시술이나 입양 등 지금까지 시도해 보았던 모든 방법과 병원, 한의원 등등의 모든 것들을 포기하고, 하나님의 뜻과 능력에 맡기고 기도하기로 작정하고, 온 교회에 중보해 주실 것을 부탁한 후 전적으로 하나님께 맡기기로 했다.

그렇게 시작한 지 몇 개월쯤 지난 어느 날 아내가 몸에 이상을 느낀다고 했다. 아마 임신인 것 같다고도 했다. 도저히 믿어지지 않아서 병원을 찾아 검사를 받아보기로 했다. 의사가 깜짝 놀랐다. "기적이에요. 참으로 놀랍군요." 도저히 의학적으로는 자연 임신이 불가능했던 사람의 임신 사실을 보고서 놀라지 않을 수 없었던 것이다. 우리는 바로 하나님께 감사를 드렸다. "맞아! 하나님께서 하신 일이야."

그리고 "하나님 뜻이라면 아들이든 딸이든 하나만 허락해 주세요. 주님 뜻대로 살겠으니, 자녀 하나만 낳게 해 주세요. 이삭에게도 한나에게도 허락해 주셨던 축복의 산물을 우리에게도 허락해 주세요"라고 우리의 노력과 힘을 모두 포기하고 하나님께 간절히 아뢰며 간구했더니, 마침내 우리의 기도를 응답해 주셨던 것이다.

정확히 열 달을 태중에서 아무 탈 없이 잘 키워 주셨고, 만삭이 되어 시험관 시술을 권했던 바로 그 담당 의사로부터 자연 분만으로, 결혼한 지 5년 만에 1990년 3월 8일 오전 8시경 내 생애 최고의 선물인 아들을 순산하게 되었다. 그리하여 우리 큰아들을 '하나님의 은혜의 상급'과 항렬의 '상'자를 보태서 은상이라고 이름을 지었다. 할렐루야!

그저 쉽게 기다림 없이 우리에게 아들을 주셨다면 아마 소중함과 절절한 감사가 적었을 것이고, 하나님께 절실하게 기도로 나아가는 체험도 없었을 것이다. 참으로 고맙고 감사한 하나님께 모든 영광을 돌린다.

그 후로 둘째는 임신 중 전치태반으로 하혈을 계속하던 아내가 인큐베이터 시설도 없는 장현 백병원에서 응급 수술을 하게 되었는데, 태어난 지 얼마 되지 않아 하늘나라로 먼저 갔다. 이름은 빛나라(하늘에서 그 이름이 빛나라는 의미로 이름을 지음)였나. 그리고 셋째 아들 경상이를 주셨다.

지금까지 두 아이 모두 건강하게 키워 주셨고 지혜도 주셔서 학교에서는 우수한 모범생으로, 교회에서는 주님을 열심히 섬기는 청년으로, 가정에서는 할머니와 어버이를 잘 공경하는 착하고 예쁜 아이들로 키워 주심을 감사드린다. 앞으로도 이들의 앞날을 하나님께서 인도해 주시며, 주님의 마음에 합한 자, 주님의 뜻을 이루어 드리는 자들로 사용해 주실 것을 믿고 감사드린다.

집사 안수를 받다

1987년 5월에 우리 부부가 목천교회에 등록하였고, 나는 등록한 첫 달부터 중등부 교사를 시작하였다. 얼마 되지 않아 금방 중등부 담당이셨던 조용달 전도사님과 교회 사역으로 가까워지게 되었고, 점차 교회의 많은 일을 나에게 맡기기 시작하셨다.

그때는 컴퓨터가 일반화되지도 않았고 대부분의 작업을 수기로 하였다. 교회의 모든 상장과 더 나아가 중고등부 연합회에서의 모든 상장까지 글씨로 쓰는 대부분의 일은 내가 도맡아 하면서 주어진 일마다 척척 해냈다. 그러다 보니 얼마 되지 않아서 나에게 총무의 일을 하라고 맡기셨다. 나는 일에 대해서는 무서워하거나 망설임 없이 무조건 오케이였다. 하나님께서 지혜를 주시고, 그동안 배우고 경험한 모든 것들이 교회에서 맡겨주는 사역을 하는 데 좋은 밑거름이 되었기 때문이다.

1990년에 나의 열심을 잘 보아주신 하나님께서 교회에 등록 교인이 된지 채 5년이 되지도 않았고, 서른두 살의 젊은 집사인 나를 수년 동안 먼저 다니신 연배가 있으신 선배 집사님들과 함께 12명을 뽑는 안수집사 선거에서 선출해 주셨다. 감사함보다는 부끄러움과 부족함과 미안한 마음을 가졌다. 그것도 꼴찌로 선출된 것이 아니었기 때문이다.

집사(안수집사)로 '안수를 받는다'는 의미는 교회의 일을 책임 있게 감당하고, 집사의 주된 임무인 교회의 구제와 봉사의 일을 담당하며, 모든 재정을 관리하는 항존직(일년직이 아닌 평생의 종신 직분임)이 되는 일이다. 젊은 나이, 아니 아직은 어린 나이에 직분을 맡는다는 일은 하나님께 영광이 되고 나에게도 엄청나게 감사한 일이기도 하지만, 그만큼 감당해야 할 책무가 많고, 모든 면에서 성도들의 신앙의 모범이 되어야 했기에 나로선 큰 짐이 되기도 했다.

집사 안수 이후 모든 임직자들을 교육하는 과정이 있는데, 그 과정 중 하나가 정말 중요하고 잊히지 않는 일이 있었다. 2대 목사님으로 계셨던 이세호 목사님께서 양평의 어느 교회에 임직자 모두를 데리고 가셔서 1박 2일 동안 수련을 시키시면서 저녁부터 온 밤을 새워서 그동안 살아오면서 지은 모든 죄를 하나님께 고백하고, 회개하는 기도의 시간을 가지라고 하셨다.

정말이지 60 평생 동안 그때처럼 밤을 새워가며, 구체적이고 세세한 모든 죄와 생각나지 않는 모든 죄까지 회개의 시간을 가진 적은 없었던 것 같다. 정말 그날 이후로 나는 모든 억눌린 죄책감과 두려움으로부터 자유함을 얻게 되었다.

1990년은 축복을 많이 받은 특별한 해가 되었다. 3월 8일에 그렇게 간구하며 기도했던 첫 아이를 허락해 주셨고, 11월 18일에는 목천교회 최연소(현재까지 기록이 깨어지지 않았음) 안수집사로 임직을 받았다. 이후로 중고등부 교사로 15년, 장로가 되기까지 23년을 안수집사로 있으면서 교회의 여러 부서에서 다양한 사역으로 섬김을 다하였다. 다양한 사역을 감당하면서 많은 것을 배우고 느끼며 깨달을 수 있는 기회가 되었으며, 나의 영적 성장과 모든 삶에 더 큰 은혜가 되었고, 신앙의 성장과 성숙의 기회가 되었다.

돌이켜보니 많은 면에서 하나님 앞에 한없이 부족하고 부끄럽기도 하며, 나같이 연약하고 모나고 부족한 사람에게 존귀하신 하나님께서 때를 따라 도우시는 은혜를 베푸셨다. 또한 합력하여 선을 이루시는 하나님의 특별하시고 넘치는 은혜로 잘 감당할 수 있었음을 감사한다.

디모데전서 3장 12-13절 "집사들은 한 아내의 남편이 되어 자녀와 자기 집을 잘 다스리는 자일지니 집사의 직분을 잘한 자들은 아름다운 지위와 그리스도 예수 안에 있는 믿음에 큰 담력을 얻느니라."

처가살이를 자처하다

    오랫동안 손주를 기다려왔던 터라 양가의 관심과 사랑이 우리 은상이에게 집중되었다. 고향에서 상경하여 쌍문동에 자리를 잡고 사시던 장모님께서 양육을 자처하셨다. 아이에게 최고의 환경을 주고 싶었다. 따로 살면서 왔다갔다하느라 불편하기도 했고, 장모님께서 살림도 도와주신다고 하니 아예 처가와 같이 살기로 했다.

    대가족이었다. 우리 셋, 장인어른, 장모님, 처남 둘! 그리고 처할머니까지 처음에는 여덟 명의 식구가 면목동 목천교회 뒷집 2층에 전세를 구해 함께 살기 시작했다. 장모님은 지극정성으로 우리 은상이를 돌보아 주셨다. 아이에게는 엄청나게 좋은 양육 환경이 되었고, 집이 좁아서 많이 불편했음에도 불구하고 누구 하나 일그러진 표정 없이 늘 아이 때문에 웃음꽃이 활짝 핀 생활을 하였다.

    아이가 커 가면서 집안은 온통 은상이 차지나 다름이 없었다. 큰처남은 직장생활을 하였고, 작은처남은 집에서 걸어서 다닐 수 있는 대학교 영어 영문학과에 합격하여 대학생활을 하였다. 장인어른께서는 간간이 소일거리 일도 하시다가 집안 허드렛일을 거들어 주시면서 생활하셨다. 우리 가정은 바로 코앞에 있는 교회에 출석하였지만 처갓집 가족은 수유리까지 이미 등록하여 다니던 교회에 출석하셨다. 아마 얼마 지나지 않아 아이가 좀 크면 다시 교회 근처로 돌아갈 생각이셨던 것 같다.

하지만 우리는 2년 만에 이사를 하게 되었다. 그 무렵 같은 교회에 다니던 장로님 한 분이 남양주 오남리에 싼 아파트가 나왔으니 집을 마련할 생각이 없느냐고 물었다. 지금 살고 있는 집의 전세금에 조금만 더 보태면 집을 살 수 있는 금액이었다. 나는 구리 수택동에 아파트를 이미 사두고 있었던 터라 고향에서 얼마 안 되는 돈으로 상경하신 장인, 장모님께는 집 마련의 기회가 될 것 같아서 함께 남양주 오남리(지금은 오남읍이 됨)로 이사를 가게 되었다. 24평 아파트인데 아마 매입 금액이 4,700만 원이었던 것으로 기억된다. 나중에 안 사실이지만, 그 장로님께서 서너 채를 사두었다가 그중에 한 채를 우리에게 팔았던 것이다.

아내의 출퇴근길이 문제였다. 남양주 오남리에서 동대문구의 신설동까지는 먼 길이었고, 더군다나 그 당시만 해도 남양주 퇴계원 사거리가 교통 체증이 몹시 심했던 때여서 이루 말할 수 없는 고생을 하였으리라 생각된다. 지금 생각해도 끔찍한 일이었다. 내가 겨우 할 수 있었던 일은 퇴근길에 아내가 근무하던 신설동까지 가서 아내를 태우고 오는 일뿐이었다.

아무튼 좁은 스물네 평의 아파트에 할머니까지 8명의 가족이 살았다. 내 집이라는 그 한 가지로 모든 불편함과 가족 간의 힘든 상황들을 이겨 낼 수 있었다.

그리고 1993년 4월 28일에 우리 둘째 경상이가 태어나게 되었다. 이제 아홉 식구! 자연히 더 이상 함께 살기에는 어려운 환경이 되었다. 그렇지만 우리 장모이신 변선숙 권사님은 그야말로 천사이셨다. 한 번도 힘들다고 말씀하시거나 표정이 굳어진 적이 없으셨고, 시어머니 수발과 남편의 모든 요구를 기쁨으로 수용하셨고, 손주 양육과 모든 가정살림에 이르기까지 헌신에 헌신을 다하셨다. 그 모든 어렵고 힘든 일을 온통 사랑으로 감당해 주셨다.

거기다가 육십이 훨씬 넘었음에도 불구하고 친정 동생들과 시집의 대소사를 챙기시는 데 앞장서셨고, 우리 두 집 살림과 두 손주 돌봄은 물론 심지어 가을철이면 집집마다 김장하는 일까지 일일이 챙기실 정도였다. 늘 어지간히 하시도록 권면을 하였지만, 태생이 천사의 마음이신지라 생을 마감하실 때까지 그 마음과 열정은 변함이 없으셨다. 마치 생존하시는 예수님처럼 보이신 분이셨다.

너무 힘이 드셔서 그랬는지 사랑하는 장모님은 67세의 비교적 젊은 나이에 하나님의 부르심을 받았다. 평생 그 은혜에 감사하고, 그 은혜를 갚으며 살아야 하는데 그 장모님은 계시지 않는다. 아! 슬프다.

대성아파트

올림픽이 열리던 1980년대 후반 무렵에는 주식시장이 활황이었다. 너도 나도 주식에 들떠서 저금리의 신용대출까지 받아가면서 주식투자하는 교사들이 많았다. 앉으면 "어제는 얼마나 벌었네" 하는 말들이 주된 화젯거리가 되곤 했다. 나는 재테크도 모르고 경제에 대한 개념이 거의 없던 터라 아예 관심을 두고 있지 않았다.

그러던 중에 주변 여기저기에서 아파트를 분양하기 시작하였다. 공무원 아파트나 고층 아파트에 대한 분양정보도 알아보고 선배들의 조언도 구해야 했으나, 그저 제한된 정보에 다급한 마음으로 해서는 안 될 커다란 실수를 저지르고야 말았다.

구리시 수택동에 있는 5층짜리 나 홀로 아파트인 대성아파트를 계약하고 만 것이다. 생애 최초의 집을 덜컥 계약하고 나니 돈이 많이 부족했다. 모아둔 돈이 많지 않았기 때문이다.

더군다나 기가 막힌 것은 공무원 아파트를 분양 받을 수 있는 기회도 곧 생기고, 인근 구리 토평지구가 대규모 개발에 들어가기 때문에 한창 유행인 대단지의 고층 아파트를 분양 받을 기회도 있었을 텐데, 청약할 수 있는 무주택 공무원의 자격을 몽땅 날리게 되었다. 내가 계약한 대성

아파트가 그때 내 눈에는 최고의 집으로 보였기 때문이고, 거기에다가 무슨 일이든 쉽게 결정하는 나의 태도가 안 좋은 시너지를 일으키게 된 것이다.

겨우 대출을 받아 잔금을 치르고 약국을 경영하는 사람에게 새 집을 전세로 주게 되었다. 몇 년 후 이 집을 수리하여 부모님과 두 아이와 여섯 식구가 4~5년을 살았다. 이사 온 다음 해에 첫째 은상이는 교문초등학교에 조기입학을 하였고, 둘째 경상이는 집 부근 새싹유치원에 다니게 되었다. 고향을 떠나온 아버지는 이때까지도 마음이 안정되지 않아서인지 노인정에 다니시면서 자주 술을 가까이 하셨고, 약한 몸에 드신 술 때문에 자주 길가에 쓰러지셔서 아이들이 할아버지를 부축하여 집에 모셔 올 때가 많았다. 어떤 때에는 상처까지 입어서 119의 도움을 수차례나 받기도 하였다.

노부모님을 모시고 전셋집이라도 엘리베이터가 있는 곳으로 가고 싶어서 집을 매매하려고 오랫동안 부동산에 내놓았지만 좀처럼 팔리지가 않았다. 인근 고층 아파트는 두 배 이상 올랐는데도 우리 집은 분양 받은 금액보다 오히려 더 떨어졌다. 5층짜리 나 홀로 아파트! 거기에다 입지도 좋지 않고, 십 년이 되어가는 헌 집이고, 좋은 집을 보는 데 새롭게 눈을 뜬 나 같아도 사고 싶은 집이 전혀 아니었다. 오랜 시간이 지나 우여곡절 끝에 사겠다는 한 사람이 나타났다. 내가 내놓은 것보다 오히려 몇 백을 더 주면서 바로 계약을 하자는 사람이었다. 정말 꿈만 같은 일이었다. 너무 반가운 마음에 혹해서 계약을 하게 되었다.

막 계약서를 쓰는 순간에 뒷주머니에서 인감증명서 수십 통을 꺼내면서 하는 말이 자기는 집이 너무 많아서 사촌 동생 이름으로 계약을 해야 한다고 하였다. 나야 파는 입장에서 어렵게 작자를 구했는데 거절할 이유가 없다고 생각하여 아무 생각 없이 계약을 하였다. 모든 진행은 채 한 달이 안 되어 일사천리로 진전되었다. 은행의 일부 대출금은 매수자가 인수하고 집 등기를 내어 주고, 우리가 그 집에 그대로 전세를 살기로 하였다.

참으로 감사한 일이라고 생각하고 팔고 싶었던 집이 팔렸으니 속시원하다는 생각을 하며 기분 좋게 지내던 차에 몇 달이 지나지 않아서 우리 집 주소로 온갖 체납고지서가 날아들기 시작했다. 카드 연체 통지서 수십 통과 차량 할부금과 각종 고지서 수십 통, 그리고 은행 이자 연체 통지서 등 헤아릴 수 없을 만큼의 고지서가 거의 매일 우편함을 가득 채웠다.

집을 산 것도 잘못 샀고, 집을 판 것도 사기꾼에게 판 것이었다. 느슨한 금융기관의 허점을 이용하여 카드를 만들고 그 카드로 할부 차량은 물론 수많은 고가의 물건을 구매하여 현금을 받고 재판매를 하는 등의 수법으로 몇 달 사이에 몇 억은 챙긴 것 같았다. 집 계약자는 거주지가 명확지 않은 술집접대부를 매수하여 그 명의를 도용하였던 것이다.

이제는 집이 경매로 넘어가는 절차가 진행되었다. 참으로 가슴이 아프고 기가 막힌 일이 되었다. 한 가지 다행인 것은 전세로 살고 있었기 때문에 경매가가 전세금 이하가 되지 않는 한 전세금은 보전될 수 있었다. 경매에 대한 책을 사서 공부도 하고 전문가들을 찾아 여러 가지 조언도 들었다. 그런데 다행히 건물 여건이 좋지 않아서 경쟁자도 별로 없었다. 3차까지 가는 경매에서 내가 다시 집을 낙찰 받았다. 보전할 전세가만큼의 입찰금액을 써서 말이다.

힘든 우여곡절은 있었지만 큰 손해를 보지 않고 집을 다시 찾았고, 시세보다 적은 금액에 낙찰을 받았기에 조금 낮은 가격에 다시 팔 수도 있었다. 매사에 신중하지 못하고 결정이 앞서는 성격 때문에 겪은 소중한 경험이 되었고, 경매에 대한 상당한 지식을 쌓는 기회가 되었다. 물론 대가를 많이 치르긴 했지만 말이다.

우리 '빛나라' 이야기

　태의 문을 열어 주시기로 작정하신 하나님께서 첫째 은상이를 선물로 주신 다음에 얼마 지나지 않아 새로운 선물을 주셨다. 이때는 오남리로 이사한 지 얼마 지나지 않은 때였는데, 이즈음 아내의 고생이 정말 심했다. 임신까지 한 몸으로 장시간 밀리는 차에서 오랜 시간을 앉지도 못한 채 서서 다니는 일은 근무하는 시간보다도 몇 배나 힘든 고역이 되었을 것이다. 지금 생각하면 매우 끔찍한 일이었다.
　그럼에도 불구하고 이렇다 할 말이 없던 아내가 어느 날은 퇴근길에 몸이 많이 피곤하기도 하고, 조금씩 하혈을 한다는 말을 하는 것이었다. 근일이었다. 당장 근본적인 문제를 해결하기는 쉽지 않았고, 우선 병원 진료를 받기로 했다. 그 당시 다니던 장중환 산부인과병원에서였다. 진단은 전치태반(태아가 거꾸로 자리 잡고 있으며, 자궁 아래쪽으로 쳐져 있다는 의미)이었다.
　우선은 치료를 하기보다는 피곤하지 않도록 하는 것과 매사에 주의할 것을 당부하였다. 하지만 직장을 쉬는 일은 생각하지도 못하였고, 겨우 할 수 있는 일이 매일 퇴근 시간에는 무조건 내가 신설동까지 가서 자가용에 태우고 데리고 오는 일뿐이었다. 그럼에도 불구하고 얼마 시간이 지나지 않아 다시 하혈이 시작되었다. 급히 장현에 있는 백병원에 갔더니, 당장 수술을 하지 않으면 안 된다는 것이었다. 이때 태아는 팔 개월쯤 되었을 때였다. 인큐베이터(incubator) 시설도 없는 병원에서 수술을 하자는 의사의 말이었지만 워낙 급하다고 겁을 주어서 급히 수술을 하였고, 남자 아이를 출산하게 되었다.

그날은 하필 평일보다 차가 더 밀린다는 토요일이었다. 갓 태어난 태아를 인큐베이터가 있는 병원으로 이송해야 했는데, 그 밀리는 퇴계원 사거리는 긴급 차량인 앰뷸런스(ambulance)조차 어찌할 수가 없었다. 태아였지만 요란한 앰뷸런스 안에서 본 아이는 탱글탱글한 모습이 나를 꼭 닮은 것 같은 모습이었다. 이 아이는 아내도 보지 못하였고 유일하게 나와 의사만 볼 수 있었다. 어렵게 삼육병원에 도착하여 곧바로 인큐베이터에서 한 주간 가량을 치료하였다. 하지만 안타깝게도 회복이 되지 못하였다. 여러 가지 세균에 감염이 되었는데, 갓 태어난 어린 아기가 이기기에는 너무 버거운 감염이었던 것 같았다.

너무나 가슴이 아프고 슬픈 일이었지만 내가 할 수 있는 일이 없었다. 아이를 위해 기도하던 중에 이사야 60장 1절 말씀("일어나라 빛을 발하라 이는 네 빛이 이르렀고 여호와의 영광이 네 위에 임하였음이니라")이 떠올랐다. 마음 가운데 이 아이의 이름을 지어 보내자고 생각했다. 영원한 하늘나라에서 '빛나라'… 우리가 가슴에 품은 아이의 이름은 '유 빛나라'였다.

마음과 몸에 큰 아픔을 안게 된 아내를 위로하는 일이 더 급하게 생각되어 우리 '빛나라'는 큰아빠와 나의 품에 안겨 이 세상에 온 지 한 주 뒤에 천국으로 떠나갔다. '자식을 보내는 것은 가슴에 묻는 것'이라는 말을 절실히 깨달으며, 지금도 먼저 보낸 하늘나라에 있을 우리 '빛나라'를 그려본다.

큰매부의
천국 환송

* 환상을 보여주심 2

1992년 1월경이었다. 우리 팔남매 중 가장 맏이인 유순 누님이 제주도에 살고 계셨다. 큰매부께서 전라북도 전주에서 마을금고 관련 일을 하고 계시다가, 제주 지부가 생기면서 사무국장으로 발령을 받아서 제주도로 가시게 되었다. 이후로 여러 가지 변화는 있었지만 제주에서 사업도 하게 되고, 제2의 고향처럼 20년 넘게 정착하여 생활하고 있었다.

내가 아는 우리 큰매부는 외모가 출중하셨고, 인상도 참 좋으시고, 목소리도 꽤나 매력적인 분이셨다. 학력이 그다지 높지는 않았지만 모든 면에서 똑똑하고 기풍이 있으신 분이었고, 대인관계가 좋아서 많은 사람들로부터 호평을 받았던 분이다. 또한 신앙이 깊어 아주 젊은 시절에 전주 평화동에 교회를 개척하고, 평신도로서 7년 동안 담임 목회까지 하신 분이었다.

제주에 가서는 제주서부교회 권사로 섬기고 있었는데, 몇 년 전부터 시작한 관광사업을 확장하며 여러 가지로 복잡하고 힘든 일을 많이 겪고 있었다. 평소 고혈압과 심한 치질로 고생하고 있던 터였다. 그러던 중 12

월 25일 성탄 예배에서 대표기도를 하던 중 그만 강단에서 쓰러지고 말았다.

바로 병원으로 후송하여 치료하였으나 모든 노력이 허사로 돌아가고, 입원한 지 며칠 동안 무의식 상태에서 지내다가 마침내 주님의 부르심을 받고 하늘나라로 가셨다.

이 무렵 제주에 병문안을 다녀온 나는 하나님께 생명을 연장해 주시고 소생케 해 주시라고 매달려 기도했는데 어느 날 기도 가운데 환상을 보여 주시는 것이었다.

그 내용인즉, 커다란 성인 두 사람의 팔로 안을 수 있는 두께의 고목나무의 잘린 그루터기와 그 고목나무에서 아주 작은 가지 하나가 뻗어 있는데, 그 작은 가지에 자그마하고 연한 잎사귀 두어 개가 연약한 모양으로 붙어 있는 그런 모습의 환상이었다.

너무도 선명한 환상이기에 '무슨 뜻일까?' 생각하다가 가까운 교역자에게 환상의 내용을 말씀드렸더니, 생사의 기로에 있는 큰매부에 대한 것을 보여주신 것 같다면서, 큰 그루터기는 제일 맏이로서의 모습을 뜻하는 것이고, 그 작은 가지와 잎사귀는 얼마 남지 않은 생명을 나타내며, 그 잎사귀가 마를 때에는 하나님께서 그를 데려가실 것을 나타내 보여주신 것 같다는 말씀을 해주셨다.

그 말씀을 듣고 나서 보여주신 환상에 대해 생각해 보니 맞는 것 같았다. 그 후로 얼마 되지 않은 1월 초에 안타깝게도 매부는 하나님의 부르심을 받고 하늘나라로 가셨다.

우리 집안의 맏사위이시고 한참 더 감당하실 사명이 많으신 우리 집안의 큰 기둥 같은 어른이 떠나신 것은 너무나 인간적으로 가슴이 아프고 섭섭한 일이었다. 그리고 한편으로는 얼마나 놀랍고 감사한 일인지, 나의 기도와 간구에 응답해 주시고 환상을 보게 해 주신 하나님께 모든 영광을 돌린다. 아멘.

말이 씨가 된
교통사고

* 네 번째 죽음에서 살리심

1993년 2월 22일경이었다. 남양주시 와부읍에 소재한 덕소초등학교에서 5년간 근무하고, 만기 전보로 구리시에 있는 교문초등학교로 발령을 받았다. 5년 동안 같이 근무했던 동료들과 헤어지는 송별회 자리가 있어서 좀 늦은 시간까지 동료들과 시간을 보냈다. 밤 12시가 다 되어서 집으로 가게 되었는데, 형이 포니 승용차를 수리해 주어서 한 3년 동안 탔지만 아직은 잘 구르는 편이었다. 이날도 애마를 타고 늦게나마 가족이 기다리는 집으로(이때는 남양주시 오남리 진주아파트에 살았음) 가던 중 장현 방향에서 오남리 방향으로 가는 도중에 맞은편에서 갑자기 트럭 한 대가 상향등을 켠 채로 전속력으로 질주해 오고 있었다. 짧은 순간이었지만 '아! 이렇게 죽는구나!'라는 생각이 순식간에 들면서 마지막임을 느끼는 순간 정신을 잃었다.

지금은 길이 많이 넓어지고 포장도 되었지만, 그때만 해도 길이 좁고 비포장인 데다가 구불구불해서 차가 다니기에 길이 좋지 않았다. 또 두 대가 조심스럽게 비키지 않으면 안 되는 길이었기에 큰 차가 질주해 오고 강한 라이트로 눈까지 부셔서 어떻게 피할 수가 없었다. 만일 피하기라도 할라치면 바로 옆 개울로 차와 같이 처박힐 수밖에 없었기 때문이다.

지극히 짧은 순간이었지만 그동안의 살아왔던 삶의 순간들이 파노라마처럼 스쳐가는 것을 느꼈다. 정말 아무 소리도 할 수 없고 아무 생각을 할 수 없는 짧은 순간이었지만 파노라마처럼 지나가는 스크린을 느낄 수 있었고, 마지막이라는 생각이 들었다.

얼마가 지났을까? 한참 후 고개를 들어보니 머리에서 주르르 유리 파편이 쏟아져 내렸다. '아! 감사합니다. 내가 살아 있습니다! 할렐루야!' 정말 살아 있는 것이었다. 그리고 몸도 조금씩 움직였다. 다친 곳이 없는 것 같았다. 그래서 안전벨트를 풀고 차 밖으로 나가려고 안간힘을 썼다. 그러나 벨트가 풀어지지 않았다. 한참을 실랑이한 후에야 내가 안전벨트 반대쪽 방향을 잡고 벨트를 풀려고 애쓰고 있다는 사실을 알게 되었다. 제정신이 아니었던 것이다. 정신을 차리고서 안전벨트를 푼 뒤 지나가는 차들을 세우려고 손짓을 했지만 여러 대가 그냥 지나치고 말았다. 몇 대가 지나간 후 누군가가 승용차에 태워주었다.

일단 파출소로 갔다. 밝은 불빛에 비추어 보니 피 한 방울 안 나고 말짱하게 다친 곳이 전혀 없어 보였다. 이곳저곳 멍멍하기는 하지만 당장 견딜 수 없을 정도로 심하게 통증을 느끼지는 못했다.

바로 신고는 했지만 이미 도주해버린 차량을 찾을 수가 없었다. 즉시 인근 모든 검문소에 도주 의심 차량에 대한 검문 검색 조치가 떨어졌다. 곧바로 도주 차량을 찾을 수는 없었다. 별 도리 없이 한참 동안 조사를 받고 현장조사를 위해 현장에 가보기로 했다. 경찰차를 타고 경찰과 동행하여 사고현장에 갔다.

이때가 아마 새벽 두 시 정도 되었을 시간이었는데, 저쪽에서 어떤 청년 하나가 헐레벌떡 뛰어오고 있었다. "아저씨! 아저씨!"를 외치면서 말이다. 가까이서 보니 20대 중반의 젊은이였는데 자초지종을 듣고 보니 나를 돕기 위해서 밤늦게까지 나를 이리저리 찾아 헤매며 기다리고 있었다고 한다. 나의 사고 순간을 목격하고 뺑소니치는 차량을 따라가서 위치를 알아놓고 나에게 알려 주려고 되돌아와 보니 아무도 없어서 주변을 찾아 다니다가 우리가 오는 것 같아서 달려왔다는 것이다. 정말 놀랍고 감사한 일이었다.

그 친구와 함께 뺑소니 차량이 방치되어 있는 곳으로 가서 차를 찾았다. 그 차를 견인하여 파출소로 끌고 갔다. 참으로 고마운 생명의 은인이나 다름없는 젊은이였다. 주머니를 뒤져 보니 겨우 만 원짜리 지폐 몇 장이 전부였다. 그것도 받지 않으려고 극구 사양하는 것을 억지로 주머니에 구겨 넣어주고 감사를 표했다. 지금이라도 그 청년을 한 번 만날 수 있으면 얼마나 좋을까?

도주했던 차량의 차적을 조회하고 보니 모든 정보를 한눈에 볼 수 있었다. 내 차의 상태를 보니 차체의 중심(보닛)이 무너지고 앞 유리가 산산조각이 났을 뿐만 아니라 옆 문짝의 덮개가 완전히 떨어져 나가고 없었다. 도저히 수리가 불가능한 상태가 되어서 폐차장으로 직행하였다.

시간이 좀 지나고 나니 긴장이 풀리면서 온몸이 쑤셔오기 시작했다. 경찰관과 함께 병원 응급실로 가서 간단한 진찰을 받고 검사와 치료를 위해 장현에 있던 백병원에 입원하게 되었다. 이튿날 여러 가지 검사 결과 목 인대가 좀 늘어났을 뿐 큰 외상이나 부상은 없었다. 이로 인해 꼬박 열흘 정도를 쇳덩이를 목에 매달고 꼼짝없이 침대에 누워서 지내야만 했다.

다음 날 운전자를 검거했는데, 알고 보니 30대 후반의 총각이 자신이 다니는 가구공장의 차를 주인 몰래 끌고 나가서 친구들과 술을 마시고 만취 상태에서 운전했다고 한다. 더군다나 운전면허도 없고, 사장 몰래 차를 끌고 나와서 사고를 일으켰는데 주변에 도움을 받을 사람도 아무도 없었다. 참으로 안타깝기는 했지만 무책임하게 생명을 위협했던 사실에 대해 몹시 분노가 일기도 했다.

시간이 지나면서 며칠 후 구속된 아들을 살려 달라는 청년의 칠순 노모가 찾아왔다. 저지른 행위를 생각하면 결코 용서하기 어렵지만 나도 노부모님을 모시고 사는데 용서하지 않을 수가 없었다. 구속되지 않도록 합의를 해주었다.

합의 후 얼마 지나지 않아 의사로부터 충격적인 이야기를 듣게 되었다. 나에게 '당뇨'가 있다는 것이다. 전혀 믿기지 않는 일이어서 의사에게 따져 물었더니 갑작스러운 심한 쇼크로도 췌장에 이상이 올 수 있다는 이야기였다. 이후로 지금까지 29년 동안 당뇨병과 함께 살아가고 있다. 그렇지만 이것도 하나님께서 철저한 건강관리와 절제된 생활로 건강을 유지하도록 하시려는 귀하신 뜻으로 생각하고 감사함으로 동행하고 있다.

사실 이 사고가 나기 얼마 전에 가족과 함께 주일 예배를 마치고 오후에 집으로 돌아오던 중 차 안에서 나도 모르게 이런 넋두리를 하게 되었다. "하나님! 사고가 나서 차만 바싹 부서지고 사람은 전혀 안 다쳐서 차나 바꾸었으면 좋겠네요"라고 말이다. 무의식적으로 튀어나온 말이지만 별로 좋은 기대가 아니어서 얼른 회개 기도를 한 적이 있었다.

이 말이 있고 몇 달이 지나지 않아 사고가 일어났고, 사고 후 병실에 누워있는데 그때 한 말이 다시 기억났다. 말이 씨가 된다는 말과 하나님께서는 우리의 작은 속삭임도 듣고 계시다는 것을 알게 되었다. 결과적으로 차를 폐차하고 새 차로 바꾸었다. 크게 다치지 않고 위험에서 건져 주신 하나님의 은혜와 사랑에 감사드리고, 새로운 깨달음으로 인도해 주신 보혜사 성령님의 인도하심에 감사를 드린다.

이 일을 통해 얻은 교훈은, 하나님께서는 우리의 형편과 처지를 늘 아시고 계시기에 우리의 작은 신음에도 응답하시고, 우리의 간절함과 소원에 응답하신다는 것이었다. 말조심도 해야 하지만, 하나님의 때에 하나님이 은혜를 베풀어 주시도록 간절한 간구와 기도가 필요하다는 것을 절실히 느끼게 된 잊을 수 없는 사건이었다.

시편 86편 7절 "나의 환난 날에 주께 부르짖으리니 주께서 내게 응답하시리이다."

사랑하는 경상이의 출생!

1993년 4월 28일!

첫아이 은상이가 태어나 온 세상에 하나밖에 없는 아이처럼 애지중지 키우던 중간에 우리에게 보내셨던 '빛나라'를 가슴에 묻게 되었고, 내가 교통사고를 당하는 아픔이 연이어 있었다. 그렇지만 이미 태의 문을 활짝 열어주신 하나님께서 세 번째로 경상이를 우리 가정에 위로의 선물로 보내주셨다.

서울 경(京) 또는 높을 경 자에 서로 상(相) 자를 쓰는 이름으로 '높이 공경을 받고, 높이 쓰임을 받으라'는 뜻으로 아버지께서 손주의 이름을 지어 주셨다. 처가에 살던 터라 경상이가 태어나자 좁은 집에서 모두가 함께 살 수가 없었고, 처 할머니께서도 얼른 집을 나갔으면 하는 말씀을 하셨다. 단지 내의 1층 아파트를 세를 내어 집을 옮겼다.

경상이가 태어나자마자 좀 더 넓은 공간에서 살 수 있어서 참 좋았다. 우리 경상이는 어려서는 먹는 것이 시원치 않았고, 내 어릴 적 모습을 닮아서인지 몰라도 전체적으로 몸이 약한 편이었다. 밥도 잘 안 먹고 활동도 왕성하지 않아 참 약하게 생겼다고 우리 부부는 경상이를 늘 애처롭게 생각하였다. 그 여린 모습으로 일곱 살까지 갔다.

한번은 하도 밥을 잘 안 먹어서 소아과 병원에 데리고 갔더니 의사가 하는 말이, 몸에 별다른 이상은 없으나 기본적으로 위가 너무 작아서 그러니 매일매일 조금씩만 더 먹이도록 해보라는 조언을 해주었다.

경상이는 몸이 약해서 무슨 일이든 의욕이 적었다. 유치원에서도 기운 없는 소극적인 아이에 속하였다. 피아노학원이나 수영강습 등 별도의 특기 교육을 시키려고 했지만, 형은 참고 계속하는데 경상이는 조금만 하면 배가 아프거나 머리가 아파서 못 하겠다고 떼를 쓰는 때가 많았다. 그래서 꾸준히 뭘 하지를 못했다. 하지만 성격은 온순해서 형과 다투거나 부모의 말을 잘 듣지 않거나 하는 일 없이 조용하면서도 착하고 평범하게 자랐다.

고향에서 올라와 함께 살게 된 할머니의 보살핌을 많이 받았고, 할머니로부터 갖가지 인스턴트 식품을 간식거리로 많이 제공을 받아서인지 형 은상이와는 다르게 치킨, 피자, 콜라 등의 식품을 밥이나 우유보다 더 좋아했다. 경상이로 인하여 함께 사시게 된 어머니와 그 후에 함께하신 아버지께는 큰 기쁨과 위안이 되기도 하였다.

할머니와 할아버지가 생존해 계시는 동안 온갖 심부름을 다 해드리고 잘 챙겨드려서 온 가족들로부터 칭찬을 많이 받기도 했다. '빛나라'를 가슴에 묻은 우리 부부도 경상이가 '빛나라'의 몫까지 충분히 해주고 있다고 생각되어 많은 위안과 기쁨이 되었다. 우리 가정에 은상이 혼자 있을 때 보다는 또 다른 큰 기쁨이 넘쳤다.

경상이는 중학교 때부터 형을 닮아 열심히 공부하였다. EPL(English Premier Leauge)을 너무 좋아하다 보니 고등학교 3학년이 되어서도 거의 날을 새면서 경기를 보곤 했다. 지망했던 한동대학교는 낙방하고, 강원대 경영학부에 합격하였다. 하지만 본인도 원하지 않았고, 우리 부부도 탐탁하게 여기지 않아서 갑자기 중국 상해로 유학을 보냈다.

절박한 상황에서 화동 사범대학에 합격하여 2년을 다니던 중

KOSTA(한국에서 운영하는 국제 대학생 선교 컨퍼런스) 집회를 통하여 자신의 미래와 비전을 찾았다. 그 후 2년간의 유학 생활을 정리하고 귀국하여 짧은 기간 동안 한동대학교 편입 시험에 합격하였다. 전산·전자공학부를 우수한 성적으로 마쳤고, 졸업과 동시에 현대자동차 그룹사에 입사하여 직장생활을 하고 있다.

"신실하고 성실하며 귀한 경상이를 허락해 주신 하나님! 감사합니다. 할렐루야!"

어머니를 납치하다

　1993년 여름이었다. 좁은 집에서 처가의 많은 식구와 3년 정도를 함께 살았다. 그 와중에 아내가 먼 길을 오가며 출퇴근하느라 어려움을 겪으면서 '빛나라'를 잃기도 했다. 하지만 그 후 얼마 되지 않아서 하나님께서 우리 경상이를 주셨다. 이대로 한 집에서 함께 살기에는 어려운 환경으로 변하였다.

　함께 사는 동안 비좁은 공간에서 온갖 불편함이 있었고, 때론 말하지 못할 어려움이 있었지만 한 번도 얼굴을 붉히거나 가족 간에 갈등을 겪은 일이 없이 3년가량의 처가살이를 마치게 되었다. 참으로 장모님과 장인, 그리고 처가의 모든 가속이 너무나 고마웠다.

　같은 단지 내이고 바로 옆 가까운 곳 1층에 새로 집을 구했다. 새로운 공간이 마련되었지만, 아이들을 여전히 장모님께서 돌보아 주셨다. 거실 겸 방으로 사용하는 공간을 비롯하여 방 세 칸짜리 작은 아파트지만 우리 네 식구가 살기에는 안성맞춤이었다. 1층이어서 은상이가 나가 놀거나 출입하기에도 좋았고, 별 불편함 없이 살 수 있었다.

　우리 은상이는 늘 활발하게 노는 것을 좋아했다. 세 걸음 이상 걸어다니는 모습을 별로 보지 못하였고, 언제나 콧등에 땀이 송글송글 맺혀 있었다. 우유와 김치를 제일 좋아했는데, 먹는 것도 잘 먹고 아픈 곳도 없이 잘 자라주었다. 나는 이때 구리에 있는 교문초등학교에 근무하고 있었는데, 은상이는 늘 아빠를 따라다니기를 좋아해서 은행에 갈 때마다 차에 태우고 구리에 있는 농협은행까지 자주 데리고 다니곤 하였다. 교회는 여전히 온 가족이 면목동 목천교회에 다니고 있었다.

그러던 중 고향에 계신 어머니가 몸이 많이 허약해지셔서 입이 돌아가고 몹시 힘들어하고 계셨다. 퇴행성 관절염으로 진통제를 많이 드셔서 팔다리에 거뭇거뭇한 반점이 많이 생겼고, 김제 읍내까지 침을 맞으러 다니시기도 했다. 돈 한 푼이라도 절약하시려고 200미리짜리 작은 흰 우유 하나도 제대로 사서 드시지 못하는 생활을 하고 계셨다. 독한 약으로 속이 쓰리고, 그로 인하여 식사도 제때 못하시고 먹는 것이 부실하다 보니 몸이 점점 더 약해지셨다.

고향 집에 갈 때마다 우리랑 같이 서울에 올라가서 살자고 수차례 말씀을 드렸지만, 우리 부모님은 고향을 떠나지 않으려고 하셨다. 그런데 이제는 더 이상 혼자 둘 수가 없는 지경이었다. 아버지는 그나마 활동을 활발하게 하시며 밖으로 돌아다니시기도 하는데, 어머니를 돌보는 일에는 좀 소홀하신 것 같았다. 제주에서 큰누님이 어머니를 직접 돌봐 드린다고 관기 집에 한 주간을 머무르시며 돌보아 드렸지만, 근본적으로 문제를 해결하지 않으면 안 되는 상황이 되었다.

그 후 얼마 지나지 않아 여름방학이 되었고, 어느 날 작정을 하고 내가 내려가게 되었다. 고향 집에 가서 다짜고짜 우선 간단한 어머니 옷가지 몇 벌과 소지품 몇 개를 싸서 "우리 집에 잠시만 다녀옵시다"라는 거짓말로 어머니를 납치하듯이 차에 모시고 우리 집으로 모셔왔다.

그것이 어머니랑 20년을 같이 살게 된 시작이었다. 무작정 어머니를 떠나보낸 아버지는 종종 우리 집에 다녀가시기는 했지만, 마음을 못 잡으셔서인지 아예 오시는 것은 극구 싫어하셨다. 물론 어머니도 종종 다시 내려가고 싶다고 하기는 하셨다. 그러나 귀여운 손주들도 있고, 그래도 삼시 세끼 챙겨서 드실 수 있었기에 건강이 많이 회복되고, 얼굴에 웃음기도 생기셨다. 때로는 아파트 인근 공터에 밭 두어 평을 일구어서 몇 가지 푸성귀 농사도 하고, 장모님과 사돈지간에 가깝게 지내고 대화도 나누시면서 서서히 삶의 안정을 찾아가셨다.

몇 달이 지나서 김제 고향을 오가시던 아버지도 서서히 오남리에 정착하시게 되었다. 어머니는 둘째 경상이를 주로 돌보아 주시고 텃밭을 일구시며 지내셨고, 아버지는 동네 경로당에 다니시면서 경로당 노인회장을 자처하셨다. 김제에서 군 노인회장을 하시다가 오신 터인지라 마음에는 안 차셨겠지만, 용돈을 드리면 몽땅 노인정에 기부하시면서 그럭저럭 심심하지 않게 나날을 보내셨다.

그렇게 여섯 식구가 오남리 진주아파트 1003동 106호에서 3년을 살았다. 남양주 오남리 진주아파트는 아이들의 고향이 되었고, 그곳에서 도합 6년을 산 것이다.

교문초등학교
재직 시절

1992년부터 5년 동안 구리시 교문동에 있는 교문초등학교에서 근무하였다. 이 무렵은 나에게 신앙적인 갈등이 많은 시기였다. 신앙생활 자체에 대한 것보다 앞으로 삶의 진로에 대한 고민이었다. 그것은 다름 아닌 목회의 길이었다.

교회에서 가까운 사이였던 조용달 전도사님께서 신학을 공부하고 목회자의 길을 가라는 권유를 여러 번 하셨다. 나중에는 급기야 내가 슬슬 전도사님을 피하게 되었다. 그러면서 전도사님께 이렇게 반문을 하기도 했다. "전도사님께서 말씀하시듯이 제가 꼭 목회자의 길을 가야 한다면 하나님께서 직접 저에게 말씀하시면 되는데, 왜 저에게는 말씀하지 않으시고 전도사님을 통해서만 말씀을 하시죠?"

그때 이후 한 가지 내 인생에 후회되는 것이 있다면, 핑계와 회피만 할 것이 아니라 정말 진지하고 깊이 있게 하나님께 기도하면서 하나님의 뜻을 여쭈어봤어야 했다는 것이다. 나는 간절히 기도해 본 적도 없이 회피하고 도망만 다녔다.

하지만 여전히 나의 마음은 신학과 승진 준비에 대한 갈등이 공존해 있었다. 승진의 마음보다는 신학을 공부하는 쪽으로 마음이 조금 더 기울어 있었기에 농어촌 학교 근무 시 주는 부가 점수를 버리고 지역 점수가 없는 구리시에 있는 교문초등학교로 전근을 했다. 먼 오남리에서 다니다가 이미 마련해 두었던 수택동 집에서 가까운 학교로 출근하게 되었고, 큰아들 은상이도 1학년에 조기입학을 하였다.

삶이 점차 편해지고 안정될수록 신학 공부에 대한 생각은 서서히 사라져 가고 있었다. 학교에서의 업무도 점차 많아졌고, 학교가 교육부 지정 연구학교로 선정되어 일약 전국적인 연구학교의 일원이 되었다. 게다가 체육부장이라는 직책을 처음 맡게 되었다. 체육부장은 각종 학교 체육에 대한 업무 전반을 책임지는 일을 담당했다. 학교 대항 체육대회를 준비해야 했기에 학교 내 대표 선수를 뽑아서 훈련을 시켜야 하고, 교내 각종 운동회도 개최해야 하기에 업무가 상당히 많았다. 결국 학교 업무를 신학공부 회피의 강력한 수단으로 삼았었던 것 같다.

더구나 교문초등학교는 장학관 출신 곽의신 교장 선생님의 부임으로 평소에 하지 않던 일들도 많이 생겨났고, 학교의 학생 수가 급증하여 인근에 백문초등학교를 새롭게 지어 분교를 하는 일까지 감당하게 되었다. 그러다 보니 이런저런 이유와 핑계로 점차 신학보다는 승진으로 생각이 더더욱 기울어지게 되었다.

지금도 후회되는 것은, 당시 신학교 수학과 교직에서 승진하는 갈등 사이에서 나의 진로에 대해 깊이 생각할 수 있는 좋은 기회에 전도사님에게만 반문할 것이 아니라, 하나님께 무릎 꿇고 간절히 구하는 태도가 필요했으나 그것을 깨닫지 못했다는 것이다.

갑작스런 입원을 하다

* 두 번째 Calling of GOD!

어느 날 몸이 많이 피곤했다. 교통사고 후 생긴 혈당이 잘 조절되지 않은 이유였다. 진단 후 오남리에 살 때는 거의 매일 테니스 운동을 지속적으로 하였고, 혈당도 잘 조절하였다. 그런데 이것저것 일이 바빠지자 어느 순간부터는 운동도 소홀하게 되고 혈당 조절이 잘되지 않았다. 의사의 권유에 따라 한양대학교 구리병원에 입원하여 혈당 조절을 하기로 했다. 하는 수 없이 몸은 멀쩡했지만 입원하게 되었다.

입원실이 5인실이었는데, 출입문으로부터 왼쪽에 화장실과 침대 두 개가 있었고, 출입문의 오른쪽에는 세 개의 침대가 나란히 있었다. 나는 오른쪽 세 개 침대의 중간에 자리를 하고 있었다. 그러던 어느 날 점잖게 생긴 신사 한 분이 병문안을 왔다. 내 창가 쪽 옆자리에 있는 분에게 말이다.

잠시 옆자리의 환자와 작은 소리로 대화를 나누더니 그 환자의 손을 붙잡고 간절히 기도해 주고는 곧바로 가는 것이었다. 내 생각에는 아마 그 환자가 출석하는 교회의 담임 목사님 정도로 여겨졌다. 그런데 이분이

입구를 나서다가 뒤돌아서 나를 쳐다보더니 나에게 질문을 던지는 것이었다.

생면부지의 처음 보는 분이었는데 표정이나 모습이 무척 선하게 느껴졌다. 그분은 다짜고짜 나에게 물었다. "혹시 목사님이세요?" "아니요." "그럼 전도사님이세요?" "아니요. 전 집사인데요" 했더니, 나를 위해서 기도를 해주고 싶다고 하셨다. 그러면서 나에게 다가와서 속히 치유가 임하도록 간절히 기도를 해주셨다.

그러고 나서 자신의 주머니에서 명함을 꺼내어 나에게 건네면서, 당신이 모든 학비를 댈 터이니 퇴원하면 곧바로 자기를 꼭 찾아와서 만나고, 나에게 신학을 공부하라고 권면하면서 간곡하게 부탁하고 떠나는 것이었다.

건네준 명함을 보니 서울 양천구 목동에 있는 큰 교회의 담임목사 명함이었다. 놀랍고 신기한 경험을 하였다. 이것이 하나님의 부르심이 아닌가? 잠깐 생각하다가도 그렇지 않아도 조용달 전도사님의 권유를 피해 다니던 터인지라 마음의 갈등은 있었지만 잠시 접어두었다.

퇴원 후에 우리 담임목사이신 김상원 목사님께 명함을 보여 드리면서 자초지종을 말씀드렸더니 "지금도 이미 목회자는 많으니, 평신도 사역자로 잘 준비하고 귀하게 쓰이는 것이 좋겠다"라는 권면의 말씀을 해주셨다. 마침 잘 되었다 싶었다. 피하고 싶은 일이었는데 마침 피할 명분을 주시는 것이 고맙게 느껴졌다.

그 일은 잊고 살았지만 오랜 시간이 지난 지금의 심정은, 그 당시 내가 직접 하나님께 엎드려 하나님의 음성을 들으려고 노력할 줄도 모르고, 노력할 생각도 못했던 무지한 모습을 후회한다. 이 사건이 내 생애에서 가장 후회되는 일 중의 하나이다.

대학원 입학

구리시에서 만기가 되어 남양주시 진건초등학교에 근무하던 시절이었다. 그 무렵 '사릉'이라 불리는 그 지역에 유입 인구가 급격히 쏟아지는 시절이었다. 자고 나면 날마다 전입생이 늘어나서 이듬해에는 수용할 수 있는 공간이 전혀 없었다. 급기야는 운동장에 컨테이너로 간이 교실을 만들고 학생들을 수용할 수밖에 없었다. 아마 내 기억으로는 70학급이 훨씬 넘었고, 전체 학생 수가 경기도 가평군 관내 전체의 모든 초등학교 학생 수를 더한 수보다 많은 숫자를 수용하는 학교가 되었다.

진건초등학교에서는 체육부장을 하다가, 도 지정 연구학교의 연구부장을 맡게 되었다. 나는 초임 발령 첫해부터 매년 방학 때마다 한 가지씩의 연수를 꾸준히 받아왔기 때문에 근무 경력 15년이 넘자 자연히 연수 횟수도 20회가 넘었고, 서서히 승진을 준비하는 시기를 맞이하게 되었다. 도 지정 연구학교의 연구부장은 그야말로 성공적인 연구학교 운영을 해야 하고, 연구 결과가 성공적인 결과를 도출해야 하는 막중한 임무가 있었다. 2년간의 연구학교 운영을 성공적으로 마치고 야간 대학원에 입학하였다.

가까운 고려대학교에 가고 싶었지만 내 자리를 허락하지 않았다. 멀지만 연세대학교 교육대학원에 응시하였더니 합격이 되었다. 처음 학과를 선택할 때에는 마땅히 꼭 공부하고 싶은 분야가 없었다. 개설된 모집학과를 살펴보다가 상담교육학과가 눈에 들어왔다. 평소 가르치는 개별 교과 과목을 더 깊이 연구하는 것보다는 상담과 교육이라는 단어가 더 마음에 들었다. 그래서 상담교육학과를 지원하였다. 학교 수업과 업무를 최대한 빨리 마치고 신촌까지 내달렸다. 시간이라도 좀 나면 저녁 식사를 간단히 할 수 있었고, 대부분은 강의 시간에 겨우 도착하기 일쑤였다.

다섯 학기를 다녔지만, 하루하루가 너무 좋았다. 과목 하나하나가 너무 흥미롭고 재미있었으며, 졸업할 때까지 다섯 학기 내내 매일매일의 강의 시간이 기다려지는 대학원 공부를 하였다. 재수 시절 공부할 때 이후로 정말 흥미로운 공부를 계속하였다. 날을 새는 날이 많았고, 환하게 밝아오는 새벽에 얼마나 희열을 느꼈는지 모른다.

그런데 세상에 대학원에서 장학금을 받을 줄이야! 한 학기 전액 장학금도 받았고, 연세대학교 교육대학원 상담교육연구회(줄여서'연상회')를 우리 동기들과 함께 만들어서 연구 활동도 왕성하게 하였다. 상담 전문가 자격증을 따기 위해서 이때부터 3년간 상담 전문가 훈련을 받기도 하였다. 각종 학회와 연구 활동에 계속 참여하고 상담 케이스도 여러 개 하게 되었다.

학위를 받을 무렵 상담교육진문가 2급(상담심리사) 자격증과 MBTI 고급 강사 자격증, 그리고 중등학교 상담교사 자격증까지 모두 취득하게 되었다. 교육학과 상담학을 깊이 공부하면 할수록 점점 나에 대한 철학적인 질문이 반복되어 계속 일어나게 되었다. 특히 MBTI와 상담과정을 통하여 나 자신을 돌아보게 되었고, '나는 어디서 왔다가 어디로 가며, 무엇을 하며, 어떻게 살다가 어떻게 세상을 떠날 것인가?'라는 질문이 늘 나를 사로잡게 되었다. 지금까지는 해보지 않았던 생각들이었다.

대학원을 다니는 동안 정말 행복했다. 물론 육체적으로는 남양주 사릉에서 연세대가 있는 신촌까지, 그리고 구리에 있는 집까지를 오가야 했고, 맡은 연구부장 업무의 본업까지 힘이 들고 피곤하기도 했다. 하지만 그 모든 것들이 공부하는 즐거움을 이기지는 못했다.

　석사 학위를 받고 나니 어느덧 승진을 위한 조건들이 거의 갖추어졌다. 누구에게나 흔히 있지 않은 벽지 점수도 있고, 농어촌 근무 점수에 연구 점수도 만점이었다. 특별히 교문초등학교 근무 시 받은 교육부 지정 연구학교 점수와 진건초등학교에서의 도 지정 연구 점수까지 승진을 위한 점수가 넘쳐났다. 대학원에서 상담과 교육을 공부했던 모든 과정은 내 인생에 있어서 매우 소중한 기회였고, 행복한 시간이었다.

두 번째
경매 낙찰

    나는 평소에 돈에 매여서 살지는 않았지만 가난한 집안에서 자라왔고, 유산 한 푼 받지 않고 가정을 이루다 보니 늘 돈이 궁색했던 것 같다. 그렇다고 주변 사람들에게 자린고비처럼 보이며 살지도 않았던 것 같다. 결혼 후 맞벌이를 했음에도 불구하고 늘 신용카드 현금 서비스를 사용해야 했고, 월말이면 신용 카드를 막기 위해 대출을 받으러 다녔다. 규모의 경제를 실현하지 못해서였을까?
    비교적 큰돈을 벌 수 있는 방법을 찾던 중 경매가 하나의 좋은 수단이 될 수 있다는 것을 알게 되었다. 책을 사서 공부도 하고, 주변에서 정보도 나름대로 수집하였다. 법원 경매 장소에 직접 가보기도 하였다. 서류를 분석하는 것도 배우고, 물건에 대한 현지답사도 하고, 현지 시세도 알아보는 등 만반의 준비를 하였다.
    드디어 첫 번째 경매 입찰에 참가하였다. 남양주 사릉에 있는 한신 2단지 아파트였다. 간발의 차이로 낙찰을 받았다. 대개 경매는 낙찰 후가 더욱 중요한데, 다행히 건물주가 어렵지 않게 집을 비워주었다. 간단히 수리하고 월세로 임대까지 마쳤다. 임대인은 중랑구 신내동에 살던 개인택시 기사를 하시는 분인데, 아들이 사업을 한다고 하여 집을 팔아서 아들 사업 밑천으로 대주고 자기는 월세집을 원하던 분이었다. 첫 시도에 성공적인 경험을 하게 되었다.

이때까지는 성공 경험으로 마음이 들떠 있었다. 그러나 이 기분은 그리 오래가지 않았다. 1년이 채 되지 않아서 예기치 않던 IMF가 온 것이다. 갑자기 금리가 오르기 시작하였다. 월세를 받아 대출금의 이자를 갚아야 했는데 이자는 급격히 더 오르고, 월세는 점차 들어오지 않기 시작하였다.

경기가 어려워지니 택시를 타는 손님이 없어진 것이다. 사업을 시작했던 임차인의 아들은 얼마 가지 않아서 큰 손해를 입고 문을 닫게 되었고, 월세로 은행 이자를 감당하는 나는 내 월급으로 비싼 이자를 감당하게 되어서 이루 말할 수 없는 어려움이 도래한 것이다. 여윳돈이 없는 데다가 더 빚을 낸다는 것은 엄두도 나지 않았다. 그때까지 받았던 대출금도 감당하기가 어려워서 후회가 되기 시작하였다.

하지만 후회한들 무슨 소용이 있으랴! 해결 방법은 허리띠를 더욱 졸라매는 것이었다. 무엇보다도 보증금으로 공제를 한다고 하더라도 공제할 만큼의 보증금이 남아 있을 때까지 문제를 해결해야 하는 것이 급선무였다.

타고 다니던 차도 집에 두고 버스로 통근을 했다. 일반 버스가 직행 버스보다 500원이 더 저렴했다. 그 500원씩 왕복으로 해서 하루 1,000원이라도 절약하려고, 직행 버스는 보아도 못 본 것으로 외면하며 다음에 오는 일반 버스를 타고 통근을 했다. 어느 날은 '왜 내 신세가 이렇게까지 되었는가?' 하는 서러움이 북받쳐 오르는 때도 여러 날이었다.

이러지도 저러지도 못하는 상황에서 할 수 없이 경매 받은 집을 되팔기로 하였다. 다행인 것은 그리 오랜 시간이 지나지 않아서 낙찰가보다는 조금 높은 가격을 받을 수 있었고, 세입자도 월세를 감당하지 못하니까 쉽게 집을 비워주었다. 욕심으로 인해 생긴 롤러코스터를 타고 아주 귀한 경험을 했다.

마태복음 6장 25절 "그러므로 내가 너희에게 이르노니 목숨을 위하여 무엇을 먹을까 무엇을 마실까 몸을 위하여 무엇을 입을까 염려하지 말라 목숨이 음식보다 중하지 아니하며 몸이 의복보다 중하지 아니하냐."

늘 풍성한
교회 개척

　김영삼 정부 때인 1997년 11월에 우리나라가 가진 외환이 너무 부족하여 국제통화기금(IMF)으로부터 자금 지원을 받는 사건이 일어났다. 소위 말하여 국가가 부도의 위기에 처한 것이었다. 그로 인하여 국가 경제는 물론 사회와 모든 개인에 이르기까지 엄청난 파장으로 커다란 어려움이 시작되었다. 그런데 IMF 때에 교회 개척이라니… 주변 사람들 모두 다 고개를 내두르며 반대했다. 하나님의 뜻이라고 굳게 믿은 우리 4남매와 조카 한 가정, 목회자인 매형 동생 두 가정이 1998년 1월 2일 신림역 주변에 있는 지하 20평을 얻어서 개척 예배를 드렸다.
　이유는 이러하였다. 50대에 늦게 하나님의 부르심을 받고 주변의 권유에 따라 신학을 공부한 셋째 매부가 목회를 시작하였는데, 마땅히 청빙하는 곳도 없고 개척하는 것도 어려워하고 있다가 수원에 있는 한 교회를 인수하게 되었다. 처음부터 열악하게 개척을 했던 분이 감당하지 못하고 떠나는 교회였다. 목회 임지를 찾던 입장에서 매형 하종수 목사가 그곳에서 목회를 시작했다.
　어찌하든 교회 운영이 매우 어려웠고, 가까운 형제자매들이 기도하며 먼 길 수원까지 가서 예배 참석도 하고, 여러 가지로 돕기도 했다. 하지만 좀처럼 형편이 나아지지 않았고 안타까운 모습이어서 형제들의 마음 한 구석에 늘 짐이 되었다. 그러다가 나를 비롯한 누나들과 1년을 작정하여 기도한 후에 그 응답에 따라 교회를 돕는 방법을 찾자고 하였다. 그 일 년 동안에 공통적으로 주신 마음은 우리가 힘을 합하여 본 교회를 떠나 새롭게 개척을 하라는 것이었다.

각자 개인적으로는 몇 년씩 다니던 교회를 떠나는 일과 개척을 한다는 일은 상당한 각오로 헌신되어 있지 않으면 쉽지 않은 일이었다. 하지만 마음에 확신이 있었고, 교회를 세워서 복음을 전하는 일은 무엇보다도 하나님께서 가장 귀하게 여기시고 기뻐할 일이었기에, 모두가 한마음이 되어 새롭게 개척교회를 세우는 일을 결행하였다. 그렇게 개척한 교회가 늘 풍성한 교회였다.

새해 첫날 아무것도 없이 임대한 건물 지하에 야외용 돗자리를 깔고 의기투합하여 함께 모인 인원이 아이들을 포함하여 26명이나 되었다. 놀랍고 감사한 출발이었다. 내가 구리에 살 때였는데, 주일 아침이면 아버지와 어머니, 그리고 우리 부부와 어린아이들 둘까지 여섯 명을 차에 태우고 신림동 교회까지 가야 했다. 교회에 가서 차량운행과 대표기도, 오후에 어린이와 중고등부 예배를 드렸다. 또 어린이 축구단을 만들어 운동장에서 같이 뛰기도 했고, 저녁 예배까지 마치고 집에 오면 대개는 밤 10시가 넘었다. 때로는 수요 예배에도 가고, 금요기도회에도 참석했다.

하지만 길이 멀다고, 피곤하다고, 힘이 들다고 불평하지는 않았다. 열정이 있었고, 한 사람 한 사람씩 전도가 되고 열매를 맺는 모습에 너무나 큰 희열과 감사가 있었기 때문이다. 비교적 큰 목천교회에서 묻어 지내며 주어진 사역만 감당하고, 전도에 대한 책임과 열정과 관심이 없이 신앙생활을 하다가 한 생명의 소중함을 절실히 느끼게 되는 개척교회의 기쁨이 있었다.

국가 경제가 매우 어려운 때였지만, 출석 교인 대부분이 십일조 생활을 하였다. 새로 등록한 이○○이라는 자매가 의외로 상당히 많은 금액의 십일조를 드렸고, 여러 가지 봉사도 하는 등 교회가 점차 안정적으로 성장해 갔다. 매년 재정이나 교인 수가 배가되어 갔다. 세상적인 가치관과 논리로는 도저히 있을 수 없는 놀라운 하나님의 역사가 늘 풍성한 교회에서는 일어나고 있었다. 2년 만에 지하에서 건물 2층 전세로 확장 이전을 하였고, 처음부터 외부 지원을 전혀 받지 않았지만, 외부 지원 없이 온전히 하나님의 도우심으로 교회는 성장을 계속하였다.

아쉬운 장면도 있었다. 어린이 전도가 쉽지 않아서 많은 시간과 예산을 들이고 정성을 쏟아 전도하였지만, 때로는 이웃에 있는 큰 교회에서 전도 총력 행사를 하면서 물량 공세를 하면 오랜 시간 동안 전도를 해서 쌓아진 탑이 일순간에 무너지듯 아이들을 전부 데려가 버리는 것이었다. '과연 하나님께서 보실 때 기뻐하실 일이었을까?' 하는 생각이 들 때가 여러 번 있었다. 또한 새로운 성도가 오면 얼마 지나지 않아 개척교회에서 봉사할 일이 많아지고 헌금의 부담을 지울까 봐 슬그머니 교회를 떠나는 모습들을 보았다. 남은 교인들에게는 큰 아픔과 상처를 남기게 되고, 결과적으로는 교회에 어려움이 되었다.

내가 교회를 떠나온 것은 개척한 지 4년 만에 주일 출석 교인이 어린이 포함 100여 명이 훌쩍 넘었고, 재정도 처음보다 4배 이상으로 든든해져서 교회 성장이 괄목할 만하게 되었을 때다. 가족들이 주된 역할을 하다 보니 새로 등록한 교우들이 설 자리가 적어질 뿐만 아니라, 시간이 갈수록 목사님의 목회에도 은연중에 자꾸 간섭을 많이 하게 되는 부작용이 생기게 되었다.

하나님께서 주신 마음은 내가 이제 자리를 떠나 주어야 한다는 마음이었다. 물론 남은 가족들과 여러 사람의 만류도 많았지만 때가 되어 기쁨으로 떠날 수 있을 때 떠나는 것이 하나님의 뜻이 아닌가 하는 확신 가운데 만 4년이 되는 2001년 연말에 교회를 떠나왔다.

지금 20여 년이 지났지만, 그때 소중한 훈련은 장로로서 교회를 섬기는 귀한 경험과 자산이 되었다. 구원을 향한 주님의 사랑이 얼마나 크고 귀한 것이며, 한 생명이 얼마나 고귀하고 소중한 존재인지를 깨닫게 되는 절대적인 기회가 되었음을 생각하며 하나님께 넘치는 감사를 드린다.

방언 은사를
받은 일

　나는 모태 신앙인(어머니 태중에서부터 이미 기독교인이 됨을 지칭하는 말)이다. 그러다 보니 교회에 다니는 것이나 믿음을 갖는 것은 생활이 되고 습관이 되었다. 외적으로 볼 때 신자 내지는 신앙인, 또는 교인이다.
　하지만 어느 순간 내가 하나님의 자녀인 것과 하나님의 피조물로서, 그리고 예수 그리스도로부터 구원받은 자로서 나 자신을 말씀에 비추어 보아야 했고, 자신을 점검해 보아야 했다.
　물론 내가 태어나서는 부모님이 나를 신앙으로 양육하여 성숙한 신앙인으로 키우겠다는 증표로 유아 세례를 받았고, 이후 인격적으로 그리스도를 만날 수 있는 나에게 입교(만 16세가 되는 해에 유아 세례자에게 주는 세례의식)를 하게 되었다. 고1 때 진봉교회에서 최기성 장로님께 입교 문답을 하게 되었는데, 아직 어린 나에게 "만일 누가 '예수 믿으면 당장 죽인다'고 해도 예수를 믿겠느냐?"라고 너무 놀랍고 도전적인 질문을 하셨다. 순간 '이 장면을 모면하기 위해서 답을 해야 하나? 아니면 어떻게 대답해야 할까?'를 망설이다가 나도 모르게 "그래도 예수 믿겠습니다"라는 대답이 불쑥 나왔다. 한순간이었지만, 그것이 나의 신앙고백이 되었다.
　그 후 주일을 한 번도 범하거나 예배를 빠진 적이 없었고, 고등학교 졸업 무렵부터 친구들 따라서 술잔도 기울이고, 담배도 피운 적이 있었고, 대학생 때와 섬마을 선생을 하면서 술을 많이 즐겨 마시기도 했지만, 신앙의 본질에 대한 커다란 일탈은 없었다. 그러면서 성령의 은사에 대한 갈망은 없었지만, 방언 기도를 하는 사람들을 보면서 나도 방언의 은사를 받았으면 하는 바람을 갖고 신앙생활을 하던 터였다.

그러던 차에 2001년 1월 중·고등부 아이들을 데리고 윤석전 목사님이 섬기는 연세중앙교회에서 운영하는 수원에 있는 흰돌산 기도원에서 전국 규모로 열리는 청소년 동계수련회에 참여하게 되었다. 사전 마감이 된 상황이었지만 우리는 무작정 갔다. 다행히 광장에 텐트를 치고 우리를 비롯한 많은 학생들을 받아 주었다. 어림잡아 2,500명에서 3,000명이나 되는 학생들이 집회에 참석하였다.

아침 9시부터 저녁 11시까지, 늦게는 12시가 다 되어 끝나도 흩어지는 아이들이 거의 없었다. 나는 이미 우리 노회 중고등부 연합회의 임원활동을 하면서 여러 차례 수련회를 개최하고 운영해 보았기 때문에 그 많은 인원이 늦은 밤까지 꼼짝하지 않고 수련회에 임하는 이런 사실이 믿기지 않을 정도로 놀라웠다.

이때 밤 10시쯤 지난 시간에 기도회가 시작되었다. 모두가 일어서서 손을 들고 기도하는 순간에 윤 목사님께서 "오늘 방언의 은사가 임하는데 방언하고자 하는 사람은 방언으로 기도하라"고 외치면서 뜨겁게 기도하셨다. 나도 따라서 크게 기도를 하고 있었는데, 갑자기 내 입술이 떨리고 혀가 꼬이면서 '랄랄랄라~' 하는 이상한 소리를 내기 시작하였다. 그야말로 듣고 보던 대로 방언이 터진 것이었다. 그 시간은 한참이나 계속되었다.

그런데 그 기도를 하면서 내용이 무슨 뜻인지 전혀 알 수는 없었으나 내 마음에 너무 기쁨이 넘치고 감사가 넘치는 것이었다. 그 후로 깊이 기도하거나 긴 시간 동안 기도할 때에는 방언 기도를 자주 하게 되었다. 방언 찬양도 하게 되었는데, 오랜 시간 동안 기도해도 기도를 계속할 수 있었을 뿐만 아니라 마음에 기쁨과 감사와 희열이 많이 느껴졌다. 귀한 은사를 주신 하나님께 감사를 드린다. 하지만 귀한 보배를 간직만 한 채 자주 사용하고 있지 않으니 그것이 문제일 뿐이다.

내 인생의
마약 MBTI

    대학원 공부를 하면서 '연세상담연구회'라는 스터디 그룹을 만들어서 학습과 전문가 자격증 취득을 위한 동아리 활동을 병행하였다. 여러 가지 공부를 열심히 하던 중 심리 검사 도구가 여러 가지가 있는데, 그중에 MBTI라는 매우 흥미로운 도구가 있음을 알게 되었다.

    나는 MBTI의 기초 과정부터 너무나 많은 관심과 흥미를 갖게 되었다. 접하면 접할수록 사람의 성격유형에 대한 깊이 있는 분석을 할 수 있었고, 이것이 사람들의 삶에 어떤 영향을 미치며, 이 영향으로 말미암아 사람 간의 관계와 일의 결과와 서로 간의 소통에 얼마나 많은 영향을 미치게 되는지를 알게 되었다. 정말 나에게는 매력 있는 심리분석 도구로 다가왔다. 그래서 MBTI의 초급, 중급, 고급과정과 어린이 검사 도구인 MMTIC 과정까지 2년에 걸쳐 전 과정을 연수하여 MBTI 고급강사 자격증까지 취득하게 되었다.

    MBTI는 사람의 성격유형을 16가지로 분류하여 나누는데, 모든 사람은 그 16가지 분류 속에 속하게 되며, 각각의 사람마다 척도(수치)의 차이는 있지만 어느 유형인가에 속하게 되어 있다. 그 유형의 분석과 분류된 내용도 너무나 정확하지만, 그룹 활동을 하면서 같은 유형끼리 함께 모아 놓으면 같은 유형끼리 서로 너무 똑같이 생각하고 말하고 행동하는 것을 보면서 너무 좋아하고 너무 많이 놀라는 것들을 그룹으로 MBTI 활동을 할 때마다 여러 번 체험하게 되었다.

16가지의 유형 중 나는 ESTJ 유형에 속하는데, 전형적인 행정가형이고 사업가형이고 리더형에 속한다. 나의 유형을 알고 내 가족 한 사람, 한 사람의 유형을 분석하여 그들을 이해하기 시작하였다. 신기하고 놀라울 정도로 우리 가족들의 유형이 서로 비슷한 점들도 있었지만, 한 뱃속에서 난 자녀들도 전혀 다른 점이 많았다. 아내와 내가 가정을 이루어 부부로 살고는 있지만, 종종 갈등을 겪고 이해 충돌이 일어났다. 또 어느 장면에서는 너무 맞아서 좋았지만, 어떤 면에서는 너무도 다른 이유들을 알아가기 시작하였다. 참으로 신기하게까지 느껴졌다.

내가 아이들을 대하는 태도도 점차 달리하게 되었다. 한 예로, 우리 부부는 늘 깔끔한 정리 정돈을 원하는데 우리 큰아이는 늘 방이 어지럽다. 큰아이는 무슨 일이든 먼저 말하는데, 작은아이는 좀 더 소극적으로 표현한다. 큰아이는 좀 더 자유분방한데, 작은아이는 좀 더 신중하고 차분한 편이다. 왜 그렇게 행동하는지에 대한 이유를 알고 나니 많은 것을 이해하고 수용할 수 있게 되었다. 대부분 모든 면에서 서로 다른 점을 좀 더 이해하고 소통하는 데 많은 도움이 되었다.

특히 나는 이제까지 살아온 삶과 앞으로 살아갈 삶에 대해서 많은 생각을 하게 되었고, 돌아보는 계기가 되었으며, 깊은 상념에 잠기는 시간이 많아졌다. 그리고 내 현재의 삶과 주변 사람들의 삶, 그리고 정년 퇴임하여 떠나는 선배들의 뒷모습을 보면서 나는 어떤 모습일까를 상상해 보았다.

영예로운 정년 퇴임을 하는 선배들이 축하를 받으면서 뒤돌아서 떠나가는 모습을 볼 때, 왠지 나는 그들의 모습이 쓸쓸하고 초라하게 보였다. 그 뒷모습이 얼마 후 내 모습일 것 같다는 생각에 이르자 어쩐지 슬픈 마음이 들었다.

　교사로서 후학을 양성하는 일도 보람 있고 가치가 있는 일이었지만, 한 번 태어나서 한 번 죽는 인생이다. 하나님은 우리 각자, 아니 특별히 나를 향한 창조의 목적이 있을 텐데, 그저 내 목숨을 부지하면서 그럭저럭 먹고 사는… 대부분 모두가 그렇게 사는 평범한 삶이 점점 싫어지기 시작하였다. MBTI는 그야말로 내 가슴에 잔잔한 파문을 일으키는 마약이자 활화산이 되었다.

상담 전문가

　내가 아는 상식으로 우리나라에는 아직도 국가 차원에서 법적으로 공인된 상담 전문가 자격제도는 없는 것으로 알고 있다. 현재까지 있는 자격증은 각각의 전문가 그룹들이 협회를 만들고, 그 협회의 규정에 따라서 상담 전문가의 자격을 정하고 일정한 자격을 이수하여, 절차를 이수한 사람에게 학회 또는 협회의 자격증을 수여하는 것으로 알고 있다.
　나도 한국 상담 및 심리학회에 가입하여 학회에서 요구하는 상담이론 과정과 실습과정, 그리고 실제 상담 몇 케이스를 다루고, 규정에서 정한 만큼 상담 전문가의 지도를 받았고, 집단상담 및 스터디(study) 과정을 거쳤다. 많은 시간을 투자하였고, 상당한 비용도 들게 되었다. 하지만 상담교육 전공자로서 당연히 갖추어야 할 자격이라고 생각되기도 하였고, '연상회'에서 멤버들이 함께 목표로 세웠던 것이기도 하였다. 3년여의 노력 끝에 상담 전문가 2급(상담심리사) 자격을 취득하였다.
　그 과정에서 세 차례의 집단 상담을 경험하였다. 학교에 재직하고 있었기 때문에 어린이 상담과 집단상담은 어렵지 않게 몇 케이스를 할 수 있었으나, 성인 상담은 내담자를 만나는 것이 쉽지 않았다. 성인은 상담을 받아야 할 대상이 사실은 너무나 많이 산재해 있으나 상담에 대한 인식이 그다지 많지 않았다. 막상 상담자를 만나는 일도 쉽지 않고 상담에 필요한 높은 비용도 문제가 되었다. 더 중요한 것은 상담을 통해 해결할 수 있는 문제가 대부분임에도 불구하고 상담으로 문제를 해결할 수 있다는 믿음도 적고 필요성도 절실하게 느끼지 못하기 때문이었다.

어린이와 청소년을 상담할 때는 양육 환경과 가정환경을 살펴야 하는 필수적인 과정이 있게 마련이었고, 자연스럽게 부모들을 상담할 수 있었다. 나중엔 그 부모들을 상대로 성인 상담이 연결되었다. 어린이와 청소년 상담과 아울러 자연스럽게 성인 상담과 또는 가족 치료까지 다루게 되었다.

그런데 그 상담이 그저 만만한 것이 아니었다. 상담 시간을 갖고 나면 상담자는 그 상담 시간의 몇 배를 내담자의 문제와 아픔을 갖고 씨름을 해야 하는 커다란 심리적 고통이 따른다는 것이었다.

요즈음에는 우리나라에도 자발적으로 상담 기관을 찾고 상담을 요청하는 사람들이 많아지기는 했지만, 아직도 상담의 필요성과 효과에 대한 인식은 많이 부족하다고 생각된다. 그렇게 열심히 공부했던 나도 때론 상담을 받고 싶지만 쉽게 실행되지 않고, 주변 사람들에게도 상담으로 도와주고 싶은 마음이 있기는 하지만 용기가 나질 않는다.

한창 재미있게 공부도 하고 상담도 하던 어느 날, 늦게 집에 도착해 보니 아내가 베란다에서 손빨래를 하면서 뭐라고 혼잣밀을 하고 있었다. 가만히 들어보니 "상담을 한다는 사람이 남들은 다 상담해주고 다니면서 곁에 있는 나는 뭐야? 내가 이 집 식모야, 뭐야!" 하면서 내가 자기와는 별 소통이 없음을 불평하는 것이었다.

가만히 생각해 보니 아내가 많이 섭섭했을 것 같았다. 나와 똑같이 직장 생활을 하면서도 시부모를 모시느라 신경 써야지, 두 남자아이 건사해야지, 남편 공부한다고 뒷바라지 해야지… 얼마나 힘들었을까? 그때서야 내 아내와 가족을 돌아보며 먼저 가정에서 더 소통하고 더 짐을 함께 져야 하겠다는 생각을 갖기 시작했다. 아내와도 더 많은 이야기를 나누게 되었고, 가사를 돕는 일에 더 많은 시간을 할애하려고 노력하게 되었다. 방치하다시피 했던 아이들과의 시간도 조금씩 더 갖고자 노력하는 계기가 되었고, 상담을 통하여 좀 더 소통하며 화목한 가정생활의 계기가 되었다.

나와 Amway

　무언가 삶의 획기적인 변화를 기대하고, 무언가 새로운 돌파구를 찾던 무렵이었다. 부부 맞벌이를 하는 생활이 20년이 다 되어 가는데도 여전히 말일이 되면 이곳저곳을 다니며 카드빚을 막아야만 하는 생활이 계속되었다. 2000년 봄 어느 날, 대학원 동기였던 황동조 교수가 만나자는 연락이 왔다. 마침 보고 싶은 생각이 들었고, 반가운 마음에 용인에 사는 황 교수 집까지 한걸음에 달려갔다. 황 교수는 현대자동차그룹의 연수원 교수 출신인데 대단히 입지적인 사람이었다. 원래 현대자동차 울산 공장에서 근무하면서 끊임없는 노력의 결과로 그룹 내 연수원 교수의 자리까지 오른 대단한 분이었다.

　황 교수는 대학원 수학 내내 나와 콤비를 이루어 즐겁게 학업과 연구를 했을 뿐만 아니라, 호형호제하는 아주 가까운 사이가 되었다. 그러던 그가 인생을 바꿀 수 있는 좋은 정보를 나에게 준다는 것이었다. 이미 자신의 동료인 이 모 교수가 스폰서이고, 이 모 교수 위에는 장안대학교 김 ○○ 교수가 있다는 말이었다. 나에게 눈이 확 트이게 만드는 굿 뉴스였다. 곧바로 정보를 달라고 하였다.

　몇 차례 사업 설명회를 들었다. 그리고 여러 차례 시스템 공부에도 참석하였다. 들으면 들을수록, 만나면 만날수록 대단한 아이템이었고, 새로운 시대를 주도할 네트워크 마케팅이었다. '새로운 돌파구가 될 수 있다. 새로운 기회가 될 수 있다'는 매력에 푹 빠졌다. 더군다나 사업을 하는 데 자본금이 하나도 들지 않는다고 했다.

'부업인데 한번 해보자'라고 각오를 단단히 하고 아내에게 설명했더니 아내도 그저 싫지는 않다고 했다. 아마 돈 한 푼 들이지 않고 돈을 더 벌 수 있는 일을 한다고 하니 그저 좋다고 생각했을 것이다. 무슨 일을 하든지 하나님 앞에 예배를 드리고 시작하는 것이 좋겠다고 생각되어 목사님과 성도들에게 말하고 주일 오후에 특별히 네트워크 마케팅(network marketing)사업 개업예배를 드렸다. 이미 경험한 선배 사업자들 모두가 예배를 드리고 시작하는 것은 사상 초유의 일이라고 하면서 많은 격려와 축하를 해주었다.

하지만 눈을 돌려 주변을 보니, 대부분의 많은 사람이 나를 이상하게 생각하고 부정적인 표현을 하는 사람도 많았다. 뒤돌아서 비난하는 사람도 있었다. Amway는 이미 오래전부터 다단계로 인식되어 있었기 때문에 고정 관념을 바꾸기가 쉽지 않았다. 그러나 비전을 본 나에게는 별 상관이 없는 일이었다. 무슨 일이든 시작을 하면 열정을 쏟고 끝장을 보려는 나의 성격 때문에 불과 1년 만에 플래티넘(월 매출이 1,000만 원 이상 달성되는 직급)을 달성하였다. 2년이 되는 해에는 내가 소속된 네 그룹에서 매월 일어나는 매출이 5,000만 원까지 달성되는 쾌거를 이루어 가기도 했다.

하지만 문제점이 없는 것은 아니었다. 사람들을 컨택하고 후원하느라 시간과 비용이 상당히 많이 들었다. 인간관계 속에서 있어서는 안 되는 금전거래의 문제가 생기는 부작용과 함께 밤늦게까지 활동을 하느라 아이들과 가정에 피해가 많이 가는 일들이 있었다. 또 한 가지 어려운 것은 기존의 고객을 꾸준히 관리해 나가는 것뿐만 아니라 새로운 고객을 계속 창출해내야 하는 어려움이 있었다.

평생 해야 할 일이고 천천히 해야 할 일이었지만 나는 이미 상당히 그룹을 키웠고 시간을 더 많이 투자해야 하는 상황에서 부도난 형의 회사에 정리 요원으로 발을 들여놓고 보니, 계속 사업을 할 수가 없었다. 사업에 소홀하다 보니, 형성된 그룹은 쉽게 무너졌다. 둘 다 가질 수는 없었다. 선택의 기로에서 나는 Amway 사업을 뒤로 미룬 채 지금에 이르렀다. 나는 지금도 그때 교육받은 마케팅 기법을 사업과 대인관계 등에서 많이 활용하고 적용하면서 도움을 받고 있다.

교직에
사표 내다

    2001년 8월 말에 아내와 깊은 상의도 없이 교직에 사표를 냈다. 일단 사업을 하고 싶었다. 그리고 돈을 많이 벌고 싶었다. 얼마를 벌어서 얼마를 어떻게 쓸 것인지는 헤아려 생각해 보지도 않았다. '하나님께서 나를 이 땅에 태어나게 하신 이유는 무엇일까?'를 생각할 때 나를 향한 분명한 사명이 있을 것이고, 그 사명은 분명 복음 전파를 위해 사는 것이고, 그 중에 가장 기뻐하실 일이 선교라는 결론에 이르렀다.

    그리하여 사업을 해서 돈을 많이 벌고, 그 돈으로 선교하는 일에 헌신해야 하겠다는 신념으로, 나는 결단하고 바로 실행에 들어갔다. 나 혼자 벌어서 우리 가족만 먹고사는 평범한 삶은 싫었다.

    성경에서도 야곱이 소유한 축복은 하나님을 체험하고 하나님의 소유가 되는 것이었고, 그것은 험한 광야 세월에서 훈련을 통해 이루어져 갔다. 에서는 광야를 경험하지 않고 아버지가 살던 곳에 그대로 남아 있었다. 그는 하나님께 순종하려는 모험보다는 세상의 안락을 택했고, 이방 여인을 아내로 맞아 세상과 타협하며 살아갔다. 그 결과 에서는 하나님의 축복 라인에서 제외되었고, 그의 자손들은 대대로 하나님의 백성인 이스라엘 사람들과 대적하게 되었다.

지금의 내 선택은 나와 우리 가정과 후손에게 미칠 결정적 선택의 갈림길이었다. 어쩌면 내 인생에서 매우 중요한 선택과 집중이 필요한 시간이었다.

사표를 내기 전에 연금을 수령하는 방법에 대해서 알아보았더니, 앞으로도 2년 반 정도만 더 근무하면 연금 수령이 가능하다는 말을 들었다. 20년이 되면 무조건 연금 수령 자격이 되는 것이 아니라, 연금 수급 기한이 되어야 연금 수급 개시 조건이 된다는 것도 이때 알게 되었다.

하지만 그 당시 나는 사업을 하면 월급쟁이보다는 더 많은 돈을 벌 수 있다고 생각했기에 연금이고 뭐고 다 싫었고, 오직 학교를 빨리 그만두고 싶다는 생각밖에 없었다. 그도 그럴 수밖에 없었던 이유가 몇 가지 있었다.

그 하나는, 내 나름대로 연수도 많이 받고, 연구 실적도 많았고, 승진에 대한 준비도 철저히 해서 전도가 꽤 유망하고 잘나가는 평교사의 한 사람이 되어 있었다. 하지만 내가 재직하던 그곳 교직에는 승진과 성취를 위해서는 심한 줄서기가 있었고, 지역색(특히 호남 출신에 대한 차별이 있었음. 최근에 현직 교장으로 있는 친구의 말에 의하면 이제는 정권도 몇 차례 바뀌고, 시대 흐름이 많이 변하여 오히려 호남 출신들이 요직에 더 많이 진출해 있다고 들었음)도 너무 강했다. 평생 평교사로 지낸다면 모르겠지만, 내가 꿈을 펼치고 나아가기엔 너무 진입 장벽이 높다는 생각을 하게 되었다.

아이들의 재잘거리는 소리가 이제는 견디기 어려운 소음으로만 들리기 시작하여 교실에 들어가는 시간이 내게는 마치 도살장에 끌려가는 소의 모양새처럼 힘든 시간의 연속이었다. 학교와 교사의 수업권에 대한 학부모들의 참여와 간섭이 너무 심해져서 정말로 20년 동안 재직했던 교직에 대한 매력이 확 사라졌다.

그러던 중 이런 일도 일어났다. 2학년 아이들이 용인에 있는 에버랜드로 봄 소풍을 갔다. 이날은 유난히 황사가 심한 날이었다. 학부모 한 분이 이렇게 황사가 심한 날에 소풍을 갔다고 항의 전화를 계속 해댔다. 여러 말로 설득을 했지만 소용없었다. 학교에서 학사 일정을 잡으면서 황사의 양과 일기를 미리 제대로 알 수 없었을 뿐만 아니라, 아이들은 몇 주 전부터 소풍날만을 손꼽아 기다리고 있었다. 맛있는 도시락에 놀이공원에서 기구를 타며 하루 종일 놀 생각에 부풀어서 간 소풍인데….

그 한 분의 학부모가 끝내는 군 교육청, 도 교육청, 마침내 교육부와 청와대에까지 민원 전화를 걸었다. 결국은 소풍 갔던 아이들이 학교로 돌아오게 되고, 2학년 전체의 소풍을 망치게 되는 사건이 일어났다. 그야말로 있을 수 없는 초유의 사태가 미꾸라지 같은 학부모 한 사람으로 인하여 일어난 것이다. 그리하여 수많은 사람들이 막대한 피해를 입게 되었다.

또 하나는, 어차피 사업을 하려면 조금이라도 젊은 나이에 시작해야 좋을 것이고, 혹 사업이 잘 안 되더라도 아내가 직장에 계속 다닐 것이기에 믿을 언덕이 있었다. 또한 실패하면 더 늦기 전에 재기할 수 있는 시간도 필요하다고 생각되어 과감히 사직하기로 결정을 하고 사표를 냈다. 너무나 기쁘고 행복한 마음에 차를 몰고 양수리 방향으로 드라이브를 하였다. 실컷 드라이브를 하고 집에 돌아왔는데 사표 쓴 소리를 들은 집안은 초상집 분위기였다.

아내는 처음에 예수 믿는 집 장로의 아들, 안정적인 공무원, 그중에서도 선생님이라는 조건이 마음에 들어 결혼을 결정했던 터라, 나의 사표에 못내 아쉬워하고 안타까워했지만 나를 막지 못했다. 이렇게 빨리, 더 많이 고민하지 않고 쉽게 결정을 내린 내가 많이 원망스러웠을 것이다. 그렇지만 그 일로 가정불화를 일으키거나 갈등이 오래가지는 않았다. 아내가 워낙 순하고 성품도 좋고, 인내심이 많기 때문이었다.

주변 사람들은 나에게 '정신 나간 놈'이라든가 '미친놈'이라고들 하거나 "왜 그렇게 좋은 직장을 그만두었냐?"라고 탓하는 말들이 많았다. 하지만

나 혼자는 너무 행복했다. 유일하게 오직 한 사람, 대기업인 GS 칼텍스의 전무(공장장)였던 친구 태경이만큼은 "대단하다, 참 잘했다" 하며 격려하고 지지해주었다.

로마서 1장 1, 6절 "예수 그리스도의 종 바울은 사도로 부르심을 받아 하나님의 복음을 위하여 택정함을 입었으니…너희도 그들 중에서 예수 그리스도의 것으로 부르심을 받은 자니라."

나를 연단하신 하나님

04

잠언 17장 3절

"도가니는 은을, 풀무는 금을 연단하거니와 여호와는 마음을 연단하시느니라"

갈등에
휩싸인 가족

　교직에 사표를 내기 몇 개월 전부터 아버지가 병환으로 누워 있게 되었다. 지난 해 말에 누님 집에 잠시 다니러 가셨던 어머니께서는 화장실에서 넘어지셔서 갈비뼈가 부러지는 사고를 당하여 입원하게 되었다. 어머니가 돌아오시기만을 기다리던 아버지께서는 어머니가 다치셔서 병원에 입원하였다는 소식을 전하자 충격을 받으셨는지, 그날부터 거실에 있는 소파에 누운 후 식사도 잘 하시지 못하고 아예 잘 일어나지를 못하셨다.
　그날 이후로 아버지는 일어날 기운을 못 찾으시고 서서히 기력을 잃으셨다. 물론 대소변을 받아내는 일은 모두 내가 도맡아서 했다. 아버지는 30년 동안 앓으시던 전립선 질환과 방광결석 때문에 요도에 늘 소변줄을 끼고 지내셔야 했기에, 병원과 의료기 상사를 오가면서 아버지를 간병하는 일은 때마침 사표를 내고 사업을 준비하던 나의 주된 일과였다. 하지만 참 행복한 시간이기도 했다.
　어머니가 거의 회복되어 집에 돌아오셨지만, 아버지는 누워서 꼼짝도 못하실 만큼 기력이 쇠하셨고, 하루 종일 겨우 딸기 우유 몇 모금만 드시고 일체 아무것도 드시지 못하는 지경에 이르렀다. 그렇게 10개월을 누워 계셨다.

그런 와중에 둘째 형이 운영하던 회사가 그 당시 80억이 넘는 커다란 금액의 부도를 내게 되었다. 집안에 엄청난 큰일이 벌어진 것이다. 부도가 난 형은 해외로 피신을 하게 되었다. 같은 회사에서 함께 일했던 큰형의 아들 현상이와 둘째 누나의 아들 영민이가 법적으로 크게 책임을 져야 할 문제가 생기게 되었고, 회사는 풍비박산(風飛雹散)이 나는 위기가 도래하였다. 그 와중에 병환 중에 계시던 아버지는 11월 29일 끝내 하늘나라로 가셨다.

아버지가 살아 계실 때 그렇게 우애가 좋던 우리 형제들이 자식들과 관계된 어려움이 생기자 그 어려움이 갈등으로 확대되기 시작하였다. 사업이 부도가 나고, 아버지가 돌아가시는 충격이 일시에 밀려왔기에 우리 가족들은 걷잡을 수 없는 갈등의 소용돌이에 빠져들게 되었던 것이다.

이 갈등은 좀처럼 해결될 기미가 보이지 않았다. 직접적인 관련은 없었지만, 이러한 갈등을 해결하고 모두를 회복시킬 적임자가 나라고 여러 사람이 말하기에 이르렀다. 이미 사표를 내고 사업을 준비하던 나는 '내가 가서 정리하고 관련된 모든 사람들을 살려봐야지!'라는 단순한 생각으로 회사에 뛰어들게 되었다. 내가 들어가기 얼마 전에 회사를 살리겠다고 큰 누님의 아들인 조카 용주까지 뛰어들어 네 집안이 엮인 데다가 나까지 개입하게 되었으니, 잘 해결되기를 바라는 마음뿐이었다.

지나고 보니, 나는 아무런 준비도 없고 경험도 없었다. 또한 가장 중요한 건 하나님과의 깊은 상의가 없이 내 판단만으로 뛰어들었던 것이다. 불구덩이에 혈혈단신(孑孑單身)으로 불쏘시개가 되었던 것이다.

가족 간의 갈등이 봉합되는가 싶었는데, 부도난 회사의 뒤처리는 이루 말할 수 없이 어려움이 많았다. 함께 살려보자고 했던 조카들은 각자 뿔뿔이 자기 길로 갔다. 여기저기서 빚쟁이들이 들이닥쳐서 난리를 치고, 쌓인 부채며 외상값이며 보증 채무 등으로 편할 날이 없었다. 그 세월이 6~7년이 되었다.

갈등에 휩싸인 가족

위기의 가족은 쉽게 회복되지 않았다. 한 번 금이 간 관계는 쉽사리 회복이 어려웠다. 처음의 순수한 마음이 오해로 점철되었고, 나 스스로가 고난의 늪 속으로 점점 더 깊이 빠져들었다. 그 속에서 나는 무릎에서 허리춤까지, 허리춤에서 가슴으로, 가슴에서 목덜미까지 고통의 늪에 잠겨서 숨만 겨우 쉬는 존재가 되어 갔다.

내가 가장
존경하는 분

내 생애에 가장 존경하는 분은 우리 아버님, '유', '기' 자, '종' 자, 장로님이시다. 가장 존경하는 이유 중 하나는 일찍부터 기독교 신앙을 받아들이시고, 우리 가문에 신앙을 유산으로 주셨기 때문이다. 그로 인하여 나와 우리 가문이 그리스도 안에서 복되고 행복한 삶을 살 수 있도록 위대한 선택을 하셨고, 가장 소중한 유산을 우리 자녀들에게 물려주셨기 때문이다.

우리 아버지는 1911년 11월 26일(양력 1912. 1. 14. 주일) 전라북도 김제군 금구면 낙성리에서 3남 1녀 중 맏이로 태어나셨다. 일찍이 생모는 돌아가셨고, 두 번째 어머니 밑에서 자라셨으며 어려서 한학을 배우셨다고 한다. 시딩에 다녀오는 어느 겨울에 누런 코를 흘리며 추위에 떠는 불쌍한 아이들을 보면 웃옷도 벗어주고, 코도 닦아 주며, 때로는 집에까지 데리고 와서 밥도 먹여주는 등 어려서부터 마음이 따뜻하고 주변 사람들에게 베풀기 좋아하는 사랑이 많은 분이셨다.

그런데 우리 할아버지께서 술을 과하게 좋아하시고, 노름도 꽤 좋아하셔서 가산이 다 탕진되었다. 살 길을 찾아 일본 사람이 경영하는 집단 농장이 있는 진봉면 땅까지 도지를 받으러 온 가족을 이끌고 소작농으로 이사를 오게 되었다고 한다. 청년 시절부터 부지런하고 성실하게 살아가시던 중 스물네 살에 어머니를 만나 결혼을 하셨고, 아마 결혼 전부터 기독교 신앙을 갖게 되었던 것 같다.

비록 소작농 생활이었지만, 형제들을 다 거두고 막내 처남까지 거두면서 자수성가하여 해방 후에는 정미소를 운영하는 부자가 되기도 하였다. 버스를 사서 여객 운송업을 하기도 하셨다. 6·25 전쟁 후 자유당 정부 시절에는 반공청년단을 이끄는 청년단장 역할을 하셨고, 전라북도 초대 도의회 의원을 지내시기도 했다.

이후에 상수내로 옮기셔서 정미소를 운영하셨고, 다시 광활면 옥포리 회령 12조(십자공굴 마을)로 이사하신 후 몇 년 동안 간척사업을 하셨다. 끝내는 그 사업이 실패하여 재기하지 못하시고 여생을 마치셨다.

우리 아버지는 언제나 부지런하고 성실하셨다. 늘 새벽에 일찍 일어나셔서 초저녁에 주무실 때까지 한 번도 낮잠을 주무시거나 한가하게 집에서 지내시는 것을 본 적이 없다. 남을 생각하는 마음은 지나칠 만큼 엄청나셨다.

한번은 동네에 한참 어린 후배가 감기로 몸져 누웠다는 소리를 들으시고 곧바로 약을 지어 그 집을 방문하는 일도 있었다. 당장 몸이 편찮으신 어머니보다 그 사람이 먼저일 정도로 우리 집안 사정이나 어려움보다 이웃의 어려움을 항상 먼저 챙기시는 분이셨다.

그리고 정규 공교육을 전혀 받은 바 없으셨던 우리 아버지는 "말 잘한다, 유기종!"이라는 소리를 들을 정도로 여러 사람 앞에서 아무런 원고도 없이 연설을 참 잘하셨다. 나는 아버지가 연설이 있는 날에 중얼거리시면서 준비하는 모습을 여러 차례 목격했다. 그 연설은 전체적인 내용도 좋을 뿐만 아니라, 조리 있고 체계 있고 논리정연하고 설득력이 있었다. 그래서 연설을 들은 많은 청중들은 열렬한 호응을 하기도 했고, 모두가 공감하고 지지하면서 따르는 경우가 많았다.

평소에 짠 음식을 좋아하셔서 밥상에는 늘 간장 종지가 있어야 했는데 음식을 편식하지는 않으셨다. 특히 떡을 좋아하셔서 한자리에서 닷 되 떡을 드신다고 하여 별명이 '닷 되 떡'이시기도 했다. 장부가 좋아서 배탈이 나거나 소화가 안 되어서 어려워하신 적이 한 번도 없었다. 아버지의 장부를 닮은 나도 아직까지는 소화 때문에 배가 아팠던 적은 없는 것 같다. 어머니를 닮은 형제들은 이가 다 좋고, 일찍부터 틀니를 하셨던 아버지를 닮은 나를 비롯한 형제들은 여지없이 이가 좋지 않다.

홍어탕이나 복어탕을 특히 좋아하셨고, 메기 매운탕을 많이 좋아하셔서 아버지 생전에는 맛집이라고 소문난 곳을 찾아다니며 여러 번 사드린 적도 있었다. 그때마다 맛있게 잡수시던 모습이 생각난다.

우리 아버지에게 가장 없으셨던 것 하나를 뽑으라면 단연코 손꼽을 수 있는 것이 '돈 욕심!'이다. 평생을 주머니에 돈이 남아 있으면 안 되는 분이셨다. 크든 작든 돈을 아낌없이 잘 쓸 줄 아시는 분이셨다. 그러면서 '돈은 값지게 벌어서 값지게 써야 한다'는 것을 신념처럼 여기고 강조하며 사신 분이셨다.

제일 가치 있게 여기신 것이 신앙의 유산이었고, 그 유산을 잘 물려받기를 가장 원하셨다. 그 덕에 우리 형제들은 신앙의 유산을 받은 것이다. 그 소중한 유산을 우리들에게 남기시고, 2001년 11월 29일 23시 40분 하나님 품으로 홀연히 떠나셨다. 마지막 떠나시는 모습은 고통이 전혀 없이 너무나 평안하고 화평한 천국행 모습이셨다.

형제 우애는 물론 먼 친척까지 대소사를 다 챙기시고, 우리에게도 우애하며 살기를 강조하시고 원하셨다. 그리고 우리 가문이 크게 유전적 질환이나 오랜 지병이나 손가락 한 마디라도 장애가 있는 가족이 한 사람도 없는 것을 늘 감사하고 자랑삼아 말씀하시곤 하셨다. 늘 좋아하셔서 즐겨 부르시던 찬송은 '고요한 바다로, 내 평생 소원 이것뿐, 저 높은 곳을 향하여, 만입이 내게 있으면' 등을 즐겨 부르셨다. 지금도 우리 아버지의 숨결이 느껴진다. "보고 싶은 우리 아버지! 정말 사랑하고 존경합니다."

격랑 속의
연말연시

2001년 말과 2002년 초까지 나에게는 격랑이 시작되는 시기였다. 평소 같으면 조용히 한 해를 정리하고 새해를 준비하면서 차분하고 진중하게 보내는 시기였지만, 이때는 전혀 그럴 수가 없었다.

형님 회사의 부도 사태로 인하여 가족 간에 서로 복잡하기도 하였고, 그 와중에 아버님의 장례 후 뒤처리도 해야 했다. 그리고 부도가 난 회사도 어수선하여 조카들이 복잡하게 얽혀 있는 문제들을 풀어서 형제간에 이전의 관계를 회복해야 하는 등의 산적한 과제가 있었기 때문이다.

이 무렵 제일 많이 만났던 사람이 옥영호 전무이다. 이분은 형님이 경영하는 회사의 일을 오랜 시간 동안 형님의 가장 가까운 거리에서 도우며 관여했던 사람이고, 그 시점에서 회사의 모든 상황을 가장 많이 알고 있는 사람이었다. 그뿐만 아니라 회사의 정상화에 대한 의지와 열정, 그리고 대처할 방안을 갖고 있는 중요한 사람 중 하나였기 때문이다.

옥 전무와 내가 직접 만난 것은 몇 차례 되지 않았지만, 어느 순간부터 대놓고 나에게 함께 회사를 살려보자고 수차례 권유한 사람이다. 그러면서 회사의 전후 상황을 모두 이야기해 주었으며, "당신이 나서서 해결할 적임자"라는 말을 수차례 하면서 내가 나서기를 종용하기도 하였다. 옥 전무 자신도 회사의 부도로 인하여 보증 채무를 지고 있었고, 앞날을 내다보았을 때 나를 앞세우면 아무래도 자신에게 도움이 될 것으로 생각했을 것 같다. 더군다나 혹하게 들린 한마디는 "급한 돈 얼마만 있으면 문제는 잘 해결될 것이고, 회사는 곧잘 돌아가고 안정될 것"이라는 말이었다.

그 시기에 부도어음 사건으로 잠시 피해 다니고 있던 조카 영민이를 만났다. 회사의 현재와 미래에 대하여 가장 많은 걱정을 하며, 자신의 현실과 미래에 대해 많은 염려를 하고 있었다. 그러면서 나이로 보나 위치로 보나 현재 상황을 가장 잘 돌파하고 앞으로 기대를 해볼 만한 사람은 삼촌(나를 지칭함)이라고 하면서, 자신은 앞으로 이런 일(이삿짐 회사)은 절대 하지 않을 것이며, 다른 새로운 일을 하겠노라고 하면서 삼촌이 나서면 딱 좋을 것 같다고 했다.

다음으로는 현상이를 만났는데, 나에게 아예 작은아버지가 나서야 한다고 강력하게 권유하였다. 그러면서 자신도 열심히 하겠으니 같이 회사를 일으키자고 하면서 작은아버지만이 이 사태를 수습하고 다시 일으킬 수 있는 적임자라고 나에게 나서줄 것을 간곡히 요청하였다. 영민이나 현상이 둘 다 부도 당시에 계열사의 대표로 있었기에 각자 보증 채무가 많았다. 부정수표 단속법의 단속 당사자가 되어서 아무것도 할 수 없는 상황이었고, 스스로 당장 빠른 시간 내에 해결할 수 있는 상황이 아니었다.

중요한 깃은 부도가 나서 급하게 새로운 법인회사를 만들기는 했지만 원 소유주인 형님의 동의를 받는 것이었다. 연락이 두절되고 어느 나라, 어느 곳에 있는지도 모를 사람에게 연락할 방법이 없었다. 그 문제는 옥 전무가 알아서 맡겠다고 했다.

갑자기 문제가 점점 복잡해지기 시작했다. 하지만 나에게 결정적인 실수와 결함이 있었다는 것을 알지 못했다. 그것은 지금까지 매사에 그랬듯이 가장 중요하고 가장 우선순위를 먼저 두어야 할 일, 그 일을 알지도 생각하지도 못했던 것이다.

그것은 바로 하나님의 자녀인 내가 무슨 일이든지 일을 시작하기 전에 먼저 하나님께 뜻을 묻지 않고, 인간적이고 좁은 내 생각과 계획만으로 먼저 앞으로 달려 나아가면서 하나님께는 도와 달라고 떼를 쓰고 있다는 사실이었다. 그것을 깨달은 시점은 그 뒤로도 죽도록 고생을 하고 난 몇 년 후였다. "주여! 이 무지한 저를 불쌍히 여겨 주시옵소서."

대표이사 취임?

2002년 2월 25일, 어렵게 법인회사의 대표이사가 되었다. 대표이사 등기 전에 풀어야 할 문제들이 많았지만, 첫 번째 문제는 부도 후 계열사를 비롯한 은행권에 해결하지 못한 보증 채무의 문제가 있었기에 그 보증을 내가 승계해야만 했다. 그것이 선결 조건의 하나였다. 또 하나는, 자회사였던 에보스페이스라는 회사와의 정산 관계가 있다고 하여 무려 삼천만 원이나 되는 돈을 마련하여 넘겨주어야 했다. 사실 나는 자세한 영문도 모른 채였다. 지나고 생각해 보니 내가 바보라는 생각이 들었지만, 그 상황에서는 피할 수 없는 관문이었다.

취임 후 당장 급한 불이 공사 경비와 매주 주급으로 지급하는 인건비였다. 말이 대표이사이지 나는 서서히 돈을 만들어 대는 기계가 되어 가고 있었다. 처음에는 그동안의 퇴직금으로 조금 가지고 있던 이천만 원을 넣었다. 그야말로 금방 흔적도 없이 사라지는 마른논에 물 대기였다. 아내에게 말하였더니, 아내는 다시 자기 친구들에게 부탁을 하였다. 워낙 평소에 보증수표같이 살아서였는지는 몰라도 금방 두 친구에게서 오천만 원의 거금을 빌려다 주었다. 대표 취임 비용이 칠천만 원이나 되었다.

아니, 돈 몇 푼만 있으면 해결이 된다더니… 그 칠천만 원의 자금으로도 한 달을 못 버티게 되었다. 그 당시 많은 거래처들이 있었고, 대부분의 거래처들이 새로운 법인으로 원만하게 거래를 잘 교체해 주어서 어느 정도 꾸준히 일은 많이 할 수 있었다.

하지만 주 거래처이자 회사의 매출 비중이 큰 회사들은 대부분 곤지암 물류센터(부도 전부터 회사 소유의 곤지암 물류센터가 있었음 - 부도 후 경매로 채권자들에게 넘어감)에서 이미 독립적으로 특수사업부로 운영하던 정 상무(조카 영민이)가 별도로 운영을 하였다. 더 큰 문제가 된 것은, 부도 이전 거래처들의 각종 미지급금에 대한 상환 독촉이었다. 당장 버는 것은 현상 유지하기도 바쁜데 묵은 빚을 갚으라는 독촉들이 시작되었기 때문이다. 내가 미처 생각하지 못했던 일들이었다.

근본적인 해결책을 찾아본 바는, 곤지암 창고와 컨테이너 창고의 운영과 관리, 그리고 곤지암 특수사업부의 모든 거래처와 매출을 본사로 일원화하여 관리하고 운영해야 한다는 것이 결론이었다. 하지만 그 과정에서 당장 갈등이 생겼다. 나보다 이미 몇 년을 앞서 거래처 관리, 영업, 매출과 보관비 수입 내용과 회사의 과거와 현재와 미래를 훤히 잘 알고 있는 정 상무가 쉽사리 응할 리가 없었다. 모든 것에 대해 아직 잘 모르던 나는 자연히 옥 전무의 의견에 귀를 기울일 수밖에 없었고, 옥 전무는 반드시 통합하여 일원화해야 생존할 수 있다고 강하게 어필하였다. 처음에 생각하지 않던 갈등이 점점 심화되었다.

결국은 대표이사 취임 두 달 만에 한쪽 다리가 잘려나갔다. 정 상무가 독립을 선언하고 곤지암 특수사업부의 모든 영업권과 창고 수입을 갖고 별도로 나가서 법인을 설립해 버렸다. 아무런 능력이 없던 나는 몇 차례 설득하면서 같이 가야 한다고, 같이 가자고 통사정을 하였지만 끝내 아무런 소용이 없었다. 그렇게 독립한 회사가 현재 국내 최대의 이사업체가 된 일사천리시스템이다.

하나님께서 나에게 주신 소중한 재능(才能: 어떤 일을 하는 데 필요한 재주와 능력, 개인이 타고난 능력과 훈련에 의해 획득된 능력) 중 한 가지는 위기에 대처하는 대응 능력이다. 나는 살아가는 가운데 위험한 상황이나 갑작스런 위기에 처하게 되면 오히려 마음이 차분해지고 진중해진다. 그 덕분에 위기의 상황이나 위험한 상황을 대처하는 데 큰 도움이 되고, 오히려 그 위가를 긍정의 에너지를 발휘하는 좋은 기회로 삼기도 했다.

그 당시에도 커다란 위기를 맞이한 순간, 차분하게 대처할 방법과 위기를 극복할 지혜를 모으기 시작했다. 처음에 마음먹기로는 부도를 맞은 형과 조카 두 사람이 각자 잘 도생하여 당장에 처한 어려움들을 잘 극복하고 살길을 찾아가는 데 나는 중간의 가교역할을 자임하고 간 것이었다. 그렇기에 오히려 빠르긴 했지만 잘된 일로 생각하며 위안을 삼기로 했다. 20년이 지난 지금 생각해 보니, 나는 그 일로 인하여 몇 배의 고통과 어려움이 있기도 했지만, 한편으로 생각하면 잘된 일로 생각되기도 한다.

내가 이 세상을 살아가는 동안 하나님께서는 늘 나를 품에 안고도 가시고, 등에 업고도 가시고, 때로는 내 손을 잡고도 가셨다. 나는 알지 못했지만 모든 일에 함께해 주셨고, 하나님의 섭리 안에서 인도하고 계셨음을 이제야 깨닫고 그 하나님께 무한 감사를 드린다.

〈나의 등 뒤에서〉

1. 나의 등 뒤에서 나를 도우시는 주
  나의 인생길에서 지치고 곤하여
  매일처럼 주저앉고 싶을 때 나를 밀어 주시네
  일어나 걸어라 내가 새 힘을 주리니
  일어나 너 걸어라 내 너를 도우리

2. 나의 등 뒤에서 나를 도우시는 주

평안히 길을 갈 땐 보이지 않아도
지치고 곤하여 넘어질 때면 다가와 손 내미시네
일어나 걸어라 내가 새 힘을 주리니
일어나 너 걸어라 내 너를 도우리

3. 나의 등 뒤에서 나를 도우시는 주
   때때로 뒤돌아보면 여전히 계신 주
   잔잔한 미소로 바라보시며 나를 재촉하시네
   일어나 걸어라 내가 새 힘을 주리니
   일어나 너 걸어라 내 너를 도우리

진 빠지고 맥 풀리는 경험

처음부터 사업을 인계받은 것이 잘못 꿰어진 단추였다. 내 성격대로 면밀한 분석이 없이, 물 빠진 독에 빠져 있는 기존 실패자들의 이야기만 듣고 먼저 시작한 것이 큰 잘못이었다. 언젠가는 깨진 가족의 관계가 회복되고, 부도나고 피해 다니는 형이나 어려움을 당한 조카들도 다 회복되고 잘사는 날이 오게 하겠다는 순수하고 순진한 마음 하나뿐이었다.

하지만 그런 생각도 잠시, 곧바로 이전에 남았던 부채들이 그대로 승계가 되기 시작하였다. 대부분의 알짜배기 거래처들은 조카 둘이서 다 가져갔고, 부도 이전의 채무는 그대로 살아 있었다. 이전의 채무가 무슨 소용이냐고 반문할 수도 있겠지만 그때 상황은 그렇지 않았다. 상호도 비슷하고, 직원도 그 직원들에, 더군다나 채무자 동생이 직접 운영을 하고 있고…. 물론 법적으로는 법인이 달랐기 때문에 법정에서 다투면 책임을 면할 수는 있었지만, 다툴 시간도 여유도 능력도 없는 상황이었다.

그 당시는 법원에서 통장 가압류를 쉽게 허용해 주는 제도가 있었다. 빚쟁이 하나가 회사 통장을 압류하면 전체 계좌가 압류되고, 일체의 돈을 출금할 수가 없었다. 법적 다툼 이전에 당장 회사의 모든 경비 지급이 막히기에 하루하루를 지탱하기에 너무나 힘들었다. 직원들은 임금을 제때 주지 않는다면서 일을 안 나가겠다고 태업을 하고, 매일매일 식비와 주유비 등 당장 운영비를 마련해야 하는 등 피를 말리는 전쟁이 날마다 있었다.

한 번의 압류를 풀기까지는 피나는 노력을 해야 했다. 다시 차용증을 써주고 사정을 하기도 했고, 협상하여 급히 여기저기서 빌린 돈으로 해결하기도 하면서 하나하나를 해결해 나갔다. 통장 압류를 해결하고 조금 안도하고 있는 때에 경리가 또 말한다. 다른 곳에서 또 압류되었다고…. 이렇게 반복하기를 수차례였다. 이러지도 저러지도 못하는 곤경에 깊이 빠져들었다. 마치 들자 하니 무겁고, 놓자 하니 깨지는 형국이었다.

바둑을 둘 때 지게 되면 돌을 던져야 하는 시기가 있고, 사업을 할 때도 시작하는 시기도 있지만 접어야 하는 시기도 있다. 그래야 다시 재기할 수도, 기회를 다시 잡을 수도 있는 것이다. 그런데 그 당시 나는 그런 기회도 방법도 얻지 못했다. 지나고 보니 바로 접고 새로운 방법을 모색해야만 했었다. 하지만 그때 하지 못했으니 후회한들 무슨 소용이 있으랴!

각고의 노력 끝에 한 가지 문제를 해결하고 나면 또다시 더 큰 문제로 압류가 되었을 때는, 몸에서 일순간에 피가 싹 빠져나가고 진이 빠지는 경험을 여러 차례 반복하는 것이 일상이 되었다. '아! 사람이 진이 빠진다는 말을 이럴 때 쓰는 것이구나!'라는 생각이 들었다. 그래도 나는 좌절하지 않고 이 모양 저 모양으로 도우시는 하나님을 의지하면서 고비 고비를 극복하고 이겨냈다. 아마 내가 하나님을 모르고 신앙생활을 하지 않았다면 나는 그 고비를 넘길 수 없었을 것이다.

욥기 14장 14절 "장정이라도 죽으면 어찌 다시 살리이까 나는 나의 모든 고난의 날 동안을 참으면서 풀려나기를 기다리겠나이다."

그런 시간이 5~6년 동안 이어진 것 같다. 오랜 시간이 지난 지금은 내가 이 글을 쓰고 있지만, 그 시절 극단의 어려움을 어떻게 극복했는지 지금은 생각만 해도 끔찍하다. 하나님께서는 어쩌면 나에게 주어진 상황을 통해 연단과 훈련의 기회를 주셨고, 하나님께서 쓰실 만한 그릇이 완성될 때까지 나를 만드시며, 은혜와 사랑으로 인도하셨다고 회상하고 있다.

내촌 땅과
컨테이너

부도가 난 회사의 자산으로 남은 것 중 내수용 컨테이너(수출용 컨테이너보다 가볍고 저렴하게 만들어서 짐 보관 용도로 쓰이는 컨테이너) 80개가량이 있었다. 원래 물류 창고로 쓰이던 곤지암 땅과 창고를 낙찰자에게 비워주어야 했기에 그곳에 남아 있던 컨테이너 중 처분하고 남은 일부였다.

당장 컨테이너를 놓아둘 부지가 없었다. 한두 달가량을 찾아 돌아다닌 끝에 파주시 봉일천 부근 야산에 있는 공터를 구하게 되었다. 당시 회사 위치가 고양시 덕양구 화전동이었기에 거리가 멀어서 거의 매일 창고에 다니기에는 시간과 운송비가 많이 들기는 했지만 선택할 여지가 없었다.

이 무렵 한솔교육이라는 학습지 회사(지금은 현상이 거래처)가 주 거래처였는데, 컨테이너 창고에 짐을 보관하고 있어서 많은 도움이 되기도 했다. 이후 회사가 점점 더 어려워지고, 무엇보다도 부도 이전 회사의 채권자들의 시달림에 못 이겨 회사를 남양주시 양정역 부근으로 이전하게 되어서 다시 컨테이너 보관 장소를 옮겨야만 했다.

아무 땅이나 옮겨 둘 수도 없었다. 전(田)이나 답(畓)은 놓을 수가 없고 그린벨트가 아닌 지역 중에 지목이 잡종지(雜種地)여야만 했다. 그린벨트

지역이거나 전이나 답에 적재하게 되면 매년 컨테이너 보관료 수입보다 훨씬 더 많은 상당한 금액의 벌금이 부과되기 때문이다.

나는 지목이 전(田)으로 되어 있는 땅을 찾아냈고, 매우 어렵기는 했지만 하는 수 없이 빚을 내어 구입하였다. 그리고 컨테이너를 옮겼다. 그렇게 구한 땅이 포천군 내촌면 내리에 있는 땅이었다. 1년여에 걸쳐서 공장부지 허가(잡종지보다 더 윗등급)를 얻었고, 어렵게 허가를 얻기는 했으나 워낙 자금이 부족하여 계속 시달리다 보니 일천 평의 반을 팔게 되었다.

처음 생각으로는 우선 당장 컨테이너를 보유해야 사업에 도움이 되고, 다행히도 보관 짐을 맡길 거래처가 있으니 대출 이자를 감당하고, 또 시간이 지나면 상황이 나아지리라고 생각되어 버텨나가고 있었다. 그러나 보관 창고의 80% 가량을 차지하던 주 거래처인 한솔교육의 보관 짐이 갑작스럽게 회사 자체 창고로 옮겨가게 되다 보니, 보관료 수입이 급감하게 되었다. 처음부터 매달 형님께 보내던 수백만 원씩의 돈을 더 이상 도저히 감당할 힘이 없었고, 회사는 점점 더 어려워져 가고 있었다.

할 수 없이 컨테이너는 모두 매각하여 형님께 전부 드리고, 땅마저 팔아야만 했다. 원래 그 땅은 돌아가신 장인어른 명의로 구입했는데, 복잡한 일이 한두 가지가 아니었다. 결국은 이 일로 장인어른에게 골치 아픈 일을 안겨드리는 불효를 하게 되었다. 이 일은 장인어른이 살아생전에 커다란 짐이 되었던 일로, 지금까지도 너무나 죄송하고 진심으로 속죄하고 싶은 마음이다. "장인어른! 정말 죄송했습니다!"

피할 길을 찾다

　이전 회사의 부채는 해결되지 않았다. 아니, 날이 갈수록 채권자들이 늘어갔다. 부도가 난 회사의 상호가 '이사박사 주식회사'였는데 새로 설립하여 내가 대표이사를 맡은 회사의 상호는 '주식회사 이사박사'였다. 게다가 같은 거래처와 같은 직원, 회사가 같은 장소이다 보니 누가 봐도 이름만 살짝 바꾸고 실제로는 같은 회사나 마찬가지였다. 법적 해석으로는 '상호 속용'에 해당된다고 하였다.
　피할 길이 없었다. 물론 법적으로 재판을 하게 되면 채무가 다 승계되지는 않는다. 그러나 나는 시간이 얼마나 걸릴지도 모르는 법정 다툼에 나설 수가 없었다. 당장에 사용할 경비와 매주 지급해야 할 인건비와 직원들의 월급이 밀리면서 회사 운영에 다른 피할 길이 전혀 없었다. 그렇다고 내가 가진 돈도 없었고, 어디서 돈을 빌릴 곳도 없었고, 금융권의 차입은 아예 말도 꺼낼 수가 없는 상황이었다.
　대부분의 묵은 채무는 차량 임차료, 자재비, 인건비와 개인 기업에서 할인하여 쓴 발행 어음 등이었다. 그리고 더 큰 것은 대표이사 취임 조건으로 승계를 받았던 수억 원이나 되는 은행 보증 채무가 있었다.
　주변의 조언은 새로 법인을 만들어 새롭게 시작하자는 것이었다. 지나고 보니 그 시기에라도 차라리 완전히 손을 떼는 것이 훗날 내 인생에 닥쳐올 이루 말할 수 없는 고난을 피할 수 있었던 기회였는지도 몰랐다. 하지만 다시 법인을 설립하기로 했다. 대부분의 업무는 옥 전무가 도맡아서 했다. 그렇게 만든 회사 이름이 이사피아(esatopia: 이사의 유토피아를 뜻하는 약칭)였다.

이때는 이미 조카 영민이가, 그 다음으로 조카 현상이가 각각 많은 거래처들을 가지고 독립해 나갔다. 일부 남은 것은 나머지 영업사원들이 흔들리는 회사를 떠나서 거래처 몇 개씩을 가지고 각자 도생의 길로 나가던 시기였다. 결국 새로운 법인으로 피할 길을 찾았지만 남은 거래처도 거의 없어졌고, 영업사원들도 거의 다 떠나서 이전에 시달림을 주던 채권자들은 피할 수 있었다. 하지만 회사는 껍데기만 남은 빈 깡통이 되었다.

이때 한 사람을 소개받았는데, 이 사람은 ㈜미원에 함께 재직하다가 현재 BBQ치킨을 창업한 윤홍근 회장과 호형호제하며 지냈으며, 프랜차이즈업으로 크게 성공을 이루는 데 윤 회장과 함께했던 강신호라는 사람이었다. 그 사람은 어떤 이유에서였는지 모르겠으나 윤 회장으로부터 팽당한 뒤에 프랜차이즈 관련업을 하다가 폭삭 망한 뒤 할 일이 없어 앞길이 막막한 나날을 보내던 중에 만난 사람이다.

브랜드를 이용하여 이사 프랜차이즈를 확장하여 돌파구를 찾고자 하는 생각에서 "당신에게 기회를 줄 테니 전국망을 구성해 보라"고 제안하여 회사에 합류한 사람이다. 처음에는 곧살 지점 계약을 성사시키는 듯도 했다. 라디오 광고도 했고, 30여 군데 지점도 계약하였다. 하지만 이삿짐 업체가 워낙 영세하다 보니 가맹비는 외상으로 하였고, 광고비와 월 브랜드 사용료는 말뿐이지 잘 나오지 않았다. 희망을 걸고 새로운 돌파구를 찾는 일은 얼마 되지 않아서 상당한 손실만 남긴 채 접어야만 했다.

그런데 이 친구가 회사에 욕심을 냈다. 그나마 어려운 회사를 살려야 하겠다고 하면서 자금이 조금만 더 있으면 잘 해낼 수 있으니 자금을 만들어 오라는 것이었다. 내가 회사에 발을 들여놓은 처음부터 옥 전무는

피할 길을 찾다

절대 가계와 회사의 운영은 철저히 분리하고 연결을 짓지 말라고 조언했는데, 이 친구는 그게 아니었다. 어렵게 마련한 아파트를 담보로 돈을 빌리기 시작하였다. 그러고도 자꾸 자금이 모자라자 자기 친구에게 우리 회사의 지분을 넘겨주면서까지 돈을 빌려오기도 했다.

점점 더 돈을 빌려오면서 회사 지분을 내놓으라고 나에게 종용하였다. 돈에 너무 시달리던 나는 그 사람 마음속에 있는 음모를 알아차리지 못하고 서서히 깊은 수렁에 빠져 들어가고 있었다. 그러던 어느 날 그에게 뇌졸중이 왔다. 그가 병원에 입원한 순간, 그동안 자세히 보지 못했던 회사의 자금 상황을 살펴보니, 이미 회사를 자기 것으로 만드는 작업을 하고 있었다. 한때는 어려울 때 자신을 구해준 나에게 "사장님이 나의 은인"이라고 말했던 자였는데, 이제는 나를 내쫓고 회사를 차지하려고 한 것이다.

하나님은 결코 나를 버리지 않으셨다. 결정적 시기에 그에게 뇌졸중이 왔고, 그의 술수를 막으신 것이다. 할렐루야! 그는 얼마 지나지 않아 치료 후 퇴원을 하고 회사를 떠났다. 하지만 그냥 떠난 것이 아니었다. 기존에 있던 거의 모든 직원을 언제 매수했는지 모두 다 데려다가 '샤인 이사'라는 회사를 차렸다.

나는 더 어려운 곤경에 빠지게 되었다. 절망 가운데에서 절망을 더하게 되었다. 하지만 나는 결코 낙심하지 않았고 특유의 정신력과 하나님을 의지하는 굳건한 믿음으로 다시 일어서기로 다짐하는 계기가 되었다. 그는 6개월 만에 문을 닫고 어디론가 잠적하였다. 그렇게 이사피아는 2009년까지 존립하였다.

고린도전서 10장 13절 "사람이 감당할 시험밖에는 너희가 당한 것이 없나니 오직 하나님은 미쁘사 너희가 감당하지 못할 시험 당함을 허락하지 아니하시고 시험당할 즈음에 또한 피할 길을 내사 너희로 능히 감당하게 하시느니라."

현상이의 독립

　내가 애당초 이사박사에 뛰어든 궁극적인 목표는 명확하였다. 당시 관련되었던 여러 사람들이 나를 필요로 해서 오라고 하였고, 때마침 사업을 하려던 내가 기회를 만나서 그 사업을 하려고 했다는 것은 억측에 불과하다. 요즘 표현으로 말하면 그런 생각은 '1'도 없었다. 오로지 내가 희생함으로 망가진 형과 두 조카의 회복을 돕고, 조각난 우리 형제들과 가족들의 관계를 회복하는 데 목표가 있었다.
　하지만 내 생각과는 다른 방향으로 흘러가게 되었다. 생각지도 않게 이 삿짐 사업은 절대 안 하겠다던 영민이가 3개월도 안 되어 독립해 나갔고, 현상이마저 독립하게 되었다. 낭초 복잡한 일이기에 목표가 조기에 달성되었다고 생각할 수도 있겠으나 그렇게 된 일은 아니었다. 왜냐하면 아직 나는 회사의 부도 이후의 뒷처리에 죽기 살기로 매진하는 때였다. 그리고 독립시킬 만한 제반 여건이 전혀 갖추어지지 않은 시기였기 때문이다.
　과정은 이랬다. 원래 조카 현상이는 내 친구가 다니던 택시회사에서 경리 업무를 보던 아가씨를 소개하여 결혼을 하게 되었다. 또 내가 이 사업을 하던 형에게 부탁하여 이사박사에 취직을 시켜 주었다. 당초에 맡은 업무가 현장 작업 인원을 배치하고 관리하는 업무였다. 정 상무가 독립해

간 후 얼마 지나지 않아 영업을 하고 싶다고 간청하여 영업을 하도록 거래처 몇 개를 맡겨주었다. 현상이는 처음부터 열정이 많았다. 그리고 본인이 참으로 열심히 영업을 했다. 급여로는 만족하지 못할 정도로 많은 매출을 올리게 되어 영업 실적에 따라서 수당을 주는 것으로 변경하였다.

워낙 영업을 열심히 하였고, 많은 수익이 발생하였다. 본인이 받아야 할 수당이 기하급수적으로 많아졌지만, 회사가 이를 감당할 수가 없었다. 왜냐하면, 가장 중요한 이유가 구 채권자들의 채무상환 요구와 회사 통장 가압류가 반복됨으로 인하여 수당 지급을 제때 다 할 수 없는 상황이 반복되었다. 물론 회사 운영에 쓰여야 할 자금이 과거 청산에 자꾸 쓰이다 보니 나로서는 어쩔 수 없는 진퇴양난(進退兩難)의 상황 속에 빠져서 고통을 겪게 되었다.

그래서 서서히 현상이를 독립시키기로 하였다. 처음에는 매출 이익금의 10%를 공제하고 나머지 90%를 지급하기로 계약하고 시작하였다. 당시에 회사가 200평의 부지에 시유지 100평을 점용하여 총 300평을 쓰고 있었는데, 건물은 2층으로 지어진 창고형 건물이었다. 그중 1층은 현장사무실과 일반 사무실, 그리고 일부는 자재 창고로 사용하였다. 2층은 중고가구 사무실과 큰형님의 큰딸인 조카 현주가 살림집으로 쓰고 있었다.

현주의 집에 큰형님과 형수님이 자주 오시곤 했는데, 어느 날은 나를 보자고 하시더니, 현상이와의 이익금 배분 비율이 너무 많다며 이익의 8%로 해 달라고 종용을 하셨다. 그러겠다고 했는데, 또 얼마 지나서는 5%만 받으라고 또다시 종용하셨다.

여러 번 반복되는 원치 않던 형님과의 갈등이 불편하여 원하는 대로 응하였다. 그런데 이번엔 얼마 지나지 않아 거래처 자체를 독립하여 만든 현상이 자신의 회사로 옮기는 일이 발생했다. 큰 문제가 발생한 것이다. 이미 옮긴 거래처 외에는 더 이상은 절대 임의로 거래처를 옮기지 않겠다는 각서를 받고 마무리를 지었다. 그렇지만 그 약속은 지켜지지 않았다.

서서히 하나씩 하나씩 거래처를 잠식해갔고, 결국에는 대부분의 좋은 거래처들이 모두 다 넘어가 버렸다.

옛 채무 문제로 시달리고, 경영 자체에 힘들어하던 나는 아무런 방비도 못한 채 속수무책으로 다 빼앗기게 되었다. 이를 목격한 다른 영업사원들도 하나둘씩 회사를 그만두겠다고 거짓말을 해대면서 관리하던 거래처를 몰래몰래 가지고 달아났다. 그 사람들이 봉○○, 홍○○, 한○○, 서○○, 이○○, 유○○, 서○○, 최○○ 등이다.

20년이 되어 가는 지금, 결과적으로 나의 목표는 다 이루어졌다. 먼저 독립하였던 영민이는 국내 최대 규모의 이사업체 대표이사로 성장하였고, 현상이도 본인의 금융문제와 법적인 문제 모두를 해결 받고, 탄탄한 거래처를 유지하며 회사의 대표이사로 경영을 잘하고 있다. 형도 나름대로 안정적으로 자리를 잡고, 작지만 하고 싶었던 꽃가게를 운영하며 살고 있기 때문이다.

빚 얻는 전문가

　아마 우리나라에서 빚 얻는 전문가 자격증이 있다면 나는 곧바로 자격증 취득을 할 수 있을 것 같다. 그것도 일등으로 말이다. 아니면, 부채 얻는 방법에 대한 강좌가 있다면 강의도 할 수 있을 정도가 되었다. 혹 학위를 주는 데가 있다면 박사학위를 받을 정도로 많은 방법을 알고 있다. 그만큼 빚을 많이 얻어 보았고, 빚 얻는 것을 연구하였다는 의미이다. 매우 서글픈 일이었다.
　어려서부터 경제관념에 대한 특별한 배움을 경험하지 못하였고, 지식도 별로 없이 그동안의 가정 살림은 100% 아내에게 월급을 통째로 맡기고 살았는데, 아무런 준비나 훈련도 없이 덜컥 어렵게 회생하려는 부도가 났던 회사의 대표가 되다 보니 자금관리가 잘되지 않았다. 처음부터 관리고 뭐고 할 것도 없었다. 애초 시작부터 부도났던 회사의 뒷처리를 하러 갔기에 들어오는 수입이 정당하게 회사 운영을 위한 지출만으로 쓰이지 못했다. 정상적인 회사 운영과 직접적 상관이 없는 지출을 계속해야 했기 때문이다.
　아마 이러한 시간이 5년 이상 지속되었던 것 같다. 각종 세금의 체납과 4대 보험료 체납이 계속되어서 압류와 해제가 반복되었다. 허름한 화물차량 몇 대 있는 것도 제때 세금을 못 내서 계속 체납이 쌓였다. 보험도 일년씩 들 돈이 없어서 한 달씩 들거나 며칠씩 들 때도 있었고, 때로는 책임보험만 들고 위험을 감수하며 운행을 할 수밖에 없을 때도 많았다. 게다가 형에게 주기로 약속한 생활비가 밀릴 때마다 형수로부터 이루 말할 수 없는 독촉을 받아 여러 말을 들어야 했고, 때로는 견디기 힘든 일도 여러 번 있었다.

그러다 보니 제1금융권의 채무가 넘쳐나서 제2금융권에 무리한 대출을 받게 되었다. 시간이 가면 갈수록 제2금융권도 부채가 차고 넘치다 보니, 주변에 얻을 수 있는 개인 사채나 고리대금까지 손을 벌리게 되었다. 날마다 빚 얻는 방법만 머리가 터지게 연구하고, 어떻게든 당장의 상황을 모면하려는 노력만 하게 되었다.

사람이 궁지에 몰리면 수단과 방법을 가리지 않고 주변 사람을 이용하려고 하고 거짓말도 서슴지 않게 하게 되고, 얼굴에 철판을 깔고 갖가지 술수를 부리게 된다는 것을 그때 경험했다. 빚 갚을 대책도 없고 그 빚을 못 갚을 수가 있다는 것을 알면서도 "곧바로 갚는다" 하고, 돈이 들어올 곳도 없으면서 "돈이 들어오면 바로 갚는다"라는 거짓말을 하게 된다. 또 "며칠 동안만 잠깐 빌려주면 며칠 안에 갚을 수 있다"라고 거짓말을 하게 된다. 나올 돈은 이미 다른 곳으로 갈 곳이 진즉에 정해져 있음에도 말이다.

실제로 그렇게 빌린 돈이 있었고, "며칠 안에 갚는다" 했던 돈을 5년이 걸리거나 10년이 걸려서 갚기도 했다.

수배자 신세

"살다 살다 별일을 다 겪는다"는 말이 있다. 그 별일을 내가 직접 겪었으니, 정말 기가 막힐 노릇이었다. 어느 날 무심코 여느 때처럼 견적을 하러 아침 일찍부터 부지런히 돌아다닐 때였는데, 검문소에서 내 차를 세우더니 신분증을 달라는 것이었다. 그럴 일도 전혀 없고, 내가 무슨 잘못을 저지르거나 사고를 내고 도망친 적도 없는데 말이다.

신원조회를 마친 경찰이 나에게 잠시 차에서 내리라는 것이었다. 어이없는 표정으로 검문소 안으로 들어갔다. 그랬더니 나에게 하는 말이 "당신은 벌금 미납으로 수배가 되었으니, 당장 벌금을 내든지 아니면 경찰서에 가든지 하라"는 것이었다. 기가 막히고 코가 막힐 지경이었다. 도대체 이게 무슨 날벼락 같은 말인가? 이제는 수배자까지 되고, 감옥에 들어가야 한다는 말 아닌가?

자세히 물으니, 이런 일 때문이었다. 이삿짐 회사인 이사박사는 주로 정규직보다는 일용직이 대부분이었다. 그 일용직들은 그야말로 일이 있으면 나와서 하루하루의 일당을 받아갔는데, 당시에는 일주일에 한 번씩 주급 형태로 일당을 주었는데, 그것이 화근이 되었다.

근로기준법상 한 달에 15일 이상 일하고, 3개월 이상 근무하면 정규직으로 인정을 하고, 그렇게 1년 넘게 일하면 일용직을 하더라도 정규직처럼 퇴직금이 발생하게 된다는 것이다. 그래서 그 대상자가 노동청에 퇴직금을 청구하였고, 다시 노동청에서는 검찰에 고발하게 되었다. 그런 과정을 거쳐 검찰에서 벌금을 부과하였는데, 복잡한 상황 속에서 이를 미처 인식하지 못하고, 벌금을 기한 내에 납부하지 않았던 것이다. 물론 몰라서 못 내기도 했지만 납부할 수 있는 여유도 없었다. 그 돈이 불과 20~30만 원 정도였던 것으로 기억한다.

어쩔 수 없이 만만한 아내에게 급히 연락을 취하였다. 어떻게 급히 마련했는지는 모르겠지만, 나는 금방 풀려 나올 수 있었다. 아마 그 이후로도 두어 차례 그런 일이 반복되었다. 정규직도 자기 스스로 그만두면서도 권고사직으로 신고해 달라고 요청을 많이 했다. 퇴직 후 고용보험을 타기 위해서였다. 처음에는 동정의 마음으로 그렇게 해주기도 했지만, 오히려 그것을 악용하여 다른 사람들에게 전파하여 결국에는 나에게 꽤 많은 피해를 주었다.

아무나 겪지 못할 어려운 일을 겪기는 하였지만, 아마 내 생각으로는 국내 이삿짐 업체 중에서 거의 최초로 일용직에게도 퇴직금을 준 사업주가 아니었나 싶다.

견디다 못해
쓰러질 때

처음부터 잘못 끼워진 단추이었다. 부도가 난 회사를 살리려고 뛰어들었지만 역부족이었다. 이전 회사와 아무런 연관이 없다고 해본들 연관이 없을 수가 없었다. 대표이사 등기를 하는 조건으로 부도 이전의 일부 은행 부채에 대한 보증이 5~6억 원이나 되었고, 부도 전 각종 채무를 정리하는데도 몇 억 원이 들었다.

게다가 주 거래처를 가진 영민이와 현상이도 독립을 해 나갔으며, 남아 있는 쓸 만한 거래처는 영업사원들이 퇴사하는 척하면서 몰래 빼돌려서 독립을 해 나갔다. 부채는 많은데, 거래처는 거의 떨어져 나가고, 여기저기서 빌려온 부채에다가 몽땅 저당잡혔던 집마저 경매로 넘어갔으니, 원금은 물론이고 이자를 한 푼도 낼 수 없는 처지에 이르렀다.

신용카드로 이리저리 돌려막기를 해가며 버텨 보았지만 더 이상 감당을 할 수가 없었고, 마지막 남은 보증수표라는 나의 자존심까지 완전히 망가지는 상황이 되었다. 그 남은 신용을 지키려고 몇 년을 무던히도 몸부림쳐 왔는데, 이젠 포기할 때가 되었다. 어쩌다가 내가 이렇게까지 되었을까? 교직에 있을 때는 그래도 은행에서 먼저 마이너스 통장을 만들어 줄 테니 얼마든지 쓰라고 했고, 신용카드 한도도 넘치게 쓸 수 있었는데,

이젠 경제적으로는 식물인간이 되었다.

　다행히도 신용회복제도가 있어서 이곳저곳에 알아보았더니, 나는 부채 금액이 너무 커서 신용회복제도를 이용하기는 어렵고, 파산을 선고받고, 면책도 받는 길밖에 없다는 결론이 났다. 그래서 법무사가 안내해주는 대로 서울중앙지방법원에 파산 및 면책 소송을 하였다.

　국가에서 재기를 위한 프로그램을 제공해 주어서 얼마 지나지 않아 나에게 파산이 선고되었고, 면책까지 동시에 선고되었다. 다시 말해서 내가 보증을 섰던 모든 채무와 나와 관련된 모든 채무를 면책 받은 것이다. 더 이상 채무 기관으로부터 독촉을 받거나 시달림을 받지 않아서 좋기는 했으나, 마음의 짐은 오래도록 가시지 않아서 몹시 괴로웠다.

　면책이 종료되는 5년 동안은 아무런 금융 관련 행위를 할 수가 없었다, 그저 경제적으로는 식물인간이 된 것이다. 몹시 괴롭고 자괴감이 들기도 했지만 이겨내야만 했다. 나와 함께하시는 하나님께서 결코 나를 버리지 않으시고, 나를 사용하시리라는 굳건한 믿음으로 그 세월을 참고 견뎌냈다.

　정확히 면책을 받은 지 5년이 되는 날, 법원으로부터 파산과 면책기록이 삭제되었음을 확인할 수 있었다. 지금은 모든 신용이 회복되어 이전의 수준으로 신용 등급이 향상되었고, 그 일 때문에 주변에 어려움을 겪는 다른 사람들을 잘 도울 수 있는 아픈 경험도 소유할 수 있는 사람이 되었다. 이 또한 나에게 주신 소중한 경험이 되었다. 할렐루야!

〈왜 나만 겪는 고난이냐고〉

　1. 왜 나만 겪는 고난이냐고 불평하지 마세요
　　고난의 뒤편에 있는 주님이 주실 축복
　　미리 보면서 감사하세요

(후렴) 너무 견디기 힘든 지금 이 순간에도
　　　　주님이 일하고 계시잖아요
　　　　남들은 지쳐 앉아 있을지라도 당신만은 일어나세요
　　　　힘을 내세요 힘을 내세요 주님이 손잡고 계시잖아요
　　　　주님이 나와 함께함을 믿는다면
　　　　어떤 역경도 이길 수 있잖아요

2. 왜 이런 슬픔 찾아왔는지 원망하지 마세요
　　당신이 잃은 것보다 주님께 받은 은혜
　　더욱 많음에 감사하세요

소중한 표어

    2005년도 송구영신예배에서 2006년도의 교회 표어를 선포하는 일이 있었다. 매년 의례적으로 하는 일이었지만, 교회도 목표가 있는데 나도 표어를 정해서 실천해 보아야 하겠다는 생각이 들었다. '무엇으로 정할까?' 생각하는 중에 '나는 하나님의 일을, 하나님은 내 일을…'이라는 표어가 떠올랐다. 생각할수록 적절하고 좋은 내용인 것 같았다.
    그렇다. 한 해 동안 나에게 주시는 시간, 물질, 나에게 주시는 모든 것들로 주님을 섬기고 주님께 내 일을 온전히 맡기며, 나는 주님의 일에 우선순위를 두고 진력하며, 주님께서 내 일을 하시도록 나의 짐을 모두 맡긴다는 의미의 표어는 너무도 구구절질이 감사한 내용이었다.
    이 표어를 내 삶의 목표로 삼고 실천하면서 살기로 소망하고 그렇게 살려고 노력하고 있었다. 그렇지만 현실에 부딪히면 자꾸만 넘어지고 어떤 때는 잊고 사는 경우가 허다했다. 자신을 늘 자책하기도 하고 하나님께 회개하며 돌아서기도 여러 번이었다. 연약한 나의 믿음은 늘 자빠지고 넘어져서 상처뿐이라고 느껴질 때도 많았다. 그럴 때마다 주님께서는 나에게 "왜 두려워하느냐? 내가 너와 함께하며, 내 의로운 오른팔로 너를 붙잡고 있다"라고 말씀하시며 나를 위로해 주시고 다시 일으켜 주셨다.

해마다 우리 교회에서는 목자들을 위로하고 교육하기 위해서 교회에서 목자 수련회를 열어서 1박을 하면서 국내 휴양지나 선교지를 돌아보는 프로그램을 갖는다. 그 해에도 일정이 잡히고 참가자를 조사하는데 복잡한 일들을 뒤로 미루고 다녀올까 생각하다가도 도피하는 생각이 들어 많이 망설였다. 하지만 마음 가운데 '네가 염려한들 해결될 것이 무엇이냐?'라는 음성이 들려왔다. '그래, 잊고 다녀오자. 하나님께서 새 일을 행하실 거야! 하나님께 맡기고 난 주님의 일에 동참하자'라고 생각하고 신청을 했다.

출발 일자가 다가오는데 걱정이 사라지지 않고 여러 가지로 힘든 가운데 극심한 몸살이 왔다. 거의 5년 만에 몸살이 온 것 같았다. 너무 힘들어서 이틀을 꼼짝없이 앓아 누웠다. 수련회에 참가하는 것을 포기하고 아내에게 대신 가도록 했다. 그런데 출발 전날 오전부터 갑자기 몸이 좋아졌고 오후엔 아주 거뜬해졌다.

용기를 내서 다시 참여하기로 했다. 갑작스러운 불참자도 생기고 해서 우리 부부는 참여할 수 있었다. 가는 도중 대여섯 시간을 온전히 하나님의 도우심을 갈망하는 기도를 하는 데 활용하였다. 오후에 숙소에 도착한 지 얼마 되지 않아 희망의 전화가 왔다. 자금 문제로 고통 가운데 시달리고 있었는데 그 일이 해결될 수 있는 전화였다. 할렐루야!

다음 날까지 모두 잊고 거제도, 충무, 외도(해금강 포함)를 돌아서 돌아왔다. 하나님의 은혜를 기대하고 사모하면서 말이다. 돌아온 다음 날 9시쯤에 전화가 걸려왔다. 생각지도 않았던 사람에게서 예기치 않은 전화가 온 것이다. 그 당시 자금이 너무 쪼들려서 가지고 있던 컨테이너를 팔려고 알아보니 터무니없이 싼 가격을 제시하면서 그것도 작자가 있어야 하니 마냥 기다리라는 소리를 듣고 있던 터였다. 그런데 어디서 들었는지 나에게 전화를 건 사람은 당장 가서 현장에서 물건을 보고 바로 구입하겠다는 것이었다. 반가운 마음에 그 사람을 만나서 현장의 물건을 보여주고 돌아왔다.

헤어지기 전에 생각지도 않은 높은 가격으로 자기가 인수하고 대금은 바로 지급하겠다는 제안을 해왔다. 참으로 생각할 수 없는 놀라운 일이었고, 정말 나와 함께하시는 하나님께서 내 길에 앞서 행하신 일이었다. 너무나 놀랍고 감사해서 하나님께 감사를 돌렸다.

돌이켜보면, 어쩌면 매사에 하나님께서는 내 일을 앞서 행하고 계셨음을 느꼈다. 그 시간들을 기다리지 못하고 항상 깨닫지 못하며 감사하지 못하면서 안달한 내 모습이 하나님 앞에 부끄럽고 송구할 뿐이다. 하나님께서는 우리의 경험과 지식을 사용하신다. 그러나 때로는 우리가 믿음을 통해 초자연적인 일들을 이루도록 하시기 위해, 우리의 경험이나 지식을 내려놓고 하나님만을 신뢰하기를 요구하실 때가 있다. 우리는 정상적인 상황 속에서는 정상적인 결과만 보게 된다. 평범한 것들을 기대하고 예상할 수 있는 것들을 바란다면 그 이상의 것들을 보기 어렵다. 특별한 것들을 소망하고 기도 가운데 그것이 이루어지기를 기다리려면 특별한 마음이 필요하다.

내가 하나님의 일에 진력하는 것은 이미 나를 위해 내 일생을 지키시고 응답하시는 하나님의 은혜에 조금이라도 보답하는 작은 몸부림에 불과하다는 새로운 깨달음을 갖게 되었다.

〈하나님 한 번도 나를〉

하나님 한 번도 나를 실망시킨 적 없으시고
언제나 공평과 은혜로 나를 지키셨네
오! 신실하신 주 오! 신실하신 주
내 너를 버리지도 않으리라 내 너를 떠나지도 않으리라
약속하셨던 주님 그 약속을 지키사
이후로도 영원토록 나를 지키시리라 확신하네

절로 감사와 찬양이 나온다. 감사합니다. 할렐루야!

'자살'과 '살자'

* 다섯 번째 죽음에서 살리심

　괴로운 나날이 계속되었다. 날마다 눈을 뜨면 빚쟁이로부터 오는 전화에 하루 종일 시달려야 했고, 사업은 기울어서 더 이상 지탱할 기력조차 없었다. 더군다나 앞날에 대한 희망이 전혀 보이지 않았다. 마치 칠흑같이 어둡고 오물로 가득 찬, 빛이 한 점 없는 길고 긴 터널을 혼자서 저벅저벅 걸어가는 심정이었다. 폭풍이 몰아치는 사막 한가운데서 갈기갈기 찢어진 담요 조각 하나를 뒤집어쓴 채 언젠가 폭풍이 잦아들기만을 기다리며 웅크리고 있는 심정이었다.

> **욥기 10장 22절** "땅은 어두워서 흑암 같고 죽음의 그늘이 져서 아무 구별이 없고 광명도 흑암 같으니이다."

　잠을 제대로 못 잔 지가 벌써 수개월이고, 몸은 시력도 약해지고, 머리가 다 빠지고, 밥맛은 아예 없어서 겨우 목숨 연명을 위해 입에 풀칠을 하고 살았다. 그렇지 않아도 체격이 작은 사람이 체중이 줄어들 대로 줄어서 중·고등학교 시절처럼 비쩍 말라서 몸무게가 불과 48Kg정도밖에 나가지 않아서 겉모습을 볼 때 마치 해골처럼 되어 있었다.

밤이면 밤마다 TV를 켜고 소파에 누워서 시간을 보내곤 했는데, TV를 보는 게 아니라 멍하니 허공을 보며 그저 생각 없이 멍 때리는 시간이 많았다. 몸과 마음이 이루 말할 수 없이 피곤한데도 잠은 오지 않았다. 눕기만 하면 꿈도 한 번 안 꾸고 숙면하던 나였는데. 밤 12시에서 1시까지 몸을 뒤척이며 견디다가 집 옆에 있던 금교초등학교 운동장을 밤마다 혼자서 뛰고 또 뛰었다. 그나마 몸이 지치고 체력이 바닥이 나서라도 잠이 들도록 말이다. "하나님, 살려주세요! 하나님, 도와주세요!"라는 외마디 소리를 지르며 뛰는 것이 일상이 되었다. 지치고 축 처진 몸으로 집에 와서는 샤워를 하고 누우면 겨우 쪽잠을 조금씩 잘 수 있었다.

사람이 산다는 것은 어떠한 것에든 조금이나마 희망이 있어야 하는 것이다. 그런데 난 그런 희망을 완전하게 상실한 사람이 되어 갔다. 어떤 위로도, 누구의 조언도 듣고 싶지도 않았고, 들리지도 않았다. 그렇다고 나 스스로 해결책을 갖고 있거나 방향을 찾아내기도 어려웠다. 그저 모든 것을 내려놓고, 모든 것을 몽땅 포기하고 노숙자가 되거나 어디 가서 조용히 죽고 싶기만 했다.

아마 그 2년 전쯤 현대그룹 정몽헌 회장이 자살(2003.8)을 했다. '그 많은 재산을 갖고 높은 명예를 가진 사람도 자살을 선택했는데, 나 같은 사람이야 별거도 아닌데…' 하는 생각이 들었다. '나 하나만 죽으면 끝이고 모든 것이 조용해질 텐데, 내 고통은 죽으면 끝일 텐데…' 하는 생각으로 가득 채워지고 있었다. 당시 남양주시 부영아파트 19층에 살고 있었는데 뛰어내리기 좋을 만한 자리를 여러 차례 봐 두었다. 언젠가 가족들이 다 나가서 집에 없거나 모두 잠이 들면 자살을 결행해야 하겠다는 마음으로 몇 달을 벼르고 또 벼르고 있었다.

더 이상 견디기 어려운 고통의 시간이 점점 다가오고 있었다. 뒷방 창가로 가서 식탁용 의자를 가져다 놓고 막 결행을 하려는데, 그 순간에 아내와 자식들 생각이 번뜩 났다.

아내는 결혼하고 얼마 되지 않아서 아이가 생기지 않아 맘고생을 줄창 하다가 겨우 아이를 얻었다. 선생 남편을 만나서 안정된 생활을 하리라 믿고 결혼했는데, 남편은 사업한답시고 깊은 상의도 없이 떡하니 사표를 던졌다. 뭐가 잘났다고 가족을 구원한답시고 구원투수 역할을 자청하여 부도 난 회사에 뛰어들더니 온갖 고생만 하고, 빚더미만 잔뜩 남기고 혼자서 두 자식 키우며 어떻게 살라고 자기 혼자 자살을 해서 자기 혼자 편하자고 떠나버리고… 아내가 힘든 짐을 혼자서 지고, 자살한 남편의 아내로 낙인찍혀 살아야 하는 모습이 불현듯 떠올랐다.

아무것도 모르는 어린 자식들한테는 별로 해준 것도 없고, 학원비나 용돈도 제대로 한 번 주지 못했다. 선생 아빠를 만났지만, 숙제 한 번 제대로 봐준 적이 없었으며, 이제 어린 나이인데 내가 남길 수 있는 것은 평생 "쟤네 아버지 자살해서 죽었대" 하는 수군거림을 당하며 살아가야 하는 낙인뿐이었다.

나는 무엇인가? 평생 예수님 믿고 구원받았다는 믿음으로 살아왔는데, 마지막에 자살하면 그나마 부끄러운 천국행도 못하고 영영 지옥으로 가야만 하는 것에 억울한 생각이 드는 것이었다. 그리고 그 짧은 시간이었지만, 나 혼자 이렇게 가는 것은 내 짐을 불쌍한 가족에게 너무나 무책임하게 지우고 가는 것이라는 생각이 들었다.

그런 생각 때문에 창틀에 얹어 놓았던 한쪽 다리를 나도 모르게 슬그머니 내려놓게 되었다. '그래, 자살하지 말고 살자!'라고 마음을 추스르면서 말이다. 지금 생각해도 아찔한 순간이었다. 그렇게 그 짧은 순간의 괴로움이 자살하는 사람들의 마음을 사로잡아 갔음을 이제 새삼스럽게 깨닫는다.

정말 내 생의 짧은 순간이었지만 나를 지으시고 이 땅에 살게 해 주신 하나님의 은혜에 배반하는 행위이고, 지극히 잘못된 순간의 선택이었음을 고백하면서 하나님께 진심으로 회개하였다. 세상을 살다 보면 여러 가지 어려움도 있을 수 있고, 고통도 수반하며, 견디기 힘든 순간들이 있을 수 있지만, 하나님께서는 "사람이 감당할 시험밖에는 너희가 당한 것이 없나니 오직 하나님은 미쁘사 너희가 감당하지 못할 시험당함을 허락하지 아니하시고 시험당할 즈음에 또한 피할 길을 내사 너희로 능히 감당하게 하시느니라"(고전 10:13)고 말씀하셨다.

지나고 나니 그 말씀대로 감당하게 해 주셨고, 나에게 길을 열어 주셨다. 할렐루야!

내게 응답하신 하나님

05

예레미야 33장 3절

"너는 내게 부르짖으라 내가 네게 응답하겠고 네가 알지 못하는 크고 은밀한 일을 네게 보이리라"

간절함과 절실함

그 무렵 살던 남양주시 도농동(현재는 다산동) 부영아파트 바로 뒤쪽 건물 3층에 작은 개척교회가 하나 있었다. '꿈이 있는 교회'였다. 내가 살 길은 오직 한 길! 앞도 뒤도 옆도 아무리 살펴보아도 쳐다볼 곳이 없었다. 오직 한 곳, 하늘뿐이었다. 하늘에 계신 하나님만을 바라보고 하나님만을 바랄 수밖에 없는 절박한 상황이 되었다.

> 이사야 55장 3절 "너희는 귀를 기울이고 내게로 나아와 들으라 그리하면 너희의 영혼이 살리라 내가 너희를 위하여 영원한 언약을 맺으리니 곧 다윗에게 허락한 확실한 은혜이니라."

"기도하자!" 새벽기도에 나가기 시작하였다. 그저 외마디 기도뿐이었다. "하나님! 제발 저를 살려 주세요. 하나님! 저를 도와주세요" 하는 기도였다. 그런 외마디 기도를 하는 새벽기도 시간이었지만 기도하는 날수가 더해 갈수록 서서히 마음에 평강이 찾아오기 시작하였다.
이전에는 새벽기도에 다녀온 날은 온종일 졸려서 아무것도 할 수가 없을 정도였다. 별로 절박함 없이 의무감으로 하는 기도 시간이어서 그랬는지 몰라도 온종일 피곤해서 교회가 여는 특별기도회 때에는 할 수 없이 참석하더라도 평상시의 새벽 기도는 아예 안 하는 것으로 정하고 살았다. 그런데 이번에는 그렇지가 않았다. 워낙 상황과 처지가 절박했기 때문이었다.

어느 날 새벽이었다. 예배가 끝나고 개인 기도를 하는 시간이었는데, 갑자기 내 어깨 위에서 다정한 목소리의 속삭임이 들리는 것이었다. 너무 소스라치게 놀라 눈을 뜨고 어둑어둑한 교회를 이리저리 둘러보았지만, 늘 그랬듯이 목사님 부부와 우리 부부, 그리고 그 교회의 나이 드신 여자 성도 한 분! 그렇게 다섯 명이 전부였다. 참 이상하고 놀라웠다.

다시 기도하려는데, 여전히 똑같은 목소리로 똑같은 톤으로 말씀을 하시는 것이었다. 생전 처음 겪는 신비한 경험이었지만, 오래전부터 사람들에게 종종 들어왔던 '하나님의 음성'(Sign of GOD)이었다. 아주 선명하고 세미한 음성이었다. 소위 말해서 나와 하나님이 성령님을 통하여 직접 대화를 하는 것이었다. 기도가 하나님과의 대화라고 했는데, 실감이 나지 않았던 그 말이 실제로 나에게 이루어지고 있는 것이었다. 참으로 놀랍기도 했지만, 온몸에 소름이 끼치면서도 너무나 감격적이었다.

그날 이후로 기도(하나님과 대화)하는 시간이 너무나 행복했고, 꼭 그 시간뿐만 아니라 늘 삶 속에서 모든 것을 하나님과 의논하였다. 무엇이든 물어보았고, 그때마다 바로 말씀해 주셨다. 처음에는 놀랍고 신기한 일이기도 했지만, 무섭고 떨리기도 했다(신학적인 논란과 해석은 나에겐 소용없는 일임). 지금까지 나의 모든 삶을 알고 계실 하나님이라고 생각하니 너무 부끄럽기도 하였다. 어떤 사람에 대한 기도도, 어떤 일에 대한 기도도, 드리는 모든 기도에 대하여 즉시 대답해 주시는 것이었다. 마치 점쟁이가 족집게 노릇을 하듯이 말이다.

온 천하를 가진 느낌이었다. 그도 그럴 것이 천지를 지으시고 나를 창조하신 하나님이 나와 직접 대화를 하시다니, 모든 게임은 끝났다는 생각이 들었다. 하나님께 소망이 있기에 모든 걱정과 근심과 고통이 한순간에 다 사라지는 것 같은 마음이 들었다. 응답을 주시는 대로 살기로 하였다. 모든 인생사를 내 마음대로 정하고, 하고 싶은 대로 했던 것, 내 생각과 마음으로 결정을 다 하고 도와주시기만을 기대하며 살았던 지금까지의 삶을 회개했다. 그리고 내 삶의 주관자를 원래대로 하나님께 온전히 되돌려드리기로 결심하였다.

주변 사람에 대한 말씀은 응답을 주신 그대로 전했다. 가감 없이…. 그런데 지혜가 부족했다. 한 가지는 말씀을 전해도 잘 알아듣지 못하는 것이었고, 또 다른 한 가지는 본인이 정한 생각에 따라 말씀을 받아들여서 분명한 하나님의 말씀임에도 불구하고 본인 마음에 안 맞으면 오히려 거부하는 반응을 보인다는 것이었다. 하지만 내가 전하지 않거나 실천하지 않으면 하나님께서도 나에게 말씀을 안 하시는 것을 깨닫게 되었다.

하나님과 동행하며 내 모든 것을 하나님께 맡기고 사는 것은 너무나 행복한 삶이다. 어떻게 그럴 수 있느냐고 반문할 수도 있을 것이다. 어린아이가 부모 손을 잡고 걸을 때 그냥 맡기고 붙잡고 가면 되는데 하염없이 뿌리치려고 하듯이 나는 이때까지 그렇게 살아왔다. 습관적으로 예전처럼 회귀하려는 것 때문에 자꾸 넘어지기도 하지만, 그래도 다시 멈춰 서서 하나님보다 앞선 것 같으면 즉시 머물렀다. 그리고 하나님의 손을 놓친 것 같으면 바로 주님을 찾으며 살려고 노력하고 있다. 그래서 나는 너무 행복하다.

금식의 은혜

내가 살 길은 오로지 한 길밖에 없었다. 앞을 바라봐도 뒤를 돌아봐도 좌우 그 어느 곳에도 나를 도와줄 사람이 그 누구도 없었다. 아니, 도와줄 수 있는 사람도 없었지만, 내 자신이 그 누구에게 도와 달라고 할 용기도 없었다. 이미 주변에 여러 차례씩 도움을 요청했고, 도움을 요청한들 다시 갚을 길도 없었기에 아예 포기할 수밖에 없었다.

그러면 오직 한 길, 하나님을 향하여 도움을 구하고 은혜를 구하는 방법밖에 없는 것이다. 그것이 나에게는 유일한 희망이었고 단 하나의 쉬운 길이었다. 대부분 많은 사람들이 이런 환경이 되면 깊은 우울감과 절망감 때문에 희망을 잃게 된다. 소망이 없고 희망을 잃는다는 것은 곧 죽은 목숨이나 다름이 없게 되는 것이다.

예레미야 39장 18절 "내가 반드시 너를 구원할 것인즉 네가 칼에 죽지 아니하고 네가 노략물같이 네 목숨을 얻을 것이니 이는 네가 나를 믿었음이라 여호와의 말씀이니라 하시더라."

다행히 감사하게도 나에겐 하나님이 계셨다. 일에 시달리고 문제에 갇

혀서 살다 보니, 우선순위가 바뀌어서 현실만 바라보고 하나님을 바라보지 못하고 있었던 것이다. '돈을 많이 벌어서 선교하겠다던 내가 정작 이런 꼴이 되다니…' 살기로 작정하고 내 자신을 뒤돌아보니 나에겐 소망이 있고, 천지를 지으신 능력의 하나님이 계시는 것을 다시금 깨닫게 된 것이다. 더 이상 기댈 데가 없이 이런 깊은 광야로 오게 하신 하나님의 사랑을 조금씩 더 알아가게 되었다.

간절함과 절박한 심정으로 기도하기로 작정했다. 오랫동안 잘 먹지도 못하고 연약한 몸이었지만, 나의 절박함과 간절함을 하나님께 나타내는 방법은 금식하며 기도하는 것이었다. 그리하여 청평에 있는 강남 금식기도원에 금식을 작정하고 올라갔다. 당초 3일 금식을 작정하고 올라갔었는데 둘째 날 저녁에 저혈당 증세가 급격히 오기 시작했다. 저혈당이 심해지면 온몸에 기력이 서서히 없어지고 점차 혼수상태가 되어 간다.

하는 수 없이 금식을 중단하고 저혈당 증세를 대비하여 미리 준비해 간 초콜릿 몇 개로 위기를 넘기게 되었다. 3일 금식을 작정했지만, 하나님께서는 3일을 원하신 것이 아니었고, 하나님을 향한 나의 간절한 마음을 원하시는 것 같았다. 그래서 다음 날까지 집회에 참석하고 기도원을 내려왔다. 그 후 매일 아침 금식을 하고자 하는 마음이 들었다. '그래, 하루 한 끼라도 금식하며 기도하자'라고 다짐하며, 당장 아침부터 금식하기로 하고, 그 시간 동안 하나님을 향한 나의 간절한 간구와 소망을 기도하였다.

아마 오랫동안 아침 금식이 이어졌고, 짧을 때에는 2~3일간 하기도 하였다. 한두 주간은 다반사였고, 한두 달씩 계속하기도 하였다. 그 기간은 한 가지 사안이 있을 때마다 그 일이 응답되어 해결될 때까지 기도하기로 작정하였기 때문에 기간이 그렇게 된 것이었다.

한 가지씩 이루어진 기도의 응답은 나에게 소망과 희망을 더더욱 강화시켜 주었고, 절실함으로 간절히 드리는 기도는 꼭 응답해 주신다는 성공 경험을 매일매일 더해 주시는 축복의 은혜를 누리기 시작하였다. 더욱 중요한 것은, 그동안 내 생각과 의지와 노력으로 해결하려고 몸부림치던 모습에서 주님께 모든 것을 온전히 내려놓고 오직 주님만을 의지하는 태도로 변화되어 가는 것이었다. 금식기도의 유익이었다.

이사야 30장 18절 "그러나 여호와께서 기다리시나니 이는 너희에게 은혜를 베풀려 하심이요 일어나시리니 이는 너희를 긍휼히 여기려 하심이라 대저 여호와는 정의의 하나님이시라 그를 기다리는 자마다 복이 있도다."

실적 증명서가 우상

 우상이라는 것은 하나님보다 더 가치를 두는 이 땅의 모든 것들을 말한다. 왜 실적 증명서가 우상이 되었을까? 2006년도에 있었던 일이다. 우리는 평소 구 동원증권을 거래처로 삼고 있었는데, 동원증권이 훨씬 덩치가 큰 한국투자증권을 흡수하여 합병하게 되었다.
 그러자 한국투자증권 소속 대부분의 임직원이 갑작스러운 통합에 극렬하게 반대하여 두 회사를 한 곳으로 합병하는 일이 쉽지 않았다. 증권시장이 끝나는 오후 3시를 즈음하여 번갯불처럼 한 부서나 한 층씩을 이사하게 되었는데, 그 일을 기존 거래처인 우리 회사가 담당하게 되었다. 이 일을 한 달여 동안 하였고, 이전한 사무실을 차근차근 리모델링하기 위해 여러 번 내부에서 다시 이전을 반복해서 하다 보니, 최종 완료 후 총액이 삼억 오천만 원이나 되었다.
 대부분의 많은 조달 입찰에는 실적이 필요한데, 당시 그만한 실적은 대기업 말고는 얻어내기가 정말 어려운 일이었다. 그래서 그 실적을 꼭 지키고, 그 실적으로 좋은 성과를 올리고 싶었다. 그것 때문에 껍데기만 있는 망가진 회사를 붙들고 수년간 고생을 하였다. 하지만 실적이 있다고 기회가 쉽게 오지는 않았다.

회사를 운영하기에 너무너무 힘든 시간의 연속이어서 하나님께 매달려 기도하던 어느 날, 우리 교회에서 함께 신앙생활을 하는 최성동 집사가 우리 회사의 프린터를 관리해 주고 있었는데, 그날도 업무차 들렸다가 이런저런 이야기를 나누게 되었다. 자기가 법인회사를 하면서 힘들었던 이야기를 쭉 하면서 이제는 다 정리하고 혼자서 하고 있으니 월급 걱정, 돈 걱정을 안 하고 너무너무 마음 편하게 지내고 있다는 이야기였다. 말하는 그 표정이 너무도 행복해 보였다.

'맞아! 하나님께서 최 집사를 보내서 나에게 깨달음을 주시는구나'라는 생각이 번뜩 들었다. 다음 날 새벽에 기도하는데, 하나님께서 나를 붙드시고, 나와 함께하시며, 나를 도우신다는 확신이 서면서 내 마음에 기쁨과 평화가 서서히 밀려오기 시작하였다. '그까짓 삼억 오천만 원짜리 실적 증명서가 다야? 새로 시작하자! 단 오백만 원짜리 실적부터라도 다시 시작해야지'하는 생각으로 내 마음이 변했다.

그래서 지금까지 골치 아팠던 법인회사를 정리하기로 하고, 전격적으로 새로 개인 사업자를 냈다. 최소한의 자산(화물차 한 대와 허가증)만 남기고 정리하였고, 창고와 사무실도 정리하여 미니회사로 새 출발을 하였다. 그 출발의 시기가 2009년 6월이었다. 정말 마음이 그렇게 편할 수가 없었다. 월급날이 되어도 월급을 챙겨주어야 할 직원이 없었고, 매달 비싼 임대료를 마련하느라 힘들 필요도 없게 되었다.

손에 무엇을 쥐고 있으면 다른 것을 잡을 수 없는 법! 나를 사랑하시는 하나님께서는 우상처럼 여겼던 실적 증명서를 던지니 새로운 기회를 준비하고 계셨다. 작은 오백만 원짜리 실적 증명서로부터 다시 시작했지만, 그 회사에 은혜를 베푸셔서 지금은 육억 팔천만 원짜리 실적을 갖춘 회사로, 그리고 매출액이 성실 신고자가 되어 2018년 4월에 다시 법인으로 전환하였다. 신실하신 하나님께 감사와 영광을 돌린다. 할렐루야!

위로를 베푸신 하나님

　2007년에 큰아들 은상이가 한동대학교 입시에 낙방해서 곧바로 재수를 하라고 했다. 기어이 목표했던 한동대에 입학을 시키고 싶어서였다. 두 아들 모두 중고등학교 시절 내내 상위권 성적을 유지해 주어서 학원교습이나 과외에 돈 쓴 일이 거의 없었다.
　하나님께서는 우리 두 아이에게 특별하게 지혜를 주셔서, 내가 어려운 곤경에 빠졌던 시절에 한 해에 몇 천 만원씩 들어가야 할 사교육비를 한 푼도 부담하지 않도록 도움을 주셨다. 대략 계산을 해보아도 일 년에 이천만 원씩이라면 5년 동안 일억 원가량을 절약할 수 있게 해 주신 것이다.
　목천교회 중고등부 시절에 우리 아이들을 담당했던 김중권 목사(당시는 전도사)에게 QT(Quiet Time) 훈련을 받은 덕분에, 청소년기에 맞은 가정의 환란과 태풍을 목격하여 살았음에도 사춘기의 일탈 행동이 전혀 없이 커 주었고, QT를 하며 묵상한 내용을 거의 매일 나에게 보내주었다.
　어느 날은 그 말씀들이 너무나 은혜가 되고 나에게 위로가 되어서, 운전하던 차를 북부 간선도로나 강북 강변도로에 세우고 혼자서 한없이 울었던 날이 수없이 많았다.
　나는 사실 '그래도 자식들이 사춘기인데 빗나가지나 않을까?' 하고 염려했었는데, 자식들로부터 위로를 받다니, 얼마나 감사하고 행복한 일이었던가? 두 아들들에게 너무너무 고맙고, 나를 사랑해 주신 하나님께 감사드리지 않을 수 없었다.

나를 위해 기도하며 끊임없이 위로해 주신 목사님들이 계셨다. 한 분은 사촌 형인 광주 성은교회 담임 김상신 목사이고, 한 분은 내 친구인 화곡동 어깨동무교회 담임목사인 박광영 목사, 또 한 분은 백석중앙교회 담임인 정영국 목사이다. 새벽 기도가 끝나는 시간이면 매일매일 나를 향해 주셨던 하나님의 음성을 전해 왔다. 이 문자도 마찬가지로 하루하루를 살아가는 힘이 되었고, 하나님과 나를 지속적으로 더욱 가깝게 연결시키는 중요한 가교역할이 되었다. 정말 감사한 분들이다.

또 하나 늘 위로를 받고 힘을 얻었던 것이, CTS 방송에서 매일 아침마다 방송하는 '내 영혼의 찬양(복음성가 가수 김석균 목사와 최미 사모 등이 인도하는 방송)'이었다. 아내가 늘 CTS 방송국에 TV 채널을 고정시키고 있어서 나는 매일 아침 TV를 본 게 아니고, 멍하니 TV를 응시하고 있었던 것이었다. 하루 이틀이 아니고 매일 아침 들리다 보니 찬양이 귀에 들리고, 그 찬양이 아침 양식이 되어 갔다.

이외에도 나에게는 중보기도를 해주신 분들이 많이 있었기에 오늘날 나의 행복한 삶이 있을 수 있다고 생각한다. 그래서 할 수만 있으면 나도 다른 이를 위해 중보(中保: 사기 자신을 위한 기도가 아니라 타인을 위한 중재의 기도)하는 삶을 살고, 조금씩이라도 깊아가면서 살아가리라고 다짐해 본다. 할렐루야!

가정이사
팀장이 되다

　이삿짐센터를 운영하는 일도 여느 일 못지않게 힘든 일이 많다. 여러 가지 어려움이 있지만, 제일 어려운 일 중 하나가 사람을 다루는 일이다. 특히 이 일은 어쩌면 3D(dirty, difficult, dangerous) 업종에 속해서 전날 술 한 잔 먹으면 다음 날 아침에 핸드폰을 아예 꺼두고 자는 사람들이 종종 있어서, 이른 아침에 급하게 구할 사람도 없었지만 아무나 보낼 수도 없는 노릇이었다. 더군다나 5톤 큰 화물차를 운전할 사람이 펑크를 내면 정말 난감한 일이 벌어지곤 했다.

　새벽기도를 마치고 일을 나가는 직원들을 내보내려고 회사에 나갔다가 아무 준비 없이 5톤 차량을 운전하고 나가야 하는 때가 많았다. 그러다 보니 내가 팀장 역할을 해야 했고, 할 줄 모르는 일을 배워 가면서 해야만 했다. 그도 그럴 것이 개인의 가정이사는 만일 당일에 하지 못하면 연쇄적으로 여러 집이 난리가 나는 일이 발생하기에 어떻게든 고객과의 약속을 꼭 지켜야만 했다. 그것도 시간을 지켜서 제때 짐을 빼고, 제때 짐을 정리 정돈을 해주어야만 했다.

　값비싼 월급쟁이를 둘 형편은 안 되고(이 직종은 사실 대부분의 사람들이 아무런 부담 없는 일용직을 선호함) 하는 수 없이 일용직 형태로 운영을 해야만 했다. 그러다 보니 자연스럽게 내가 견적도 보고, 때론 작업원으로 현장 팀장 일도 해야만 했고, 사무실 이전 작업이 있을 때는 나 혼자 모든 자재를 챙겨서 차에 싣고 현장에 가서 이미 섭외한 사무실 이전 전문 인력 회사의 작업원들과 함께 작업을 하곤 했다. 아마 이렇게 보낸 시간들이 족히 5년 정도는 되었던 것 같다.

처음엔 5톤 탑 차량도 운전할 줄 몰랐고, 사다리 차량 조작도, 포장 작업이나 일의 순서도 몰랐지만, 차츰 모든 일이 익숙해졌고, 현장의 문제점도 찾아내어 경영을 개선하는 데 활용하였다. 누구 아는 사람들의 눈에 띌까 봐서 조심조심하면서 말이다.

정말 안 하던 육체노동을 하고, 현장에서 고객들의 비위도 맞춰야 했으며, 일인 다역을 해야만 했기에 몸과 마음이 여간 힘든 게 아니었다. 하지만 나는 해내야 했고, 나 아니면 할 사람도 없었다. 그만큼 절박하기도 했기 때문이다. 힘들고 어려웠지만 그때 그 일은 나에게 꼭 필요한 과정이었다. 나에게는 소망의 하나님이 계셨기에 이겨낼 수 있었고, 그렇게 경험한 모든 일들이 지금은 현장을 이해하고 관리할 수 있는 소중한 자산이 되어서 회사 경영에 큰 밑거름이 되고 있다.

경매로
넘어간 집

2001년도에 전세로 살던 집에 얼마를 더 보태면 집을 살 수 있다는 부동산 업자의 말에 넘어가서 대출을 받아 남양주 부영아파트를 사게 되었다. 좋은 환경이었고 넓은 집이었지만 가격은 그리 비싸지 않은 아파트였다. 그저 부모님과 우리 아이 둘, 여섯 식구가 살기에 편리한 47평의 아파트였다.

사업 현장! 그것도 부도 맞은 회사의 용병으로 들어간 입장에서 내가 해서는 안 될 일을 하고야 말았다. 회사의 경영자금이 모자라자 자꾸 집을 담보로 돈을 빌리기 시작한 것이다. 점점 상황이 어려워지자 급기야는 2금융권의 사채 시장에까지 담보를 넣게 되었다. 아마 시세의 100% 이상도 되었던 것 같다.

도농역이 들어온다는 바람에 한 번 반짝 올랐을 때도 있었지만, 매매 계약을 했다가 앞으로 더 많이 오를 수 있다는 부동산 업자의 말에 또다시 속아서 계약금을 배나 물어 주고 되찾기까지 하는 바보 같은 일을 하고 말았다.

자금에 시달리다 보니 이자를 감당할 수 없었고, 더 이상 돈을 끌어올 방법도 없었고, 카드로 돌려막기를 하는 것도 더 이상 감당하기가 어려웠다. 하는 수 없이 모든 것을 내려놓는 수밖에 없었다. 내려놓는다는 일은 어쩌면 내려놓지 않으려고 발버둥칠 때가 어렵지, 내려놓기로 결정한 다음에는 별일이 아닌 것처럼 여겨졌다. 그래도 나는 죽이시든 살리시든 하나님의 손에 달려 있으니, 마음 편하게 집을 내려놓을 수가 있었다.

집에 대한 경매가 착착 진행되었다. 우리 집 짐을 보니, 약 20톤(보통 집이 적은 가정집이 5톤 차량 한 대 정도임)가량이 되었다. 대학 때부터 보면서 모아두었던 〈문학사상〉을 비롯하여 방송통신대학의 주옥 같은 교재 등등 책만 1톤 차량으로 한 차가 되었다. 모든 쇼파, 에어컨, 식탁, 피아노 등의 가전과 가구들은 모두 친척이나 이웃에게 나누어 주었다. 슬픈 마음이나 서운한 마음이 거의 안 들었다. 하나님께서 나와 우리를 인도하실 것을 생각하니, 오히려 새로운 기대가 더 많아졌다.

그런데 갈 곳이 없었다. 아버지는 돌아가셨지만 제대로 걷지도 못하는 어머니를 모시고 아무 곳이나 가기가 어려웠다. 나야 반지하 셋방도 괜찮았지만 너무 초라한 곳으로 쫄딱 망해서 가는 자식의 모습을 보실 어머니를 생각하니 연로하신 어머니에게 못할 짓이라는 생각이 들었다.

우리 집을 낙찰 받은 주인에게 통사정을 했더니, 이사비나 보태라고 삼백만 원을 주었다. 큰형님에게 부탁했더니, 두 누나와 합쳐서 오백만 원을 보내오셨고, 내가 가진 돈을 탈탈 털어서 이백만 원을 마련하여 보증금 천만 원에 월세 80만 원짜리 남양주시 호평동 아파트로 이사를 하였다.

아이들은 학교가 멀어서 차비를 내고 통학을 해야 했고, 사업장도 멀고 교회도 멀어져서 시간과 비용이 꽤 많아졌다. 이제 사업도 계속해야 할지, 말아야 할지 더욱 깊이 기도하게 되었다. 어머니가 새벽부터 밤늦게까지 집에 혼자 계셔야 하는 문제가 발생하기도 하였다. 하지만 살면 얼마나 사신다고, 기어서 들어가고 기어 나오는 환경보다는 깨끗한 집에서 모실 수 있어서 마음은 그래도 한결 나았다.

우리는 거기서 15개월을 사는 동안 보증금조차 다 까먹고 다시 손을 들고 말았다. '그래, 정말 다 내려놓고 우리가 갈 곳은 주님 품이고, 차비라도 절약할 수 있는 곳, 우리 교회 가까운 곳으로 가자!' 이런 생각이 들었다. 가까운 지인의 도움으로 중랑구 망우사거리에 있는 상가주택 3층에 방 두 칸짜리를 보증금 천만 원에 월세 50만 원으로 구하여 이사했다.

이사를 하면서 노모님과 장성한 두 아이와 다섯 식구가 이렇게 좁은 집에서 살아야 한다는 것이 조금 염려가 되었고, 점점 초라해져 가는 삶의 모습에 아직 어린 둘째 경상이가 내심 걱정이 되었다. '맨날 새벽마다 기도도 하고, 정해진 예배시간이면 한 번도 빠짐없이 교회에 열심히 다니는 부모님인데, 왜 이렇게 점점 못 살게 되는가?' 하는 생각으로 일탈 행동이 일어나지 않을까 하는 생각 때문이었다.

그런데 학교에서 이사한 새집으로 돌아온 우리 경상이의 첫 마디는 "아빠! 우리 다섯 식구가 살기에 딱 알맞은 집인데요?"라는 의외의 말이었다. 그 순간 나는 속으로 '하나님, 감사합니다. 일찍 철든 아이를 주신 하나님께 감사합니다'라는 기도를 드리며, 너무도 흐뭇한 마음이었다. 그때 그 순간의 한마디는 지금도 잊을 수 없는 감사함으로 남아 있다.

좁고 열악한 환경의 집이었지만 날마다 감사하며 살았다. 하나님께 대한 소망이 있었기 때문이다. 늘 목사님께서는 목장(구역) 식구들과 모임을 하려면 가능한 한 각자의 집에서 모이기를 힘쓰라고 하셨지만, 우리 집은 두세 사람이 같이 앉아 있을 수 있는 공간이 없었고, 또 도저히 주변 사람들에게 우리의 사는 모습을 보이고 싶지가 않았다. 그래서 꼭 우리 집에서 모여야 할 일이 있으면 회사의 사무실에서만 모이곤 했다.

식탁을 사용할 수가 없어서 작은 크기의 심방용 상을 이용하여 다섯 식구가 작은 상에서 옹기종기 모여 앉아 식사하였는데, 그래도 명절이라고 색다른 음식을 한두 가지라도 할라치면 그 작은 상에 밥그릇 놓을 자리가 없었다.

이때 늘 부러웠던 것과 간절한 기도의 제목이 있었다. 그것은 전봇대마다 붙어 있는 신축 빌라 분양 광고지였다. 실입주금 2천, 또는 3천만 원에 나머지는 대출금으로 감당하면 된다는 것이었다. '우리는 언제쯤 이삼천만 원의 돈을 마련하여 월세방 신세를 벗어나 그런 집에서 다시 살아볼 수 있을까?' 하는 간절한 꿈과 희망으로 하나님께 기도하며 살았다. 사탄은 끊임없이 우리에게 없는 것에 집착하게 만든다. 우리가 없는 것에 집착하는 한, 우리가 받은 것을 기쁨으로 누릴 수 없다. 우리가 세상의 인정을 추구하는 만큼 하늘로부터 오는 자유를 놓치게 되는 것이다.

우리 가족은 그런 집에서 꼬박 8년 반 동안을 살았다. 그래도 우리 가족에게는 하루하루가 감사가 넘치는 행복한 시절이었다. 본 교회와 가까운 곳에 살면서 매일 새벽 기도와 찬양과 말씀을 가까이하며 믿음과 소망 가운데 살았기 때문이었다. 우리와 함께해 주시고, 우리를 인도해 주신 하나님께 모든 영광을 돌린다. 할렐루야!

기적 같은
놀라운 은혜

호평동 임광아파트에 잠깐 사는 동안에 경험했던 놀라운 은혜의 체험이다. 그 당시 우리 교회에서는 홈페이지를 통하여 성경필사 붐이 일어나서 많은 교우들이 성경필사에 참여하였고, 누가 더 빨리 전체 성경 필사에 도착하는가에 거룩한(?) 경쟁이 치열하였다. 나도 그 일원으로 참여하던 중에 체험했던 기적 같은 놀라운 일이다.

그날이 금요일이었는데, 주일이 지나고 나면 월요일에 결제해 주어야 할 돈 이천만 원과 빌린 돈 천만 원을 갚기로 약속한 날이었다. 금요일 퇴근 시간이 되도록 아무런 대책이 없었다. 그저 막연하게 하나님께서 길을 여시리라 믿으며 간절한 마음으로 2박 3일 동안(주일 예배에 참석하는 시간을 제외하고) 꼼짝 하지 않고 성경을 필사하기로 작정했다. 2박 3일 동안 잠도 거의 안 자고 줄창 노트북 앞에 앉아서 성경필사를 하였다.

월요일이 되어 아내와 함께 출근을 하는 중에 전화 한 통이 왔다. 돈을 갚아줘야 할 사람의 전화이어서 오늘까지 꼭 줘야 한다는 말을 하는 줄 알고 전화를 받았는데 놀랍게도 "오늘 돈을 안 주어도 되고, 시간을 몇 달 더 줄 테니 편하게 쓰고 형편이 되는 대로 갚으라"는 놀라운 전화였다. 그도 그럴 것이 그분은 평소 돈에 대해서는 철저하고 모질게 구는 분이었기에 놀라지 않을 수가 없었다. 너무도 감사한 일이 생긴 것이다.

  회사에 도착하여 습관적으로 컴퓨터를 켜고 은행 잔고를 확인하던 아내가 화들짝 놀라며 "여보, 통장에 돈 이천만 원이 들어와 있는데요?" 하는 것이다. 그 일도 절대 있을 수 없는 일이었다. 왜냐하면 우리는 미군 부대를 상대로 작업을 하였는데, 미군은 통상적으로 작업 완료 후 대금 청구를 마친 뒤에도 두 달가량의 시간이 지나야 결제를 해주기 때문에 지금 입금 된다는 것은 전혀 기대할 바가 못 되고, 아무리 사정을 해도 절대 안 되는 시스템임을 알기 때문이다.

  그런데 어떤 연유였는지는 모르겠으나, 그 돈은 이미 금요일 퇴근 무렵에 입금이 되어 있었던 것이다. 주말 내내 나는 하나님의 말씀을 필사하였고, 내 모든 사정을 속속들이 아시는 고마우신 하나님께서는 내 어려움을 해결해 주고 계셨던 것이다. 할렐루야!

    사무엘하 14장 20절 "이는 왕의 종 요압이 이 일의 형편을 바꾸려 하여 이렇게 함이니이다 내 주 왕의 지혜는 하나님의 사자의 지혜와 같아서 땅에 있는 일을 다 아시나이다 하니라."

현장에
답이 있다

처음에는 갑자기 아침 일찍 작업 현장에 내보낼, 경력이 있으면서 5톤 화물차량을 운전할 사람이 없는 어찌할 수 없는 급한 상황에서 현장 일에 나가게 되었다. 하지만 그 일이 자주 반복되면서 가정이사든 사무실이사든 장비이전이든 도서관 관련 이전이든 모든 일을 현장에서 보고 느끼게 되었다. 그러면서 평소 알지 못하고 깨닫지 못했던 많은 일들을 직접 경험하게 되었다. 육체적으로는 많이 힘이 들고, 반복해서 너무 많이 걷고 너무 많이 활동하게 되어서 뱃살이 쏙 빠지고, 그나마 작은 체구에서 체중이 10kg씩이나 빠지기도 했다.

그러나 역시 현장에 답이 있었다. 다양한 현장을 경험하다 보니 개선할 점을 많이 찾아내게 되었고, 더 나은 효율성을 찾아낼 수 있었다. 고객의 니즈(needs)를 알게 되어서 더 효과적인 현장관리를 할 수 있었다.

물론 대표가 혼자서 일을 하고 다니는 모습이 나 스스로도 그랬고, 다른 사람들이 보아도 많이 짠하고 안타까운 모습이긴 했지만, 오로지 다시 일어설 수 있다는 간절한 소망을 갖고 하나님께서 지혜를 주시는 대로 그저 최선을 다하여 앞만 보고 열정을 다해서 정진할 따름이었다.

그렇게 보낸 시간들이 4~5년이 되었다. 더 이상 도저히 혼자서 감당할 수가 없었다. 우선은 아내를 불러 돈을 관리하게 하였고, 견적 방법도 가르쳐서 견적을 맡기기도 하였다. 나중에는 점차 견적 사원을 새로 뽑아서 하나하나 사람들을 채워나갔다.

현장에도 맡길 만한 직원들을 배치하고 차량도 한 대씩 늘려 나갔다. 지금에 와서 생각해 보니, 하나님께서는 탄탄한 회사를 경영할 훈련을 시키기 위해서 현장을 경험하게 하셨고, 그 경험과 훈련을 통해서 경영의 토양을 단단하게 하셨던 것이다.

세상에는 쉽게 거저 되는 일이 없다. 혹 거저 된 일이 있다 할지라도 그것은 쉽게 어려워지거나 잘못되거나 어려운 고비를 이겨낼 힘이 없는 것이다. 그동안 사업을 하면서 많은 사람들을 만나고 겪어 보면 어려운 일 없이 성공한 사람은 아무도 없었다. 어려움을 겪지 않고 탄탄한 기업을 이룬 사람들을 하나도 보지 못하였다. 하나님께서는 나를 단단한 질그릇으로 만들기 위해서 그 많은 어려움과 연단을 주신 것이다.

이루 말할 수 없는 기나긴 고통과 훈련의 시간이기는 했지만, 그 고통들이 귀한 열매가 되어 지금은 모든 현장의 상황을 이해하고, 축적된 모든 경험을 경영에 적용하여 직원들에게 공유하고 전수하고 나누어 주게 되었다. 그러면서 회사가 든든히 성장하는 밑거름이 되고, 회사 운영에 절대적인 영향을 미치게 되었다. 그 고통과 연단의 쓰디쓴 열매가 이제는 참으로 감사한 일이었음을 깨닫는다. 오묘하신 하나님의 계획과 연단의 과정을 주신 하나님께 감사와 영광을 돌린다. 할렐루야!

식도 정맥류가 터지다

* 여섯 번째 죽음에서 살리심

내가 사업을 하면서 보람을 느끼는 일 몇 가지가 있다. 그중 하나가 고객사에서 정리하는 사무실의 집기들을 가져와서 창고에 모아 두었다가, 이것들을 필요로 하는 사람들에게 나눠주면서 필요를 채워줄 수 있는 것이다. 모아 두었던 집기로 구색을 맞추어 사무실을 꾸며준 곳이 매년 두세 군데씩 되었다. 집기를 가져오고 또 가져다주는 일과 비좁은 창고에 그것들을 보관해야 하는 것들이 번거롭고 복잡하며 비용이 들어가는 일이었지만, 그것으로 인하여 어려운 사람들을 도울 수 있는 일 또한 주님의 사랑을 나눌 수 있는 기회였기에 늘 즐거움으로 감당하였다. 그 일은 지금도 계속하고 있다.

한번은 우리 부부와 형제처럼 지내는 경신교회 원로이신 손재홍 장로님께서, 노년에 중랑구 신내 IC 부근 새우게 마을의 작은 공간을 얻어 수공예품을 제작해야 하는 일이 생겨서 헌 가게를 구했다. 영 지저분하고 그냥 쓰기에는 너무 험악한 환경이어서 약간의 수리를 해야 한다고 하시면서 몹시 걱정하고 계셨다.

손재주가 많고 열정을 가진 나는 그냥 지나칠 수가 없었다. 몇 가지 장비를 구하고 페인트를 구하여 까맣게 때가 낀 댓 평 되는 가게를 수리해 드리기로 했다. 그냥 페인트로 하는 것보다 시너를 섞어서 콤프레셔를 이용하여 뿌려서 깨끗하고 예쁘게 해 드리고자 하는 마음을 먹었다. 물론 누가 그렇게 하는 것을 보기만 했지, 내가 직접 해본 적은 없었다. 원래 나는 자세히 공부해서 하는 방식이 아니라, 부딪혀 직접 하면서 배워 가는 스타일이다.

방진 마스크와 천 마스크를 두 겹으로 착용하고 페인트 작업을 하였다. 통풍이 잘되게 하고서 해야 했음에도 불구하고 이런 상식이 부족한 나는 그 모든 시너 냄새와 페인트 냄새에 취해가며 쉬지도 않고 약 한 시간 이상 계속 작업을 하였다.

작업을 마치고 보니, 코와 입에서 페인트가 묻어 나왔다. 얼마나 미세했던지 두 겹의 마스크도 소용이 없었던 것이었다. 한 시간 이상 시너 냄새에 중독되어서였는지 메스껍기도 하고, 상당히 어지러우면서 두통도 있었다. 하지만 하늘색으로 깨끗하고 예쁘게 변한 사무실을 보니, 아픔은 싹 가시는 듯했고 기분이 너무 좋았다. 그리고 뿌듯한 보람도 느꼈다.

그 이튿날 아침 일찍 여느 때와 마찬가지로 직원들을 현장으로 보내기 위해서 창고로 나갔다. 모두가 현장으로 떠난 뒤 목에서 무슨 덩어리 같은 것이 '퀙' 하면서 나오더니 갑자기 피가 솟구쳐 나오기 시작하였다. 순간이었다. 그런데 피가 멎지 않을 뿐만 아니라, 마치 폭포수처럼 계속 솟구쳤다. 아마 목에 있는 정맥이나 동맥 중 하나가 터져서 펌프질하듯 피가 나왔던 것이다.

그 순간 '아, 이렇게 피가 계속 나오면 얼마 가지 않아서 죽겠구나' 하는 생각이 엄습했다. 이른 아침 시간이어서 도움을 청할 사람이 주변에 아무도 없었고, 당장 어떻게 손을 쓸 방법이 전혀 없었다. 오직 하나님께 도움을 구하는 수밖에 없었다. 손가락으로 목을 감싸고 마음속으로 기도

식도 정맥류가 터지다

를 계속했다. 정말 간절히, 간절히… 나를 살려주시라고….

피를 삼키며 입을 꼭 다문 채로 몇 분이 지났다. 의식이 점점 희미해져 갔고, 힘이 쭉 빠졌다. 그 순간 하나님께서 나의 간절한 기도를 들으셨는지 목에서 솟구치던 피가 멈췄다. 할렐루야!

기운은 없었지만 다른 한 손으로 전화기를 찾아서 아내에게 전화를 했다. 깜짝 놀란 아내가 급히 다른 분의 도움을 얻어 달려왔다. 나는 곧바로 병원으로 후송되었고, 응급처치를 받았다. 다행히도 대부분의 기능에는 이상이 없었다. 전날 시너 작업으로 인해 호흡기의 기도 부분에 있는 정맥이 터져서 피가 그렇게 나오게 되었다는 것이다. 이틀 동안 치료를 받고 병원을 나왔다.

하나님께서 그 순간 내 기도를 들어주시지 않으셨다면, 나는 과다 출혈로 인하여 바로 이 땅의 생을 마치게 되는 아찔한 순간이었다. 하지만 하나님께서는 아직 이 땅에서 나를 더 사용하시려고 또다시 큰 은혜를 베풀어 주신 것이다.

"하나님! 감사합니다. 이제부터는 남은 생애 동안 그리스도의 제자로, 그리스도의 복음 전파를 위해 살겠습니다."

까마귀와 메추라기를 보내심

　사람이 갑작스럽게 어려운 일을 당했을 때 가장 중요한 것 중의 하나가 멘탈(mental) 관리이다. 하나님과 늘 대화하며 사는 하루하루는 앞날에 대한 소망을 갖게 하고, 그렇게 소망 가운데 사는 삶은 영적으로 매우 부유한 삶을 살 수 있었다. 현실에 대한 걱정도 없어지고, 미래에 대한 불안감이나 근심, 걱정이 사라지는 상태가 되어갔다.

　늘 옆에서 근심과 걱정 어린 눈으로 지켜보는 아내의 눈에는 내가 어딘가 모자라는 사람처럼 보이기도 했고, 무책임하고 무능한 사람으로 보이기도 했을 것이다. 나사 하나가 빠진 바보 같은 사람으로 보이기도 했다고 히였다.

　그도 그럴 것이 나는 영적으로는 부유한 삶을 살고 있었지만, 현실은 여전히 돈에 시달리고, 사람에 시달리고, 늘 쪼들리는 삶을 살아야 했다. 하나님의 "너와 함께하겠다, 너를 돕겠다" 하시는 약속들이 하루아침에 금방 뚝딱 이루어지지는 않았기 때문이다. 왜냐하면 하나님께는 하나님의 타임이 있기 때문이다.

　그것을 알면서도 그때 그 시절에 내가 느낀 심정은, 하나님께서 나를 훈련하시는데 마치 내가 깊은 물에 빠져서 살고 싶어서 죽을힘을 다해 몸부림을 쳐서 겨우 수면 위로 올라와서 숨을 한 번 들이키면, 이유를 묻지도 따지지도 않고 다시 깊은 물속으로 집어넣으시는 것 같았다. 그것도 한 번이 아닌 서너 번씩이나 말이다.

나중에야 깨달은 사실이지만, 나라는 놈은 하나님께서 보시기에 적당히 훈련하고, 적당히 연단하셔서 돈이 좀 생기고 편안해지면 하나님과의 약속을 헌신짝처럼 버릴 가능성이 매우 높은 놈이라고 생각하신 것 같다. 그래서 그렇게 강도 높은 연단을 하시고 나를 다시 세워주신 하나님의 원대한 계획이 있었던 것이다.

아무리 하나님과 대화를 하고 산다고는 하지만 견딜 수 없는 괴로운 나날이 계속되었고, 혼자서는 견디기 힘든 나날이었다. 어느 날은 하나님께 "정말 너무하십니다. 그래도 어려서부터 하나님을 그리 멀리 떠나지도 않았고, 그렇게 못된 짓도 별로 안 했으며, 하나님의 자녀로 산다고 나름 열심히 봉사도 하였고, 꼬박꼬박 헌금도 드렸고, 더군다나 남들이 좋다고 하는 멀쩡한 직장을 그만두고, 돈을 벌어서 하나님께서 가장 원하시는 복음을 전하고 선교를 하겠다는 거룩한(?) 비전을 품고 사업을 하고 있는데, 너무하시지 않습니까? 이젠 할 만큼 하셨으니 그만하셔도 되지 않습니까?"라는 항변을 울면서 여러 차례 하였다.

어느 날은 밥을 해먹을 양식이 떨어지기도 했고, 아이들 급식비를 제때 내지 못해서 아이들의 근심 어린 표정을 본 것도 한두 번이 아니었다. 아이들의 급식비 독촉은 계속 반복되었으며, 작은아이 육성회비(연간 30여만 원 정도였음)를 졸업식 때까지 납부하지 못해서 학교에서 졸업장을 줄 수 없겠다는 전화를 받기도 했다.

이때마다 하나님께서는 늘 까마귀와 메추라기(이스라엘 백성이 40여 년의 광야 생활을 할 때 굶주린 백성들을 위해 보내주신 하나님의 선물을 의미)를 보내 주셨다. 셋째 영례 누님이 간병인 일을 하던 때였는데, 하루 24시간 일을 해서 겨우 몇만 원씩 번 돈을 가지고 어쩌다 쉬는 날이면 혼자 계시는 어머니도 찾아보고, 조카들 과자도 사줄 겸 그 먼 화곡동에서 남양주 호평동까지 차를 몇 번씩 갈아타면서 한 달에 한두 번씩은 꼭 우리 집에 들르곤 했다.

누님이 다녀간 날은 우리 집 냉장고가 꽉 차는 잔칫날이었다. 아마 며칠씩 힘들여 번 돈을 우리 집 냉장고에 쏟아 놓고 간 것 같았다. 그래서 우리 아이들은 고모가 다녀간 날을 너무너무 좋아하였고, 우리도 은근히 누님을 기다리는 마음이 있었다. 정말 한없이 고마운 누님이다.

또 한 마리의 메추라기는 둘째 처남이었다. 이때쯤 큰처남이 우리 집에서 그리 멀지 않은 남양주 마석에 오픈한 슈퍼마켓에서 둘째 처남도 같이 일했는데, 우리는 어차피 식재료를 사야 했기에 기왕이면 처남네 가게 매출을 올려 주려고 몇 차례 식료품을 사러 갔다. 갈 때마다 우리 차에 더 이상 실을 수가 없을 정도로 물건을 가득 실어 주었고, 조카들 용돈까지 두둑하게 챙겨주곤 하면서 절대 돈을 한 푼도 받지 않았다. 아마 우리가 말을 하지는 않았지만 이렇게 저렇게 우리의 어려운 사정을 속속들이 알고 있었던 것 같다. 지금도 그 생각을 하면 춥고 배고프고 그 어렵던 절망의 시절에 눈물겹도록 고마운 처남들이었다.

"우리 사랑스러운 누님과 처남들! 정말 고마워!"

계란으로
바위를 깨다

  2000년대 후반부터 규모가 큰 이전과 대부분의 공공기관 이사는 협상에 의한 계약 제도가 유행처럼 번져서 규모가 있는 입찰에 참가하기 위해서는 제안서를 만들어야 했고, 제안 발표를 해야 했다. 그야말로 무에서 유를 창조해야 하는 것이다. 언제 어디서 제안서를 본 적도 없고, 배운 적도 없는 너무나 무지한 상태에서 도전하겠다는 무대포 정신으로 제안서 작성에 도전하였다.

  처음에는 그나마 대학원 졸업논문을 쓴 경험으로 2박 3일간을 꼬박 잠을 설치면서 제안서를 만들고, 제안 발표에 함께 갈 사람이 없어서 혼자서 발표하였다. 물론 결과는 볼 것도 없이 항상 '협상 부적격'이었다. 그도 그럴 것이 국내에서 가장 큰 물류, 운송 분야 대기업인 대한통운과 한진 등 대기업 내지는 규모가 비교적 큰 업체, 전문적으로 제안서 작성 경험이 많은 직원들로 팀을 갖춘 큰 회사들과 경쟁해야 하니, 그 결과는 불을 보듯 뻔한 것이었다.

  횟수가 더해질수록 큰 산으로 여겨졌고, 도저히 넘을 수 없는 벽처럼 느껴졌다. 무모하게 도전하느니 포기하는 것이 소모적인 에너지도 절약하고, 차라리 그 노력으로 다른 영업을 더 하는 게 낫지 않을까 하는 생각이 들 때도 많았다. 그러나 이것을 극복하지 않고 포기한다면 나는 영원히 구멍가게 신세를 면하지 못할 것 같은 생각이 들었다.

'자! 하나님께 지혜를 구하자. 매번 한 번에 2%씩의 지혜를 더하여 제안서를 만들자. 그리고 될 때까지 끝까지 하자!' 하는 용기와 의욕이 생겼고, 하나님께서 주시는 지혜로 언젠가는 우리도 될 수 있다는 희망으로 떨어질 때마다 오뚝이처럼 벌떡 일어나서 다시 도전하고, 또다시 도전하기를 반복하였다. 아마 7~8년 동안 23~24번의 도전이 계속되었다. 그러면서 정말 거짓말처럼 축적된 경험과 2%씩의 실력이 향상되어 갔다.

심지어는 상해에 유학 가서 있는 둘째 아들에게 PPT 작성을 도와 달라고 하며, 수차례 메일을 주고받았다(이때 첫째는 군 복무 중이었음). 그런 여러 가지 노력의 결과로 내용 구성면에서도 조금씩 나아졌다. 현장을 다양하고 많이 경험한 것들이 축적되어 제안서가 실질적이고 세부적인 경험이 녹아난 결과물이 되어 갔다.

그것이 드디어 결실을 맺기 시작하였다. 제안서 작성을 처음 시작한 지 7~8년이 지났고, 발표 횟수로는 스물다섯 번째인 2016년 6월 '숭실대학교 중앙도서관 리모델링 이전 용역의 협상에 의한 계약 입찰'에서 유수한 대기업을 비롯하여 모두 여섯 개의 경쟁업체들을 물리치고 드디어 1등 업체로 우선협상 대상업체로 선정되었다. 발표 결과를 놓고 나도 놀랐고 다른 경쟁업체도 모두 놀랐다.

하나님의 은혜로 그 긴 시간 동안 포기하지 않고 희망을 갖고 노력한 결과, 우리에게 커다란 승리의 기쁨이 주어졌다. 그야말로 계란으로 바위를 쳐서 바위가 깨진 느낌이었다. 그때 그 순간의 기쁨과 감격을 지금까지도 잊을 수가 없다. 그 후로부터 지금은 대기업은 물론 여타 경쟁업체들과 당당히 어깨를 나란히 하며, 제안 입찰에서도 뒤지지 않는 회사가 되었다. 끝까지 포기하지 않도록 도와주시고, 때마다 지혜를 더해 주셔서 마침내 제안 입찰을 성공하게 해 주신 하나님께 감사와 모든 영광을 돌린다. 할렐루야!

도서관 이전
전문회사

　도전적인 정신과 자세는 도전하는 자에게는 언제나 기회를 주게 마련이다. 우리에게 첫 번째 주신 도서 및 도서관 관련 용역 입찰의 은혜는 2007년 11월 말경에 낙찰되었던 서울시 종합자료관이었다. 십만 권 정도의 책을 지금 현재 시 청사 옆 을지로 별관에서 덕수궁 옆 지금의 서울시 다산관의 신축 건물로 옮기는 작업이었다.

　낙찰 후 담당자와 며칠 동안 실랑이하게 되었다. 그 이유는, 담당자는 책이 손상될 수 있으므로 모든 책을 바구니에 담아서 포장·이전을 해야 한다는 것과, 휴관 기간이 두 주간이므로 기간 안에 완벽하게 정리까지 되어야 한다는 것이었다. 반면, 내 입장은 그 많은 무거운 책을 들고 계단(건물에 엘리베이터가 없었음)을 통하여 내리는 일과 바구니로 작업을 했을 때 차로 운반해야 하는 양이 너무 많아서 시간과 비용이 너무 많이 들 것이고, 더 중요한 이유 하나는 바구니 오천 개 정도를 갑자기 준비해야 하는데 그럴 만한 돈도 없고 방법도 없었기 때문이다.

　그러던 중 하나님께서 놀라운 지혜를 주셨다. 보통 일반적으로 책을 납품할 때는 각지(책을 보호하려고 책 앞뒷면에 대는 종이를 말함)를 대고 밴딩을 해서 납품을 하지 않는가? 그래서 각지를 대고 밴딩기를 이용하여 밴딩을 해서 책을 이전한다는 제안을 하면서 만일 책에 손상이 가면 변상하겠다고 하였더니, 결국 내 제안을 수용하였다.

그리고 더 중요한 것은 건물 창문에 작은 창이 있는데 그곳으로 밴딩한 책을 이동할 수 있고, 사다리차를 이용하여 작업할 수가 있어서 효율성이 엄청나게 생겼다. 그러지 않아도 정해진 시간 내에 수행해야 하는 일이어서 작업 기간도 염려를 많이 하고 있었던 터라서 결국에는 담당자가 내 제안 그대로 모두 받아들이고 말았다.

이때는 주말이면 시청 앞 광장에서 시위가 매주 반복되는 시기여서 차량통행이 매우 어려웠고, 그 문제를 해결하는 것이 또 하나의 관건이었다. 그 문제는 이렇게 풀었다. 시위가 있는 주말과 교통이 복잡한 월요일까지는 실내에서 도서 밴딩을 하고 밴딩을 마친 화요일부터 이전 작업을 하기로 일정을 조정하여 담당자와 합의를 하였다.

사전 경험이 전혀 없었던 나로서는 큰 모험인 셈이었다. 처음 맡은 큰 작업이라서 걱정이 되기도 했고, 겁이 나기도 했다. 하지만 지금까지 나와 함께해 주신 하나님께서는 일을 주실 때는 그 일을 수행할 수 있는 환경도, 사람도, 지혜도 주셔서 언제나 내가 예상했던 결과보다 훨씬 더 좋은 결과로 수행할 수 있도록 도와주셨다. 그 믿음 하나로 부딪히기로 했다.

정말 놀랍게도 밴딩에 3일, 이전에 2일, 정리 작업에 하루가 소요되어 당초 계약 기간인 두 주간보다 한 주를 앞당겨 작업을 마쳤으며, 한 권의 책도 손상이 없고, 하나의 실수도 없이 작업을 완수하였다. 담당자의 극찬을 받으면서 말이다. 그 일이 계기가 되어 담당 사서가 여러 곳의 도서관을 소개해 주기도 하였다. 이 모든 일을 지혜로 이끌어 주신 하나님께 감사한다. 할렐루야!

그 이후부터 2010년도에 고려대학교 중앙도서관 리모델링을 위한 60만 권의 도서와 많은 양의 서가를 이전하는 입찰이 있었다. 앞으로 도서관 관련 입찰에 참가할 조건을 갖추기 위해서는 많은 양의 장서 이전 실적과 더 큰 금액의 실적을 필요로 하였기에 꼭 겪어야 하는 과정이기도 하였다. 다섯 개 업체가 참석하였는데, 최저가 낙찰이어서 우리가 낙찰을 받게 되었다. 실은 적자가 나더라도 실적을 쌓기 위해서 도전한 것이었다. 그 많은 60만 권의 도서 이전 작업이었지만 아무런 탈 없이 잘 마무리하였다.

이어서 국립중앙디지털 도서관, 한국방송통신대학교 중앙도서관, 서울시립대학교 중앙도서관 및 법학도서관과 경제학도서관, 한국정책방송원 서고, 국회도서관, 고등과학원 도서관, 숭실대학교 중앙도서관, 부산대학교 제2도서관, 한국복지대학교 도서관, 청주대학교 중앙도서관, 국립 어린이 청소년도서관, 고려대학교 의학도서관, 서울대학교 중앙도서관, 서울과학기술대학교 도서관, 한국거래소 정보자료관, 서울삼육대학교 중앙도서관, 서울여자대학교 중앙도서관을 비롯한 전국에 있는 각급 초·중·고 학교 도서관 일을 계속 수행함으로써, 지금은 일약 전국에서 도서 관련 작업을 제일 잘하는 도서관 이전 전문회사로 자리매김하게 되었다. 할렐루야!

저혈당 쇼크

* 일곱 번째 죽음에서 살리심

1993년 교통사고 후 갑자기 생긴 당뇨병과 지금까지 함께 살고 있다. 어쩌면 당뇨병은 하나님께서 나에게 주신 선물이라고 생각한다. 왜냐하면 당뇨 질환은 췌장에서 인슐린의 분비가 제때 제시간에 알맞게 분비되는 정상인과 달리 인슐린의 분비가 잘 조절되지 않아서 생기는 문제이긴 하나, 일단 섭생에 있어서 많이 먹어서는 안 되고 식후에는 적당한 운동을 해야 하는 등 건강한 삶을 영위하고 장수하는 데 좋은 질환이기 때문이다.

지금까지 삼십 년이 되어 가지만 특별하게 합병증이 있거나 생활하는 데 불편함이 없이 건강한 생활을 하고 있다. 이 또한 무엇보다도 건강을 지켜 주신 하나님께 감사하면서 살고 있다.

그런데 한 가지 문제는, 어느 날 실수를 하여 저녁에 맞을 인슐린을 잘못하여 두 번 맞거나, 아니면 식사량이 너무 적어서 종종 저혈당이 오는 것이다. 나는 아주 푹 잠드는 편이어서 새벽에 일어날 때까지 한 번도 잠에서 깨거나 화장실을 가는 경우가 거의 없다. 그래서 늘 숙면을 취한다.

그런데 눈이 떠지는 경우가 저혈당 쇼크가 올 때이다. 이 저혈당 쇼크가 오면 의식이 희미해진다. 온몸에 기운이 쭉 빠져서 말을 할 수도, 손가락 하나도 움직일 수 없을 정도로 맥이 풀리게 된다. 심장이 서서히 답답해져오고 숨을 쉬기가 어려워지기도 한다. 지금까지 자다가 그런 일이 몇 차례 있었지만, 그때마다 옆에서 곤히 자던 아내가 어떻게 몸을 뒤척이다가 의식이 희미한 나를 보고 바로 응급처치를 해서 소생시키곤 했다.

아마 하나님께서 보낸 천사가 나와 아내를 함께 깨워서 아직 이 땅에서의 삶을 더 영위하며 하나님의 일, 이 땅에서의 사명을 완수케 하시려고 생명을 연장시켜 주시는 것으로 생각하고 늘 감사하며 살고 있다. 할렐루야!

소망을
잃지 않는 것

어려움을 오랜 기간 겪다 보니, 지치고 좌절되는 순간이 많았다. 그 순간마다 나와 늘 함께하신다고 약속하신 소망의 하나님만을 바라보는 것이 유일한 살길이었다. 하지만 우리의 모든 주변 환경은 그렇게 하지 못하도록 끊임없이 우리를 유혹하고, 우리의 생각을 시도 때도 없이 가로막는다. 오히려 그때가 하나님께 더 가까이 가야 할 시간이었고, 하나님께서 나를 부르시는 사인(sign)이었다.

> 시편 42편 5절 "내 영혼아 네가 어찌하여 낙심하며 어찌하여 내 속에서 불안해하는가 너는 하나님께 소망을 두라 나는 그가 나타나 도우심으로 말미암아 내가 여전히 찬송하리로다."

사무실이 구리시 담터 길에 있을 때였다. 인근에 천보산 민족기도원이 있었다. 사시사철 집회를 열고 있는데, 나는 시간만 있으면 밥 먹듯이 기도원으로 향했다. 아예 내 임무는 기도원에 가는 일이 가장 중요한 일이기도 하였고, 가장 시급한 일이기도 하였다.

하나님과 동행하며 사는 삶이 영적으로는 너무 부유하고 기쁨이 넘치는 삶이었지만, 사업 현장의 문제는 늘 있었다. 항상 쪼들리는 자금의 문제, 들락날락하는 사람의 문제, 지속적이지 못한 일의 문제, 현장에서 일어나는 많은 차량의 고장이나 사고로 인한 갖가지 문제 등 그야말로 가지 많은 나무에 바람 잘 날 없듯이, 이것저것 어려운 일들이 끊임없이 계속되었다.

그래서 무시로 기도원으로 향하였다. 어느 날은 마치 나만을 위한 말씀처럼 강사 목사님을 통하여 하나님께서 말씀해 주셨고, 어느 날은 기도 중에 하나님께서 직접 음성을 들려주셨다. 또 어느 날은 기도원을 내려와 보니 이미 응답해 주신 때도 많았다. 현실에서 모든 상황을 맞닥뜨리고 사는 아내에게는 내 모습이 한심하기도 하고, 무책임하기도 하고, 무능하게 생각되는 순간도 많았을 것이다. 하지만 나는 늘 굳건하게 믿는 구석이 있었기에 늘 밥 먹듯이 기도원을 찾아서 기도하게 되었다. 그렇게 소망을 잃지 않고 하루하루를 감사함으로 살아낸 세월이 13년이 되었다.

하나님의 때

모든 일 가운데 하나하나씩 하나님께서 개입하시고, 때마다 일마다 지혜를 주셨다. 그동안 매번 일을 주실 때마다 기이할 만큼 필요한 사람을 붙여 주셨고, 필요한 자원과 환경을 만들어 주셨다. 그 결과 효율성을 극대화할 수 있었다. 너무너무 많지만 그중 몇 가지를 기록하며, 하나님께 감사와 영광을 돌리고자 한다.

> **신명기 28장 12절** "여호와께서 너를 위하여 하늘의 아름다운 보고를 여시사 네 땅에 때를 따라 비를 내리시고 네 손으로 하는 모든 일에 복을 주시리니 네가 많은 민족에게 꾸어줄지라도 너는 꾸지 아니할 것이요."

청주대학교 중앙도서관 복귀 이사 입찰이 있었다. 어차피 최저가 입찰인데, 되면 일억 원짜리 도서관 이전 실적 증명서를 얻고자 하는 간절함이 있었다. 전체 물량이 국내 대학 최대인 110만 권이나 되고, 여섯 군데에 산재해 있는 책들을 새로 지은 신축 도서관으로 복귀하여 정리해야 하는 한겨울 악조건의 작업이었다. 거기다가 2만 권이나 되는 책들을 정배열해야 했다. 그래서 작업 기간을 두 달씩이나 주었다. 정말 매우 어렵고 힘든 작업이었다. 하지만 정말 간절함으로 주변에 중보기도를 요청하였고, 나 역시도 간절함과 절실함으로 하나님께 떼를 쓰며 매달렸다.

마침내 3차에 걸친 입찰 과정을 거쳐서 일억 일만 원에 낙찰이 되었다. 일억 원 이상의 실적을 원했던 우리에게 드디어 일억 원짜리 실적이 생기게 된 것이다. 정말 너무너무 기뻤다. 그리고 하나님께 감사의 기도를 드렸다. 낙찰을 받아서 돌아오는 길은 너무도 기뻤으나, 그것도 잠시였다. 바로 작업을 준비해야 하는데 문제는 사람과 비용이었다. 내가 할 수 있는 유일한 방법이고, 늘 해왔으며, 다른 선택지가 없는 방법은 하나님께 엎드리고 기도로 매달리는 일뿐이었다. 우리에게 알맞은 좋은 사람, 좋은 조건을 주시기를 기도하였다.

필요한 1톤 용달 차량은 우리가 소유한 두 대와 현지 용달차를 작업 완료 후 요금을 지급하기로 하고 임차를 하였다. 겨울 시즌이고 일이 많지 않아서 용달 기사님들도 너무 좋아했는데, 성실하고 좋은 분들이 오셨다. 숙소는 방학 기간이어서 학교 기숙사를 저렴하게 빌릴 수 있었고, 하루 세 끼 식사는 방학 중에 대학 내 기숙사에 기거하는 학생들과 청주대 축구부 학생들이 이용하는 식당을 이용하고, 작업 후 결제해 주기로 했다. 이 또한 방학 기간이어서 서로가 너무 좋았다. 인력 대부분은 청주대학교와 충북대학교 학생들 아르바이트를 얼마든지 구할 수 있어서 어려움이 전혀 없었을 뿐만 아니라, 때마침 하계 훈련을 마친 ROTC로 재학 중인 여러 명이 아르바이트를 나와 주어서 커다란 도움이 되었다.

무엇보다도 정말 귀한 지혜는 무거운 책을 들어서 나르는 일보다 차량과 바닥 사이에 경사진 데크를 만들어서(대부분 버려진 폐목재 서가를 이용하여 만들었음) 캐스터(구루마)에 책을 담아 쌓은 바구니를 실은 채로 바로 상차하여 운반을 하고 또다시 데크를 이용하여 바로 하차를 함으로써 상·하차의 시간과 인건비를 대폭 절감할 수 있었다. 놀라운 신의 한 수! 정말 하나님께서 주신 놀라운 지혜였다.

사람도, 환경도 모든 것이 너무 완벽하게 좋았다. 더군다나 날씨마저도 눈이 오지 않고 포근한 날씨가 계속되어 주일을 제외한 하루도 쉼 없이 작업이 순조롭게 계속되었다. 그래서 두 달을 계획한 작업을 25일 만에 마칠 수가 있었다. 낙찰되었을 때 경쟁업체들이 비아냥거리면서 적자가 많이 날 것이라고들 했지만, 우리는 30% 이상의 높은 수익을 얻으면서 아무런 사고 없이 일을 수행하였고, 도서관 담당자들로부터 극찬을 받았다. 놀라운 하나님의 도우심이었다. 할렐루야!

하나님과
동행하는 남은 삶

06

출애굽기 34장 9절

"이르되 주여 내가 주께 은총을 입었거든 원하건대 주는 우리와 동행하옵소서 이는 목이 뻣뻣한 백성이니이다 우리의 악과 죄를 사하시고 우리를 주의 기업으로 삼으소서"

포기는 없다

13여 년의 계속되는 연단과 시련 가운데, 소망을 갖고 하루하루를 이겨내고는 있었지만, 늘 쪼들리는 생활고와 여러 가지 어려움은 이루 말할 수 없이 많았다. 이 시련의 폭풍우가 언제나 그칠지…. 때로는 시간이 후딱 흘러가기를 바랐다. 하나님의 시간은 천 년이 하루 같고, 하루가 천 년 같다는데 십 년씩 빨리 지나갔으면 하는 생각이 들 때가 많았다.

> 베드로후서 3장 8절 "사랑하는 자들아 주께는 하루가 천 년 같고 천 년이 하루 같다는 이 한 가지를 잊지 말라."

뭐니 뭐니 해도 돈에 시달리는 일이 가장 괴로운 일이었다. 더 이상 주변에 아쉬운 소리를 할 데도 없었지만, 도무지 입이 안 떨어져서 말을 할 수도 없었다. 신용은 완전히 회복되지 않아서 정상적으로 금융기관이나 신용보증기금 등에서 지원을 받을 수가 없었다. 하다못해 '기초생활수급자로 받는 지원금을 한 푼씩이라도 받았으면…' 하는 간절한 마음이 들 때도 있었다.

동 주민센터에 도움을 요청하려고 갔더니, 잘 되든 못 되든 사업자가 있으니 지원해 줄 아무런 제도가 없다고 하였다. 그렇다고 차상위 계층이 받는 지원 혜택도 나에게는 전혀 해당이 안 된다는 것이었다. 하다못해 교회에서 주는 구제비라도 신청하고 싶을 때도 있었고, 교회학교에서 주는 얼마 안 되는 장학금이지만 우리 아이들에게도 주었으면 하는 바람이 있을 때도 있었다. 그야말로 매일매일 어려운 현실의 삶은 소망 가운데 사는 나에게도 자꾸 심각한 공격이 되었다.

그 다음에 어려운 문제는 사람에 관한 문제였다. 나는 되도록 일자리를 찾는 사람이나 우리 교회나 주변의 지인들에게 기회를 주는 것이 좋은 일이라고 생각하고, 그런 사람들에게 기회를 많이 주었다. 하지만 사람이라는 것이 열 번 좋다가 한 번 서운한 일이 생기면 열 번의 좋았던 것마저 무용지물이 되고, 마지막에는 섭섭한 감정으로 멀어지게 되기 일쑤였다. 내가 어려움을 겪는 주변 사람들에게 어떻게든 도움이 되고자 하는 마음에서 시작한 동기가 매번 나에게 아픈 상처로 돌아오는 경우가 많았다. 그런 일들이 반복되면서 몹시 마음 아프고 슬픈 시간이 반복되었다.

게다가 각종 사고나 예기치 않은 어려움이 이만저만이 아니었다. 잘 견디다가도 한 번씩 마음이 다운되면 며칠씩 힘든 시간을 보내곤 했다. 하루는 더 이상은 견디지 못할 것 같다는 마음이 들어서 포기하고 싶었다. 하나님께 시노하였다. 포기하고 싶다고…. 하지만 하나님께서는 "내가 포기하지 않았는데, 네가 왜 포기하니?"라고 말씀하셨다.

그렇다. 하나님께서 여전히 나와 함께 계시고, 나에게 소망을 주시고, 나를 선한 길로 인도하고 계셨다. 하나님이 내 편이시니 끝까지 인내하며 가야 한다. '포기'라는 단어는 배추를 셀 때 쓰는 용어이지, '나에게는 더 이상 포기란 없다'라고 다시 다짐했다. '연단을 마치는 그날이 언제일지 모르지만, 하나님의 때를 기다리며 가자!'라고 다짐하며 용기를 내어 몇 번이고 다시 일어서고 또다시 일어섰다.

나를 지극히 사랑하시는 하나님께서는 내가 힘들어 지칠 때마다 나를 일으켜 주시고, 손을 붙잡아 주시고, 때로는 나를 하나님의 품에 안아 주셨다. 다만 내가 잘 알지 못하고, 깨닫지 못하며, 느끼지 못하고 살고 있었을 뿐이다.

"하나님! 사랑합니다."

광야 생활이
축복된 삶!

　광야(曠野, wilderness)는 출애굽한 이스라엘 백성이 약속의 땅 가나안에 이르기까지 40년 동안 방랑했던 지역으로, 거리로 따지면 지금의 이집트에서 이스라엘 땅으로 걸어서 일주일이면 갈 수 있는 길이지만, 하나님께서는 이스라엘 백성들을 연단하고, 훈련하시기 위하여 그 길을 40년을 거쳐 지나오게 하셨다.

　마치 지나간 13년간의 내 삶이 광야 같은 생활이었다. 아무것도 의지하거나 어떠한 도움도 받을 수 없고, 힘이 들고 고달픈 가운데 끝이 보이지 않는 길이었기 때문이다. 하지만 지나고 보니 그 광야의 생활은 축복된 삶이었고, 예비된 감사의 생활이었다.

　무엇보다도 오로지 하나님만을 온전히 바라보고 살아갈 수밖에 없는 생활, 그리고 오로지 하나님만을 의지할 수밖에 없는 온전한 삶이었기에 더더욱 그렇다. 고난의 기나긴 여정 가운데 추운 밤 기온에는 불기둥으로 감싸 주셨고, 작렬하는 뜨거운 태양 아래에서는 구름 기둥으로 그늘을 만들어 주셨다.

　광야의 삶 동안은 먹을 것과 입을 것, 즉 먹고사는 문제에 대하여 걱정을 할 필요가 없었다. 왜냐하면 날마다 일용할 양식으로 만나와 메추라기를 공급해 주시기 때문이다. 더욱 욕심을 내어서 많이 거두거나 저장할 필요도 없다. 매일매일 적당한 양으로 알맞게 공급을 해 주시기 때문이다.

지금의 삶도 마찬가지이다. 온갖 걱정 근심을 하며 이리 뛰고 저리 뛰면서 지치고 힘들고 분주하게 일하면서 살아가지만 결국에는 모든 삶 가운데 동행하시는 하나님을 의지하지 않고는 우리가 바라는 평강의 삶은 요원한 것이다.

모든 사람에게는 거쳐야 할 과정이 있다. 어릴 때는 그 시기에 알맞은 좋은 양육 환경이 필요하고, 공부를 할 때에는 그 시절에 필요한 열정과 지혜와 환경이 갖추어 있어야 하고, 일을 하거나 사업을 할 때에도 많은 경험과 훈련과 시간이 필요하다. 그러한 것들을 충분히 겪거나 경험하지 않으면 언젠가는 쌓아 놓은 공든 탑도 무너지게 되는 것이다.

광야의 생활은 미래가 보장된 삶이다. 광야의 생활 가운데에서는 잘 보이지 않고, 예측이 잘 되지도 않지만 그러나 그 길은 가나안(canaan, '낮은 땅'이란 뜻으로 팔레스타인의 옛 이름, 하나님께서 아브라함에게 주시기로 약속했던 지금의 이스라엘 땅을 지칭함)으로 가는 길이기에 어려움과 고난을 극복할 수 있는 희망이 있고, 날마다 일마다 소망이 있는 축복의 삶인 것이다.

그동안 내가 만났던 수많은 사람들 중에도 그러한 길고 짧은 광야의 삶을 겪지 않은 사람은 아무도 없었다. 다만 그 길을 어떻게 걸어왔는가의 차이가 그 사람의 현재의 삶의 결과를 다르게 만들어 내고 있다는 사실을 알게 되었다.

하나님께서는 이 땅의 모든 사람들에게 동일하게 광야를 주셨고, 광야의 생활이 축복의 삶이고 이 땅에서 천국을 누릴 수 있는 기회를 주셨을 뿐만 아니라 영원한 축복의 나라인 천국으로 우리를 인도하시고 계신다.

할렐루야!

폭포수 같은 축복

2017년 1월 25일 오후, 청주대학교 작업을 마치고 뒷정리까지 완료한 후 확인서를 받고 집으로 귀경하는 길이었다. 낭보가 날아왔다. "이사박사를 우선협상 대상자로 정했습니다. 내일이라도 들어오셔서 계약절차를 밟아주시죠"라는 전화였다. 2016년 연말부터 고려대학교 공과대학이 신축 건물로 이전하는 용역의 입찰 공고가 있었다.

처음에는 최저가 입찰이어서 경쟁업체들의 저가 공세에 큰 기대를 할 수가 없었다. 하지만 어느 순간 입찰 방식이 협상에 의한 계약으로 바뀌었고, 청주대학교 도서관의 큰 프로젝트를 진행하는 숨가쁜 일정 가운데 제안서 제출과 제안 발표의 요청이 있어서 정말 어려움이 많았다.

하지만 낮에는 작업하고, 밤에는 큰아들 은상이가 제안서를 열심히 준비하여 제안 발표를 하였다. 서울과 청주를 오가는 힘든 일정과 과정이었지만 하나님께서 우리에게 기회를 주시려고 일하심을 느끼면서 열심히 하였다. 그 결과 유수한 기업들을 제쳐두고 우리에게 우선협상의 기회가 온 것이다. 참으로 놀라운 일이었다.

우선협상 대상자가 되면, 서로가 큰 문제가 없으면 계약을 하는 것이 일반적이기에 우선협상 대상자로 선정되는 것은 낙찰된 것이나 다름이 없는 일이었다.

다음 날 바로 학교에 들어갔다. 입찰 담당 책임자가 우리를 선택한 이유를 말하는데, 하나님께서 그들의 마음을 조정하셨다는 마음이 들었다. 왜냐하면, 그 이유가 통상적으로는 별것이 아닌 이유였기 때문이다. 그 첫째는 이사박사는 지난 15년 동안 고려대학교와 거래를 해오면서 한 번도 곤란한 문제를 발생시키지 않은 점, 둘째는 대표께서 직접 와서 제안해 주시고 현장관리를 직접 하시면서 관리해 주신다는 점(사실 나는 제안 발표할 사람도, 관리를 맡길 사람도 따로 없어서 내가 직접 갔고, 직접 관리한다고 했을 뿐이었는데…), 셋째는 학교에서 요청하는 어려운 사항을 모두 수용하겠다는 점 등이었다. 아무튼 하나님께서는 우리에게 창사 이래 가장 커다란 선물을 안겨 주셨다.

일상적으로 생각하면 말도 안 되는 일들이지만, 신실하신 하나님의 섭리는 정말 놀랍고 신기했다. 계약한 것은 너무 좋았는데, 계약 조건이 수억 원이 드는 공사 경비를 계약금 한 푼도 없이 해야 하는 것(선급금은 전혀 지급받지 못했음)과 완료 후 한 달 이내에 모든 대금을 주겠다는 문제에 봉착하였다. 하지만 하나님께서는 이미 이 모든 과정을 아시고 계셨고, 그것들을 준비하고 계셨다.

필요한 사다리 차량을 차량 매매상으로부터 외상(일반적으로 절대 있을 수 없는 일이었으나, 지난 수년간 거래해 오면서 쌓은 신뢰로 그렇게 해주었음)으로 사게 되었고, 주선업 허가증을 담보로 현금까지 삼천만 원을 빌려주었으며, 아내의 오랜 기도 모임의 동료이자 언니인 이옥자 권사께서 남편 박병우 장로님 교수직 은퇴 기념으로 해외여행을 가시려고 모아 두었던 여행비를 여행을 뒤로 미루면서까지 우선 공사 경비에 먼저 쓰라고 삼천만 원을 보내오셨다.

우리의 오랜 거래처였던 인력회사에서는, 그동안 우리 회사 때문에 도움을 많이 받았고 돈도 많이 벌게 되었으니, 이번만큼은 마칠 때까지 얼마든지 인력(인력회사는 인건비를 당일 지급을 원칙으로 하는데, 인력회사에서 먼저 선지급하고 주 1회 결제나 또는 월 결제를 시행해 오고 있었음)을 보내주겠다고 흔쾌히 응해 주었다. 그것뿐만이 아니었다. 용달차가 두 달여 동안 매일 여러 대가 필요했는데, 이 역시 후불로 정산하기로 했다.

매일 수십 명씩의 인력과 현장을 체계적으로 관리해 줄 능력자가 필요했다. 우리 회사를 그만두고 이곳저곳을 떠도는 이창환이라는 친구가 있는데, 이 친구는 능력이 탁월하고 통솔력이 있는 친구였다. 그래서 이 친구에게 연락했다. 만나서 자초지종을 이야기하자 바로 오겠다고 하였다. 어느 것 하나도 부족함이 없이 완벽하게 준비하였고, 내가 수년간 고생하면서 쌓아 온 현장의 경험과 열정을 모두 쏟아 부었다.

그 엄청난 장비들과 어마어마한 실험실과 실험 도구들, 그리고 행정실과 수많은 교수연구실의 집기들을 모두 한 건의 A/S도 없이 계획보다 20일을 단축하여 시작한 지 40일 만에 마치게 되었다. 처음 하는 큰 작업이어서 두려움과 염려가 없는 것은 아니었으나, 입찰 단계부터 계약과 준비, 시행과 완료에 이르기까지 세심하게 예비해 주신 여호와 이레(하나님께서 앞서 준비하시고, 예비하심의 의미) 하나님께 감사와 영광을 돌린다. 할렐루야!

하나님께서 모든 일을 도와주셨다. 생각지도 못한 도우심은, 집기 이전이 많이 줄어들게 되었다는 것이다. 처음에 새로운 건물로 모두 가져간다고 했던 집기들을 상당량 가져가지 않게 되었기 때문이다. 막상 새 건물에 기존에 쓰던 헌 집기를 옮겨 가져가 보니, 영 어울리지도 않았을 뿐만 아니라, 옆방은 새로 집기를 구해서 가는데 자기들 방만 헌 가구를 들여놓는 게 마음에 썩 내키지 않았던 것 같다. 그래서 점차 많은 학과에서 새로운 집기들을 구하게 되었고, 상당수 장비 가운데 구형 장비들은 별도로 폐기 업체에 매각하게 되어서 우리가 수행할 장비 이전 물량이 많이 줄게 되었다. 결과적으로 우리는 예상치 않은 많은 이득을 보게 된 것이다.

처음부터 끝까지 마치 한 편의 드라마 같은 놀라운 일을 경험하며, 큰 은혜를 입었다. 이때 받은 축복의 느낌이 이랬다. 우리가 샤워를 해보면 물 사정이 좋지 않은 높은 층의 집은 샤워기에서 물이 졸졸졸 흐른다. 그리고 물 사정이 좀 나은 집은 그보다는 세게 나와서 샤워를 할 수가 있다. 그런데 이때 받은 내 느낌은, 아예 양동이로 머리 위에서 끊임없이 물을 부어 주시는 행복이 넘치는 느낌이었다. 이 모든 영광을 하나님께 돌린다. 할렐루야!

에스겔 34장 26절 "내가 그들에게 복을 내리고 내 산 사방에 복을 내리며 때를 따라 소낙비를 내리되 복된 소낙비를 내리리라."

지혜로 주신
새로운 법인

　회사도 유기체나 마찬가지다. 변화하는 시대 상황과 사회적 환경에 적절히 대응해야 한다. 이런 일들을 놓고 하나님께 지혜를 구했다. 새로운 법인을 하나 더 만들도록 말씀해 주셨다. 생각할수록 정말 귀한 지혜를 주셨다.

　그 이유는 여러 가지였다. 첫째는, 업종을 다각화하는 것이었다. 본래 화물 운송업, 그중에서 주로 이삿짐 업종이 주 종목이어서 일이 들쑥날쑥하는 문제가 있었지만 한 가지에 집중함으로써 얻는 장점도 있었다. 하지만 회사 경영에는 매출이 안정적이지 못한 점도 있었기 때문에 업종을 다각화하는 측면에서 필요했다. 그리하여 근로자 파견업과 국제물류업종을 주 업종으로 하는 법인을 새로 설립하였다.

　둘째는, 지역업체 보호 차원에서 입찰에 지역 제한을 두는 일이 많아졌다. 기존의 법인인 이사박사는 서울 지역에 있다. 그래서 경기 지역에 새 법인회사가 위치하는 것도 좋은 일이었기 때문에, 차고지와 창고를 임대하여 경기도 구리 갈매 지역에 법인을 설립하였다.

　처음 법인 설립에 대하여 기존 직원들은 음으로 양으로 반대를 많이 했는데, 하나님께서 주신 지혜로 허락해 주신 새 법인이었다. 법인 설립

직후 등록한 첫날에 투찰했던 첫 입찰에서 고양시 상호대차(관내 흩어져 있는 많은 도서관 간의 도서를 일 년 동안 운송하는 사업) 용역에 낙찰이 되었다. 참으로 놀랍고 감사한 일이었다.

근로자 파견사업의 입찰은 경쟁률이 무려 3,000대 1의 엄청난 경쟁률이었다. 그렇지만 그 어려운 가운데서도 낙찰되게 해 주셨고, 국제물류업도 연간 두세 건씩의 낙찰 성과를 거두었다. 지금은 문재인 정부가 들어서서 직접고용 정책을 시행하고 있어서 파견업종의 입찰은 많이 감소하였고, 경쟁률도 300대 1 정도로 줄기는 했다. 하지만 2014년에 주신 지혜로 투 트랙의 법인 설립과 경영은 두 회사를 든든하게 서 가게 하는 중요한 계기가 되었다.

주식회사 이사박사 코리아와 에스앤지 주식회사의 두 법인을 통하여 주님의 지상 명령인 그리스도와 복음을 위한 일에 귀하게 쓰임 받을 수 있기를 날마다 간구한다. 할렐루야!

놀라운
성지순례의 길

2015년 2월이었다. 정릉에 위치한 고려대학교 보건대학 전체를 안암동 신축 건물로 이전하는 용역이 한창이었다. 그때 서울동노회 동북시찰 시찰장이며 호형호제하는 김택종 장로께서, 성지순례를 가는데 인원이 모자라서 그러니 우리 부부가 꼭 가줘야 한다고 간곡하게 부탁했다.

일단은 큰 작업이 계속되고 있었고, 성지순례를 갈 수 있는 돈도 시간도 없는 상황이었다. 억지로 끌려가다시피 하여 없는 돈을 빚을 내어 함께 가게 되었다. 우리 부부가 처음으로 가는 해외여행이기도 하였고, 꼭 이스라엘 성지순례는 가보고 싶기도 하였다.

서른 세 명이나 되는 다양한 분들과 어울려서 갔지만, 10박 11일 내내 정말 행복한 여행이었다. 터키를 경유하여 이스라엘과 요르단을 순례하였다. 성경에서 듣던 생생한 현장과 예수님의 사역 현장을 직접 보고 실감하는 감동은 이루 말할 수 없이 컸다. 많은 것을 보고 느꼈지만 특별히 하나님께서 놀라운 선물들을 주셔서 몇 가지를 추억하고자 한다.

하나는, 베들레헴에 있는 예수탄생교회에 갔을 때이다. 때마침 이탈리아에서 온 합창단이 우리 일행이 도착하기 5분 전쯤 먼저 도착하여 아름다운 성전에서 공연을 준비하고 있었는데, 우리에게 그 공연을 볼 수 있는 기회를 준 것이다. 때마침 기막히게도 이태리에 가지 않고 이스라엘에서 생각지도 않았던 아름답고 감동적인 귀 호강을 실컷 하게 된 것이다.

다른 한 가지는, 이스라엘은 눈이 오지 않는 나라인데 우리가 도착하기 이틀 전에 폭설이 내려서 길가 곳곳에서 쌓인 눈을 볼 수 있었던 것과, 일 년에 한 차례밖에 피지 않는 꽃이 때마침 온 산에 피는 시기여서 아름다운 꽃을 실컷 보게 된 것이다.

그리고 세 번째는, 북이스라엘 땅에 있는 텔 단의 성지를 간 날이었다. 길을 지나다 보니 바위 위에 휴대폰이 하나 있었다. 지나치려다 보니 누군가 잊고 간 것 같은데 자세히 보니 한국산 LG폰이었고, 통신사가 KT였다. 혹시 주인을 찾아 줄 수 있을까 하여 망설이다가 들고 왔다. 이틀 동안 한국인 여행팀들을 볼 때마다 휴대폰을 잃어버린 사람이 있는지 물어봤지만 주인을 찾을 수가 없었다.

그런데 3일째 되던 날 베드로 통곡교회를 순방하는 길에서 한 남자를 만났다. 그분에게 혹시 일행 중 휴대폰을 잃어버린 사람이 있느냐고 물었더니 소스라치게 놀라면서 자기가 잃어버렸고, 자신은 증평감리교회 담임 목사라고 했다. 교우들과 성지 순례를 같이 왔고, 휴대폰 속에 그동안의 모든 교우들과의 사진이 담겨 있으며, 여행 중에 드릴 예배를 위한 자료들이 몽땅 담겨 있어서 3일 동안 휴대폰을 찾게 해 주시라고 내내 기도를 하며 다녔다고 하였다. 휴대폰 종류와 통신사를 물었더니 일치하였다. 그래서 휴대폰을 기적적으로 찾아 주게 되었다.

마지막으로 또 한 가지는, 요르단의 느보산(모세가 생을 마감한 산) 정상에 갔을 때이다. 일 년에 단 3~4일만 갈릴리 호수를 건너 가나안을 볼 수 있는 날씨가 된다고 했다. 그런데 마침 우리 일행이 도착한 날 그 시간에 날씨가 너무 청명하여 느보산에서 환하게 가나안 땅을 볼 수 있는 놀라운 선물을 받았다.

성지순례는 그리스도인이라면 누구나 꼭 한 번쯤은 가보아야 한다. 우리가 믿는 성경을 사실적으로, 시공간적으로 보고, 느끼고, 체험할 수 있는 매우 소중한 경험을 주고, 그로 인하여 자신이 갖는 믿음에 대한 확신을 깊이 가질 수 있기 때문이기도 하다.

  참으로 그 어려운 상황 가운데 우리 부부를 성지순례길로 인도해 주시고, 새로운 힘을 얻게 해 주시며, 놀라운 기적과 은혜의 체험을 하게 해 주신 크고 놀라우신 주님의 사랑과 은혜에 감사한다. 할렐루야!

익투스와 평대원

　기나긴 연단과 시련의 시간 가운데 하나님께서 나에게 주신 소중한 선물 두 가지가 있다면, 그것은 두말할 필요가 없이 평신도 대학원 입학과 익투스 합창단 입단이었다.

　평신도 대학원은 내가 속한 교단(장로교 통합 교단)의 장로회신학대학교 내에 개설된 2년제 평신도 교육 대학원이다. 주 1회 출석 수업을 하며 신학교 교육과정을 축약하여 배우는 평신도 교육과정이다. 이미 십수 년 전부터 우리 교회 선배 장로님들께서 권유하셨지만 별로 마음에 와 닿지 않았고, 교회 정치를 하는 사람들이나 하는 과정으로 치부해왔다. 그러다가 좀 더 체계적이고 구체적으로 공부하여 주의 일을 감당하고 싶은 생각이 들었다. 그리고 1학년 재학과정에 있는 미국 유니온 신학교 방문, 2학년 재학과정에 있는 이스라엘 성지순례에 묻어서 가고 싶은 생각에 입학하게 되었다.

　하지만 이때도 여전히 현장일을 나가게 되고, 화요일 수업 시간과 겹치는 일이 생기면 대학원 수업보다는 일이 먼저였다. 그래서 많은 수업을 결강하게 되었고, 함께 입학한 동기와 대리 출석도 많이 하게 되었다. 정작 처음에 마음먹었던 미국 여행이나 성지순례는 시간도 없고 돈도 없어서 한 번도 함께하지 못했다.

　10여 년이 지난 지금은 그때 공부한 것들이 교회를 섬기며 신앙생활을 하는 데 귀한 도움이 되고 있다. 그뿐만 아니라 함께 수학했던 대학원 동기들끼리 또는 부부 동반하여 함께 교제하고 친교도 하며 깊어가는 세월의 동반자가 되어 함께하는 것이 너무도 감사하고 행복하다.

　또 한 가지의 선물은, 익투스 남성 합창단이다. 어렵고 힘든 상황이지만 입술을 열어서 하나님을 찬양할 수 있는 것이 너무도 기쁜 일이었다. 익투스 찬양단은 통합 교단의 전국 남선교회 산하의 합창단이다. 수십 명이 매주 화요일 새벽에 모여서 연습을 하고, 격년으로 정기 연주회와 해외 연주회를 하고 있다.

　매주 연습하는 찬양곡들이 매일매일의 삶에 은혜를 더하여 주었고, 찬양을 드리며 내 자신이 먼저 많은 은혜를 경험하였다.

　연습 중이나 정기 연주회 리허설을 하는 시간에도 여기저기서 내 머리를 아프게 하는 전화가 계속 오곤 했다. 하지만 하나님을 찬양하는 일이 너무나 행복하고, 일주일 내내 연습했던 찬양의 곡조가 나의 마음속을 맴돌고 나의 영혼을 평강으로 감싸면서 매일매일이 행복했다. 단원들과 한 형제, 한 가족이 되어서 보내는 삶도 너무나 행복하다.

　"정말 귀하고 소중한 선물을 주시고, 선택할 수 있도록 기회를 주신 하나님께 무한한 감사와 영광을 돌립니다. 할렐루야!"

빈틈을 노리는 사탄

　모든 환경이 모자람 없이 행복한 삶이었고, 감사가 넘치는 삶이었다. 그런데 사탄(돈, 권력, 성욕을 이용하여 인간을 나쁜 길로 유혹하는 기독교 최대의 악마)은 그 모습을 그냥 놓아두지 않으려고 했다. 23년 안수 집사로 섬겼고, 재수 끝에 영광스럽게 장로 임직을 하였다. 정말 하나님께서 기뻐하시는 온유하고 겸손한 장로로 섬기기를 다짐하며 출발하였는데, 어인 연고인지 처음 참석한 당회에서부터 당회원 간에 갈등이 시작되었다.
　처음에는 선임 장로님들 간의 갈등을 조정하려는 데서부터 출발하였지만, 아이러니하게도 그 갈등의 중심 대상이 내가 되고 말았다. 임직 후 6년 동안이나 계속되는 어려움 속에서 교회가 평안하려면 당회가 평안해야 하고, 당회가 평안하려면 당회원 간에 소통이 잘 되어서 갈등이 없어야 했는데, 시간이 갈수록 점점 갈등이 커지게 되었다.
　당회는 당회장인 담임목사와 부목사, 그리고 임직 받은 시무 장로들로 구성된다. 시무 장로로 임직을 받은 구성원 각자는 살아온 배경이 각자 다를 수밖에 없었다. 자라온 환경도, 학력도, 성격도, 가치관도, 신앙관도 모두 다를 수밖에 없다. 하지만 단 하나, 하나님 말씀에 근거하고 하나님의 뜻에 합하여 하나님 중심으로 서로를 맞추면 갈등이 좀 있더라도 모든 것을 극복하고 조화를 이룰 수 있다.

궁극적으로는 주님의 몸 된 교회를 잘 섬기고, 성도들을 잘 섬기려는 한 가지의 목적이 동일하기 때문이다. 처음에는 개인 간의 갈등으로 인한 것이었지만, 점차 당회실 밖으로 갈등이 파급되어 교회 안에 오해가 침소봉대되어 확산되어 갔다. 그 와중에 나에 대한 오해와 갈등이 심대한 모함과 명예훼손과 비난으로까지 확대되어 갔다.

내 개인과 가정과 사업과 모든 환경이 너무나 감사하고 행복한 삶인데, 오직 한 가지 시련은 교회 문제였다. 복음은 이 세상에서 가장 귀한 말씀이고, 최고의 행복이 주님과 함께하는 삶인데, 아이러니하게도 교회에서 이런 꼴을 보다니 참으로 가슴 아픈 불행이었다. 너무나 괴로운 시간이 오래 지속되었고, 별로 희망이 보이지 않았다.

하나님께 묻기도 전에 결단을 내렸다. '내가 조용히 교회를 떠나자.' 내가 떠나면 담임목사님의 목회에도 도움이 되고, 교회도 평안해지리라는 생각에 그렇게 마음먹고 본 교회 출석을 하지 않았다. 이 기간 동안 나는 유기성 목사의《나는 죽고 예수로 사는 삶》이라는 책과 로마서를 18번 읽었다. 교회를 떠나겠다는 나의 판단과 생각을 합리화하기 위해서 노력했지만 마음이 편치 않았다. 그 시간이 한 달이 되어 갔다.

집 근처 교회 여기저기를 돌며 몇 주간 동안 예배를 드리다가 집 가까이 있는 같은 교단의 '넘치는 교회'로 이적하려고 마음먹고, 주님께 마지막 사인을 받으려고 아내와 함께 새벽기도에 갔다. 그런데 이날 마침 교회 문이 닫혀 있었다. 하는 수 없이 바로 옆 건물에 있는 합동 측의 '주님의 교회'로 가게 되었다. 말씀을 듣고 기도하는 중에 하나님의 생생한 음성이 들려왔다. "내가 너를 위하여 목숨까지 버려서 너에게 생명을 주었는데, 그 큰 은혜를 너는 나에게 무엇으로 갚으려고 하느냐? 끝까지 교회를 지키고 충성을 다하라."

분별과 판단은 다르다. 분별은 영적인 지혜에서 오는 것인 반면에, 판단은 분노의 영과 미움의 영을 불러온다. 분별은 하나님의 사랑의 눈으로 상대방을 보는 것이다. 판단은 나의 의(義)의 기준을 가지고 상대방을 재는 것이다. 판단의 영에 지배를 받게 되면 잘못을 누군가에게 전가하되 책임은 지려 하지 않는다. 주위를 비난하지만 용서와 화해를 위한 노력은 하지 않는다. 판단의 영은 판단하는 사람의 영혼을 무디게 만들고, 주변 사람들과의 관계를 깨뜨린다. 새로운 깨달음이었다.

하나님께서는 하나님의 시간에 하나님의 방법대로 일하시면서, 하나님의 뜻을 분별하여 알고 하나님의 뜻에 순종하기를 원하신다. 그 후 하나님께서는 하나님의 선하신 방법으로 우리 교회를 평강 가운데로 인도해 주셨고, 우리 교회와 당회는 다시 평강을 회복하였다. 놀라우신 은혜의 하나님을 찬양한다. 할렐루야!

때를 따라 주신
놀라운 은혜 1

하나님께서는 하나님의 시간과 계획에 따라서 차근차근 나를 만드셨다. 때를 따라서 주신 은혜와 합력하여 선을 이루어 주셨던 수많은 놀라운 축복의 열매가 많지만, 몇 가지만 남겨보고자 한다.

> **출애굽기 33장 19절** "여호와께서 이르시되 내가 내 모든 선한 것을 네 앞으로 지나가게 하고 여호와의 이름을 네 앞에 선포하리라 나는 은혜 베풀 자에게 은혜를 베풀고 긍휼히 여길 자에게 긍휼을 베푸느니라."

서울시 강서구 등촌동에 위치하였던 농민신문사 이전 건이 있었다. 지하 1층에 출판한 서적이 가득 차 있었다. 창문도 작고 계단으로 수작업을 해야 했다. 그때만 해도 나는 현장이 생기면 보통은 두세 번을 꼭 살피면서 지혜를 구하였다. 처음 볼 때보다 두 번째 볼 때가 더 좋은 지혜를 얻게 되었고, 세 번째 다시 볼 때에도 첫 번째와 두 번째 보이지 않던 새로운 지혜가 떠올라 결국에는 최대한의 효율을 찾아낼 수가 있었다. 마지막으로 세 번째 둘러보러 갔을 때, 처음부터 전혀 보이지 않았던 작은 덤웨이터(책이나 음식 등을 운반하는 소형 승강 장치)가 보였다.

직원의 말에 의하면 입주한 지난 십여 년 동안 한 번도 사용한 적이 없었고, 언제부터인가 고장이 나서 아예 쓸 생각을 한 적이 없었다고 했다. 나와 사전 답사에 동행하였던 우리 직원이 하는 말이, 자기가 과거에 엘리베이터 수리를 하러 다녔는데 아마 조금만 수리를 하면 작동될 것이라고 했다. 눈이 번쩍 뜨였다. 그러면서 자기의 옛 동료에게 부탁하면 될 것이라고 하였다. 그래서 바로 전화를 해보았더니, 바로 그 시간에 가까운 등촌 사거리에 출장을 나왔는데 마침 서비스 작업을 마치고 이동하려고 한다고 하였다. 그래서 즉시 도움을 요청하였더니 곧바로 와 주었다.

이것저것을 잠시 살펴보더니, 부품 한 가지만 수리를 하면 작동된다고 하여 교체하였더니 즉시 가동이 되었다. 그렇게 되어 수리비 십만 원으로 몇 백만 원의 비용을 절감하여 마칠 수 있었다. 참으로 놀라웠다. 할렐루야!

2007년 연말 한국중부발전 인천화력본부 종합창고 신축 이전 용역에 낙찰이 되었다. 전체 용역 규모가 9,700만 원 정도의 용역이었는데, 금액만 큰 것이 아니라 약 200평 규모의 창고 열다섯 동을 이전해야 하는 용역이었다. 그리고 각각의 창고마다 엄청난 장비들이 있었다. 낙찰되었다는 기쁨으로 실사를 하였지만, 사실 내가 한 번도 경험이 없이 처음 겪는 일이어서 엄청난 물량에 놀랐고, 3주 안에 일을 마쳐야 하는 짧은 일정에 놀랐다.

담당자와 일정에 대해 논의하기 위해 미팅을 하러 가는데 이런 지혜를 주셨다. '모든 기계와 장비들은 누군가 그곳에 옮겨 놓았기에 그곳에 있는 것이지, 땅에서 솟아났거나 하늘에서 뚝 떨어진 것이 아니다. 그렇기 때문에 누군가 가져다 놓은 사람이 있을 것'이라는 생각이 들었다. 맞다! 누군가 가져올 때 일했던 사람이 있을 것 같았다. 담당자와 미팅을 하면서 주로 작업을 했던 사람을 물으니, 발전소 입구 부근에 지게차를 운영하는 사장님이 대부분의 일을 많이 했다고 하면서 연락처를 바로 알려 주었다. 예수님께서 천사를 나에게 보내 주신 것 같았다.

지게차 사장님을 찾아갔더니, 이미 수년 동안 거의 모든 장비를 옮기는 데 관여했다고 말하였다. 용역 내용을 이야기했더니, 자기와 자기 동생 둘이서 작업을 하고 부족하면 지게차를 한 대 더 투입하면 된다고 하였다. 너무나 기쁜 소리였다. 단, 내가 선급금이 없으므로 외상으로 작업 후 결제하자고 제안하였더니, 공기업인 큰 발전소에서 틀림없이 돈이 나올 테니 괜찮다고 하면서 성실하게 작업해 주겠다고 약속하였다.

발전소에서 연말 안에 예산을 집행해야 해서 갑자기 짧은 기일 내에 이전을 해야 했고, 기일이 촉박하였다. 그때가 12월 초였다. 최소한의 차량과 인력을 투입하였다. 두 형제의 지게차 두 대가 구 창고와 신 창고를 옮겨 다니며 쉬지 않고 열심히 작업을 해주었다. 이미 여러 번 장비를 다루어 보았기 때문에 어디를 들어야 하고, 어느 방향으로 어떻게 움직여야 할지 등을 능수능란하게 잘 해냈다. 보면서 내가 여러 번 감탄하였다. 그 결과 놀랍게도 3주 이상 걸려야 할 작업을 12일 만에 마치게 되었다.

발전소 관리 책임자가 너무 고맙다고 우리 직원들의 회식을 다 시켜 주었고, 결제도 신속하게 해주어서 2007년 연말은 엄청난 감사의 연말을 맞이하게 되었다. 그뿐만 아니라 얼마나 효율적으로 일을 수행했는지 무려 이익률이 70%에 이르는 놀라운 결과로 경이적인 기록을 세우기도 하였다. 할렐루야!

때를 따라 주신
놀라운 은혜 2

2008년에 한국전력 해남지점 신축사옥 이전을 하던 때였다. 직원 두 명과 사다리차를 끌고 해남까지 갔다. 나머지 사람들은 현지 인력을 구하여 쓰기로 했다. 앞 건물인 구 사옥에서 바로 뒤쪽 신 사옥으로 옮기는 용역이었다. 담당자 말로는 다섯 개 업체가 다녀갔는데 모든 업체들이 똑같이 앞 건물에서 사다리차로 내려서 1톤 차량으로 이동하여 새 건물에 사다리차를 다시 대고 올리는 방식으로 작업한다고 했단다.

어차피 구 건물은 해체할 예정으로 나는 우리 사다리차 한 대로 운반 차량을 사용할 필요도 없이 작업을 하기로 했다. 놀라운 것은 구 건물의 창문을 다 부수고 두 건물 사이에 사다리를 대었더니, 물건들이 신축건물 1층 엘리베이터 앞으로 딱 떨어지게 되는 것이다. 차량으로 운반을 안 해도 되고, 우리 사다리 차량 한 대와 적은 수의 인원으로 작업이 가능하게 되었다. 그래서 비용과 시간을 훨씬 덜 들여서 작업을 마치고, 즐거운 마음으로 귀경하였다. 할렐루야!

2012년 7월에 있었던 일이다. 구 서울메트로(지금은 서울교통공사로 통합됨)의 레일 운송 용역이 있었다. 이 일은 포항의 현대제철에서 서울시 내에 있는 각 지하철 차량기지까지 레일을 운송하는 용역이었다. 우리가 낙찰되었을 무렵에 때마침 화물연대(화물자동차 조합원들의 연대)의 파업이 있었다. 기일에 맞추어 용역을 수행해야 했는데, 화물자동차 연대가 파업을 하다 보니 운송요금이 부르는 게 값이었다. 어쩔 수 없이 높은 운송비를 지불하면서 어렵게 용역을 수행하였다. 지금까지 20년간 사업하는 동안 천만 원씩이나 되는 큰돈을 적자를 본 경우는 전혀 없었던 것 같다.

바로 다음 해 5월에 한국철도 시설공단의 철도 운송 관련 용역 입찰이 있었다. 처음으로 2억이 넘는 큰 규모의 입찰에서 1위가 되었다. 그런데 전년도에 수행했던 2위 업체에게 용역을 다시 주고 싶어서였는지는 몰라도 우리를 배제시키려는 모습을 보였다. 중요한 이유 중에 하나는, 철도 운송 관련 일이 적다는 것이었다. 그래도 전년도에 적자를 보며 실행했던 서울메트로의 레일 운송 용역 실적이라도 있어서 다행이었다.

4월 30일, 여러 차례 통화 가운데 우리를 배제하는 쪽으로 이야기를 마치면서, 5월 1일 근로자의 날에는 쉬고, 2일에 오송에 있는 사무실에서 만나기로 하였다. 그러면서 반영할 수 있는 최대한의 실적증명서를 가지고 오라는 것이었다. 주어진 이틀 동안의 시간 동안 하나님께 매달려 기도하였다. 이번 기회에 꼭 도와주시라고… 그래서 꼭 우리에게 기회를 주시라고….

5월 2일, 일찍 출발하였다. 엊그제 극구 안 된다고 주장하던 담당자가 실적증명서를 쭉 넘겨보더니 다 된다고 하였다. 정말 놀라운 대반전이 일어났다. 지난해 천만 원씩 적자를 내며 수행했던 레일 운송 용역의 실적증명서가 결정적인 역할을 했다. 오히려 전화위복이 되었다. 이런 일처럼 기적적으로 일어난 하나님의 은혜와 축복의 역사는 지금도 계속되고 있다. 할렐루야!

시편 116편 5절 "여호와는 은혜로우시며 의로우시며 우리 하나님은 긍휼이 많으시도다."

꿈꾸던 새집 입주

　2017년 11월 1일은 잊을 수 없는 특별한 날이다. 경매로 살던 집을 잃은 지 만 10년 만에 내 집을 다시 마련하여 입주한 날이기 때문이다. 정말 상상조차 할 수 없었던 놀라운 하나님의 은혜로 새 아파트를 구입하게 되었고, 10년 동안의 월세방 살이를 졸업하고 입주하게 되었다.
　누구나 가질 수 있는 집이고 아주 평범한 일인데, 뭐가 특별할 것이 있을까? 그것은 사업한답시고 뛰어들었다가 집을 날리게 되었고, 날라간 집을 하나님의 극적인 은혜와 사랑으로 다시 마련할 수 있게 되었다는 것이다. 또 하나는 집 없이 살다가 내 집을 마련했다는 것으로 집에 대한 소중함과 감사함을 새삼 깨달았다는 것이다.
　지금도 매일 외출을 했다가 아파트 입구에 들어설 때마다 하나님께 감사의 기도가 저절로 나온다. 4년이 지난 지금까지도 마치 꿈을 꾸는 것 같기도 하고, 어느 펜션에 놀러가는 느낌으로 집에 들어간다. 이사 견적을 다니면서는 좋은 집에 사는 사람들을 보면서 '나는 언제쯤 이런 집에서 다시 살 수 있을까?'를 상상했고, 그런 모습들이 너무 부러웠다. 때로는 가정이사 팀장으로 대신 일을 다니면서 이삿짐을 정리해 줄 때도 '나는 언제까지 남의 집 짐이나 정리해주고 살아야 하는가?' 하는 자괴감이

들 때도 많이 있었다. 그래서 그 꿈이 이루어진 이날은 감사하고 행복한 날이었다.

하나님께 "이 어인 은혜인지요? 이 어인 사랑인지요?"라고 감사를 고백했더니, 하나님께서는 "너에게 주는 선물이야. 마음껏 누리렴!" 하고 말씀해 주셨다. 할렐루야!

어느 날 친구 부부와 같이 차를 타고 친구들 모임에 가는 날이었다. 차 안에서 대화를 나누며 가던 중 친구 아내의 말이 "아유, 왜 이리 사는 게 밋밋한지 요즘 삶이 너무 재미가 없어"라고 넋두리하는 소리를 들었다.

당시만 해도 나는 고난의 깊은 강을 건너면서 처절한 삶을 살고 있을 때였다. 그 당시에 친구네는 경제적으로도 여유가 있었고, 아들과 딸도 일찍 결혼을 하였고, 그야말로 외적으로 남 보기에는 전혀 근심 걱정이 없어 보이는 집이었다. 그 순간 '맞아! 똑같은 상황이지만 어떻게 느끼느냐가 중요한 것이구나. 고난의 강을 건너 보고, 집도 없어져 봐야 남들은 평범한 것 같지만 감사를 아는 행복을 맛볼 수 있게 되는 것이구나' 하는 것을 깨닫게 되었다.

흔한 일, 평범한 일, 남들도 다 사는 집이지만 나에게는 특별한 일이고, 감사한 일이며, 놀라운 은혜이다. 할렐루야!

모든 기도가
응답되다

민수기 6장 25절 "여호와는 그의 얼굴을 네게 비추사 은혜 베푸시기를 원하며."

내가 하나님의 은혜에 감사할 수밖에 없는 이유는 너무나 명확하다. 그동안 오랫동안 기도하였던 모든 기도가 응답이 되었기 때문이다. 모든 기도가 응답되다니? 정말일까? 정말이다. 그럼 응답이 안 된 기도는 제외하고 말하는 것이 아닌가? 아니다.

기도는 하나님과의 대화라고 말한다. 곡조가 붙은 기도는 찬양이라고들 한다. 그렇다. 하나님과 늘 대화를 하는데 소통이 안 될 이유가 없고, 내 생각과 내 결정을 갖고 하나님과 의논을 드리는 것이 아니고, 하나님의 뜻을 묻고 하나님의 뜻을 알아서 하나님의 뜻대로 하고자 하는 것이므로 기도의 응답이 어려울 이유가 없는 것이다. 그래서 나는 '기도는 하나님의 말씀에 철저한 순종'이라고 생각한다.

고난을 통해 얻은 가장 소중한 것은 하나님과 인격적으로 일대일로 만난 것이고, 천국에 부르실 그날까지 하나님과 동행하기로 다짐한 일이다. 그 동행이 멈춰지는 순간, 이 땅에서의 내 삶의 의미는 없어지는 것이고,

살아 있지만 죽은 목숨이나 다름이 없는 삶이다.

첫째는, 감사하게도 지난 이십 년 동안 우리 가족의 건강을 지켜 주셔서, 우리 부부와 아이들 둘 다 크게 아프거나 크게 다치거나 사고가 난 적이 없이 지켜 주신 것이다. 늘 첫 번째 기도가 가족을 위한 기도였는데 말이다. '절박한 경제적 어려움이 있을 때 건강마저 나빠지거나 큰일을 당했다면 정말 어찌 됐을까?' 하는 생각을 하면 아찔해지지 않을 수 없었다. 나의 기도를 응답해 주시고, 온 가족의 건강을 지켜 주신 하나님의 은혜에 감사한다.

둘째로, 자녀를 위한 기도는 늘 지혜를 주시기를 구하였다. 우리 두 아들은 감사하게도 신앙을 삶의 최우선으로 삼고 살고 있다. 첫째 아들 은상이는 대학 졸업 후 취업을 준비하다가 김용의 선교사님께서 운영하시는 복음 학교에서 하나님의 음성을 듣고 '아버지를 도와 회사 일을 하겠다'고 하여 지금까지 회사 일을 열심히 하면서 경영 수업을 하고 있다. 둘째 경상이는 졸업과 동시에 취업이 그렇게 어렵다는 대기업에 입사해 다니고 있다. 하나님께서 주신 지혜로 중고등학교 과정과 대학 과정을 우수한 성적으로 졸업하였고, 청소년기와 학창 시절의 어렵고 힘들었던 시기에 부모의 큰 도움 없이 자리를 잡았으며, 늘 믿음의 삶을 살아가는 모습은 하나님께서 주신 소중한 기도의 응답이다.

세 번째 기도의 응답은, 평생 다시 기회가 없을 것 같았던 내 집 마련의 기회를 주신 것이다. 오십 대 후반에 경제적으로는 밑바닥까지 망가진 나를 다시 살리시고, 놀라운 기적 같은 은혜를 베풀어 주셔서 천국 가기 전 이 땅에서의 남은 생애 동안 알맞은 환경에서 감당할 수 있는 정도의 안식처, 알맞은 크기와 알맞은 위치의 너무 좋은 장막을 허락해 주신 것이다. 날마다 집에서 느끼는 감사는 생각할수록 꿈만 같고, 기적 같은 우리 가족의 현재의 삶이다.

네 번째 기도의 응답은, 처음에 꿈꾸고 서원하였던 선교에 대한 열망의 기도 응답이다. 교사를 사직하고 돈을 벌어서 선교하고 싶어서 나선 장정의 15년 만에 이루어지기 시작한 응답이다. 나는 하나님께 돈을 많이 벌어서 그리스도와 복음을 위한 일을 하겠다고 선언적 기도를 했다. 그런데 돈을 벌기 전에 하나님은 내가 먼저 하나님 앞에 온전히 순종하는 자녀가 되는 것과 쓸 만한 그릇으로 만들어지기를 원했다. 그래서 13년이라는 시간 동안 연단의 과정이 필요했다.

내 마음은 '돈을 벌어서 선교하겠습니다'였는데, 하나님께서 주신 말씀은 '선교하면서 돈을 벌라'는 말씀이었다. 그리고 돈으로 선교하는 것이 아니라 마음으로 선교하는 것이라는 말씀도 해주셨다. 깊은 고난의 강을 건너고 있는 2007년 말부터 선교헌금을 드리기로 했다. 한 달에 만 원이었다. 사실 어려운 결단이었다. 그 당시는 아침에 먹을 쌀이 떨어지는 날도 부지기수일 때였으니까 말이다. 그러면서 매년 만 원씩을 더해 가기로 했다.

돈을 많이 벌어서 선교한답시고 출발했지만, 오히려 내가 구제를 받아야만 살 수 있는 처지가 되어 살고 있는 상황이었다. 하지만 내가 어려워도 선교하겠다고 서원하고 시작한 일이니, 선교하는 일은 기쁜 일이었다. 물질적으로는 쪼들리는 형편이었지만 마음은 너무나 감사하기도 했고, 편하기도 했다. 그렇게 시작한 선교헌금이 시작한 지 14년이 지난 지금은 처음의 열네 배가 되었다.

또 한 가지는 그 당시 운전할 때면 극동방송에 채널을 고정하여 늘 청취하였는데, 온 가족이 전파선교사로 가입하였다. 그리고 잠비아에 사는 무스마리 에리아짜와 케냐의 사드락이라는 두 아이를 월드비전을 통하여 지금까지 후원하고 있다. 선한 영향력은 거창한 것이 아니고 나에게 허락하신 범위 안에서 할 수 있는 한 감사함으로 감당하는 것이라고 생각한다. 나의 남은 생애 동안도 하나님께서 나에게 열어 주시는 대로 그리스도의 복음 전파와 선교에 힘쓰려고 한다.

돌이켜 생각을 해보니, 처음 시작했을 때에 비하면 천 배 이상의 물질적 축복을 받은 것 같다. 할렐루야!

> **사도행전 20장 24절** "내가 달려갈 길과 주 예수께 받은 사명 곧 하나님의 은혜의 복음을 증언하는 일을 마치려 함에는 나의 생명조차 조금도 귀한 것으로 여기지 아니하노라."

다섯 번째는, 두 법인기업 ㈜이사박사 코리아와 에스앤지㈜가 그리스도와 복음을 위하여, 하나님의 영광을 위해 쓰임 받게 해 달라는 기도이다. 두 기업을 통하여 어렵고 힘든 사람들과 그 가정, 특히 목회자와 목회자 훈련과정에 있는 분들, 어려운 교회와 어려운 선교사님들과 어려운 이웃을 위해 일자리를 제공하며 후원하고, 작지만 다양하게 쓰임 받게 된 일들이다. 이삿짐 일이라는 게 힘이 들고 복잡한 일이기에 개인이든 회사든 대학이든 수많은 도서나 장비이든 무엇을 하든 힘든 일이다. 하지만 다른 사람이 어려워하는 일을 도우며 봉사한다는 마음에 결국은 섬기는 일이 되어서 너무도 기쁘고 감사하다. 이러한 일을 할 수 있게 된 것도 기도의 응답이고, 감사한 일이다.

여섯째는, 교회와 노회를 위한 기도 응답이다. 우리 서울동노회가 3년간이나 파행을 겪는 아픔이 있었다. 매일 아침 금식과 새벽기도, 그리고 가정 예배 때에도 빠지지 않던 기도제목였는데, 하나님께서는 극적으로 정상화를 이루어 주셨다. 교회 안에도 갈등이 있어서 6년 동안이나 아픔이 있었는데, 어느 순간 봄눈 녹이시듯이 해결해 주셨고, 우리 교회 안에 모든 갈등이 사라지고 다시 평강이 찾아왔다.

일곱째는, 시간적, 경제적 자유를 얻어 이미 시간적 자유와 경제적 자유를 얻어 누리는 많은 사람들과 교제하고, 운동도 하며 마음껏 하나님의 일을 할 수 있는 환경을 주신 것도 놀라운 하나님의 축복이고, 기도 응답이다.

　지금까지 하나님께서는 여러 가지 환경과 여건을 은혜 가운데 열어 주시고, 나를 인도해 주시고, 나에게 지혜를 주셨다. 또한 나와 함께해 주셔서 이렇게 어렵고 힘든 기나긴 코로나19 펜데믹의 시대에도 모든 일을 감사함으로 감당할 수 있게 되었다. 이 모든 감사와 영광을 오직 하나님께 돌린다. 할렐루야!

'코로나19'에
갇힌 삶

2019년 11월 말경 중국의 후베이성(Hubei, 湖北省, 호북성)의 일원, 그중에서도 우한시(Wuhan, 武漢, 무한)를 중심으로 '코로나-19'(신종 코로나 바이러스)가 발생하여 우리나라 전역은 물론 전 세계의 거의 모든 나라에 전염병의 대유행[팬데믹: 세계보건기구는 전염병의 위험도에 따라 전염병 경보단계를 1단계에서 6단계까지 나누는데, 최고 경고 등급인 6단계를 '팬데믹(pandemic: 전염병의 대유행)'이라 한다. 그리스어로 'pan'은 '모두', 'demic'은 '사람'이라는 뜻으로, 전염병이 세계적으로 전파되어 모든 사람이 감염된다는 의미를 지니고 있다] 사태를 불러 왔다.

국내에서 22만여 명의 확진자가 나타났고, 2천 200여 명(2021. 8월 말 현재)의 생명을 앗아갔으며, 특히 대구와 경상북도 청도 일원에서는 신천지라는 이단 종파에 의하여 많은 전염이 대확산되었다. 전국에 전염병이 확산되면서 이로 인하여 수많은 환자가 발생하고, 접촉자들과 주변인들의 격리와 치료 병상이 없어서 병원들이 더 이상 수용할 수 없는 엄청난 일이 벌어졌다. 이 전염병은 급속히 세계로 확산되었고, 우리나라는 그래도 상대적으로 모범적으로 대처한 국가가 되었다.

개인 간 '사회적 거리 두기'라는 용어가 생겨났고, 개인 생활은 물론 소규모의 모임이나 집단적 활동이 전면 취소되거나 금지되었고, 학교도 몇 주씩 개학이 연기되기도 하였다. 자영업자는 영업장을 아예 폐쇄하였고, 직장인들은 재택근무 등의 조치가 취해졌으며, 예약된 여행은 모두 취소되었을 뿐만 아니라, 세계 각국에서는 저마다 한국 국민에 대한 입국 금지 조처를 내리고 한국발 비행기의 운항을 전면 금지하는 등 이전에 겪어 보지 못했던 갖가지 초유의 사태가 벌어졌다.

우리 교회도 주일 예배를 영상 예배로 대체하고, 그 외의 모든 예배나 모임은 중지하는 등 복음이 들어온 이래 최초의 예배 중지 사태를 맞이하게 되었다. 2년 가까이를 쉬었지만, 앞으로도 한동안은 계속될 것 같아서 안타까운 마음이 이루 말할 수 없다.

그간 어려웠던 경제가 새해를 맞아 힘차게 재도약을 하려고 했지만 얼마 지나지 않아 수출도, 수입도 안 되고, 내수 경기마저 어려워져서 대불황의 상황에 빠졌다. 전 국민에게 재난지원금을 지원하고, 많은 기업에게는 긴급 지원과 일자리 지키기를 위한 몇 차례의 추경을 마련하는 등의 조치가 내려졌다. 전 세계 주가와 유가는 폭락하고, 선진국들의 경제가 곤두박질치면서 대공황에 빠지는 지경에 이르렀다. 그야말로 모든 상황이 심판의 날이 다가오는 것 같기도 하다.

가정적으로는 우리 큰아들 은상이가 결혼을 하였고, 두 부부가 회사에서 함께 일하며, 회사를 한 단계 업그레이드시키고 있다. 어려운 환경 가운데서도 기업을 하나님께서 운영해 주셔서, 어려움 속에서도 크게 흔들리지 않고 경영해 주시고 우리의 필요를 채워주신다.

또 하나는, 우리 둘째 경상이가 취업이 어려운 이 지경에 졸업하자마자 바로 취업하여 업무에 잘 적응할 뿐만 아니라 만족스러운 직장 생활을 하게 되어 우리 가정의 염려와 근심이 없게 감사함을 주신 것이다.

과연 이 엄청난 재난에 대한 나의 생각은 무엇인가? 그동안 성경 말씀을 통해 익히 보아오고 들어왔던 심판의 날이 다가오고 있는 징조로 보인다. 지금까지 일어난 모든 재앙의 단초는 나를 비롯한 우리 인간의 잘못에 기인한다. 하나님께서 주신 아름답고 소중한 자연을 마음대로 훼손하고 환경을 오염시키며 파괴한 범죄를 저질렀기 때문이다.

  또한 물질 만능의 시대를 만들고 스스로 물질에 종속된 삶으로 귀속되다 보니, 인간 스스로가 물질을 누리는 것이 아니라 물질의 노예가 되어버리는 어처구니없는 결과를 가져오게 되었으며, 인간성 상실의 시대를 맞이하게 되었다. 갖가지 폭력과 음란과 타락의 모습은 여전히 종말과 심판을 재촉하는 모습으로 빠르게 질주하고 있는 것 같아서 안타깝게 생각된다.

  참으로 암울하고 참담한 현실 속에서 나 자신을 돌아보고, 하나님 앞에 진정으로 회개하며, 하나님의 은혜를 간절히 구하는 방법밖에 없는 것 같다. 그 누구도, 그 어떤 세력도, 그 어떤 강대국도 스스로 어찌 할 바 모르고, 해결할 능력도 없는 현실이기 때문이다.

  이 코로나19의 사태가 창조주이신 하나님의 은혜로 말미암아 어서 종식되고, 소중했던 일상의 삶으로 회복되기를 마음 모아 기도하고 있다. 이로 인해 어려움을 겪는 세계 만방의 모든 사람들에게 하나님의 위로와 평강이 함께하시기를 간절히 기도할 따름이다.

딸을 맞이하다

2020년 8월 8일은 특별한 날이다. 우리 부부가 결혼한 지 5년 만에 주신 은상이가 어느덧 성장해서 결혼을 한 날이기 때문이다. 코로나 펜데믹으로 결혼식을 올리기가 쉽지 않았다. 어렵게 날을 잡았는데, 유난히도 여름 내내 장마가 계속되었다. 코로나가 점차 확산이 되어 모임이 쉽지가 않았다.

그런데 결혼식 당일에 놀라운 축복의 은혜가 있었다. 모두가 놀랄 만한 일은 6월 말경부터 시작된 장마가 50여 일 동안 매일 계속되었는데, 결혼식 당일은 아침부터 햇살이 비치고, 맑게 갠 날이 되었다. 기적 같은 날씨에 우리 온 가족은 물론 하객들이 놀라워하면서 신랑, 신부를 축복해 주었다. 코로나로 인하여 모임이 어려웠는데, 그 시기에는 반짝 집합금지 제한이 풀려서 많은 하객들이 참석하여 결혼을 축하해 주었다.

결혼식 준비는 며느리가 오랫동안 기도하며 준비하였다. 여느 결혼식과는 다르게 결혼 예식에만 포커스를 맞추지 않고, 결혼식을 예배의 장으로 만들어 믿지 않는 가족들에게 복음을 전하는 장으로 삼겠다는 것이었다. 정말 독특한 결혼식에 의아해하는 사람들도 있었지만, 은혜가 넘치고 축복받는 결혼 예배였다. 1부와 2부로 나누어 1부는 예배로, 2부는 하객들이 신랑, 신부와 나눔의 시간을 갖고, 두 사람이 만난 과정과 결혼하게 된 과정도 함께 나누었다. 하객들 모두 독특함에 놀랐고, 색다른 결혼식 모습에 새삼 놀랐다고들 하였다.

그 후 신혼여행을 포함한 한 주간의 휴가를 지낼 때까지 잠잠하던 코로나19가 더욱 확산되어서 한동안은 많은 결혼식이 연기되거나 취소되는 일이 벌어졌다.

내가 처음 겪는 혼사라서 어찌할 줄 몰라 하는 일이 있기는 했으나, 처음부터 끝까지 모든 일을 스스로 하려는 아들과 며느리에 대하여 한편으로는 대견하기도 했고, 한편으로는 좀 섭섭한 마음이 있기도 했다. 하지만 우려와는 달리 날씨부터 모든 환경과 여건을 하나님께서 인도하고 계심을 절실히 느꼈고, 모든 것이 정말 기쁘고 감사한 결혼이었다.

원래 아들만 둘을 키워왔던 터라 딸에 대한 아쉬움이 있었는데, 우리 딸 같은 며느리 하은이는 정말 딸처럼 시어머니와 친근하게 지내고, 시부모님의 생일과 결혼기념일과 가족의 모든 대소사를 알뜰히 챙긴다. 오히려 아들보다 더 잘하는 딸로 우리에게 귀한 선물이 되었다. 할렐루야!

나는 행복합니다

　나를 지으시고 나를 보내신 하나님께서 열 번씩이나 내 생명을 지키시고 연장해 주셨다. 나를 제자 삼아 하나님의 종으로 쓰시려는 사인(sign)도 두 번 이상 보내주셨다. 또한 여러 차례의 꿈과 환상을 통하여 살아계신 하나님의 모습을 보여주셨다. 나의 일생에 함께 동행하시면서 일마다 때마다 말씀(sign)해 주시는 그 은혜로 인하여 나는 이 땅에서 천국을 맛보며 살고 있다.

　내가 하나님을 인격적으로 깊이 있게 만나기 전의 지나온 삶은 '나름 계획, 나름 행동, 나름 생각, 나름 봉사, 나름 사역, 나름 거룩함, 나름 신앙 생활' 등 '나름의 삶'이었다. 내가 내 인생의 주인이 되어서 하나님을 내 삶의 도우미로 생각하며 살았다. "너희는 먼저 하나님의 나라와 하나님의 의를 구하라. 그리하면 이 모든 것을 더하시리라" 하신 말씀 중에서, 하나님의 나라와 의를 먼저 구하는 '하나님 나라의 가치로 사는 삶'은 뒷전인 채 이 모든 세상 것을 위해서 살았다. 그리고 내가 주인이 되어 '세상의 가치로 사는 포장된 그리스도인'이었다.

　하나님께서는 내가 '나를 향한 하나님의 무한하신 사랑'을 깨닫기를 원하셨다. 그리고 '하나님을 향한 나의 사랑'을 확인하고자 하셨다. 내 모든 삶이 하나님의 계획과 인도하심에 있음을 깨닫고 하나님께 나의 삶을 온전히 맡기게 되었다. 그러자 마치 퍼즐(puzzle)을 맞추어 가시듯 성령님께서 날마다 삶을 인도하시면서 너무나 감사하고 평강이 넘치며 행복하다!

나는 지금의 삶이 내 인생에 있어서 가장 행복한 인생의 황금기이다. 내 삶을 온전히 하나님께 맡기고 살아가니, 하나님께서 헝클어진 실타래를 하나하나씩 풀어 주셔서 그야말로 "열면 닫을 자가 없고, 닫으면 열 자가 없다" 하시는 말씀처럼 모든 것이 응답되고 성취되고 있다. 그리하여 날마다 감사와 기쁨의 삶, 은혜와 성령이 충만한 삶을 영위하게 되었다.

행복의 가치 기준과 척도는 모든 사람이 다를 수 있겠지만, 결국 행복은 본인 자신의 행복의 기준이 중요하기에 현재의 나는 가장 행복하다.

첫째로는, 영적으로 부요하고 건강한 자로 살고 있기 때문이다. 지금까지의 그 어느 시절보다도 지금이 하나님과 제일 가깝게 지내는 시간들이고, 늘 성령님(하나님과 예수님과 성령님은 삼위일체이시다)과 사인(sign)을 주고받으며, 동행하며 살고 있다. 이 동행의 삶은 내 삶의 주인이 성령님이시기 때문에 내가 내 삶을 주도하면서 겪어왔던 고달프고 힘든 삶을 살아가지 않아도 된다. 그래서 늘 감사와 기쁨으로 가득한 삶을 영위하고 있다.

둘째로는, 나와 온 가족이 건강한 삶을 살고 있기 때문이다. 행복은 어느 한두 가지가 만족스러운 것으로 행복하다고는 할 수 없다. 행복한 것들로 그렇지 못한 것들을 위안 삼아 사는 것일 뿐이다. 지금의 나는 육체적, 정신적, 사회적, 정서적, 그리고 심미적 환경까지도 평강의 삶을 살고 있다. 할렐루야!

셋째로는, 내 모든 삶을 통하여 선교의 사명을 감사함으로 감당하며 살고 있기 때문이다. 나의 영과 육과 혼, 그리고 언행 심사를 통하여 그리스도와 복음을 위한 선교적인 삶을 살기를 원하였는데, 그 삶을 지향하며 한 걸음씩 나아가고 있는 것이 너무나 감사하고 기쁘고 행복하다. 누가 꿈결 같은 삶을 살고 싶다고 했는가? 지금의 내 모습이 그런 모습인 것 같아서 더더욱 감사하다.

  나에게 마지막 한 가지 소망이 있다면, 지금의 이 믿음과 행복한 삶으로 남은 삶도 그리스도와 복음을 위해 하나님께서 원하시는 대로 마음껏 쓰임 받고 싶다. 그리고 하나님이 허락하시는 매달 소득의 90%를 그리스도와 복음을 위해 전도와 구제와 봉사에 사용하기 원한다. 복음의 사명을 감당하며 사도행전 29장을 쓰는 제자의 삶을 살다가 하나님께 부르심을 받는 것이, 이 땅에서 남은 생애 동안 나의 최대, 최고의 행복한 기도이다.

  교회와 이웃을 섬기고, 노회와 총회와 주변을 섬기며, 오로지 나의 몸과 마음과 영혼과 육을 다 드려서 예수 그리스도와 복음 전파를 위한 삶으로 하나님께만 영광 돌리는 삶이 되기를 소망한다. 이것을 내 생애 최고의 가치요, 행복으로 여기면서 살아가려고 한다.

  풀의 꽃과 같고, 풀잎의 이슬과 같은 짧은 인생 가운데 세상에 속해 살고 있지만, 하나님께서 허락하시는 남은 삶 가운데 순전히 하나님 나라의 가치로 살고 싶다. 날마다 순간마다 자신을 쳐서 십자가에 복종시켰던 사도 바울처럼, 주님의 복음을 전파하는 일을 남은 삶의 최우선에 두며, 에녹처럼 하나님과 동행하며 사는 삶으로 인도하시길 날마다 간구한다.

  할렐루야!

나에게 베풀어 주신 만나와 메추라기

2005. 5~6.	한국투자증권 사옥 이전
2005. 9.	기술신용보증기금 부산 이전
2007. 11.	서울시 을지로 종합자료관
2007. 12.	한국중부발전 인천화력본부 종합창고 이전
2008. 2.	신상계초등학교
2008. 6.	건국대병원 의무기록실
2008. 9.	한국전력 해남지점 이전
2009. 11.	서울대병원 진단검사의학과 이전
2010. 1.	감사원 재배치 이전
2010. 3.	유일엔지니어링 사옥 이전
2010. 4.	인켈통신연구소 이전
2010. 6.	한국폴리텍대학교 강서캠퍼스(1차)
2010. 7.	남양주시 화도읍사무소, 남양주 진접우체국
2010. 8.	고려대학교 중앙도서관(60만 권)
2010. 12.	한국산업인력공단 남부지사 이전
2011. 1.	한국지역난방공사 문서수발(1차)
2011. 1.	경기 용문우체국 이전
2011. 2.	한국폴리텍대학 강서캠퍼스(2차)
2011. 2.	서울시립대학교 종합교육동, 숙명여자대학교 순헌관
2011. 3.	(주)인켈피에이 사옥 이전
2011. 5.	육군군수사령부 특수무기정비단
2011. 5	KAI(서울(-)사천) 이전
2011. 8.	강원고고문화연구원(1차)
2011. 11.	서흥아트 사옥 이전

2011. 11.	고려대학교 정보통신대학
2012. 1.	육군교육사령부 전산장비 이전
2012. 2.	진주기계공고(삼천포공고장비) 이전
2012. 2.	고려대 생명공학관
2012. 3.	중앙원격평생교육원
2012. 6.	한국폴리텍대학 강서캠퍼스(2차), 국립중앙도서관 디지털도서관
2012. 7.	서울메트로 레일3종 운송
2012. 9.	아이북랜드 사옥 이전
2012. 2.	한국방송통신대학교 중앙도서관자료 이전
2012. 7.	서울시립대학교 서울학연구소
2012. 10.	한국전력기술 플랜트사업부 문서송달
2013. 1.	한국지역난방공사 문서수발(2차), 숙명여자대학교 고시반, 서울시립대학교 도시인문학연구소, 신흥기계, ㈜쌍방울(1차)
2013. 2.	서울지방국세청 서류운송, 서울시립대학교 배봉관, 분당세무서 임시 이전
2013. 4.	창원시 경로당 정부양곡 배달 용역
2013. 5.	한국철도시설공단 레일 및 장대레일제작공장 부대작업
2013. 6.	강원고고연구문화원
2013. 7.	양평우체국 이전(2차)
2013. 8.	더휴컴퍼니, ㈜에리스테크
2013. 9.	한국남부발전소 안동천연가스발전소 종합사무실 이전
2013. 10.	한국마이크로소프트 사옥 이전
2014. 1.	강남구청 자활센터, 구리시갈매동 주민센터(1차)
2014. 2.	한국정책방송원 서고이전, 한국산업인력공단 국가자격시험문제지 운송용역

2014. 3.	인켈피에이(2차), 대한적십자사 혈액수혈연구원 장비 이전, 국민대학교 단가계약
2014. 4.	군산대학교 계측 및 선박유동화 장비 이전
2014. 7.	한양대학교 정책과학대학교 이전
2014. 9.	건국대학교 창의관 이전
2014. 11.	감사원 특별조사국, 국회도서관 서고 이전(85만 8천 권), 고려대학교 보건과학대학교 이전
2015. 1.	상계 백병원 외래 및 교수실 이전, 한국정보화진흥원 자료배송 용역
2015. 6.	한국로봇산업진흥원 표준시험센터 이전, 한양대학교 국제학부 RC국제관 이전
2015. 9.	고등과학원 도서관 이전
2015. 11.	서울지방경찰청 물품창고 이전
2015. 12.	경남기업(주) 사옥 이전
2016. 1.	감사원 재배치 이전
2016. 6.	경기도교육청 국가수준 학업성취도 평가도구 운송
2016. 7.	숭실대학교 중앙도서관 이전
2016. 12.	한국복지대학교 신축도서관 이전
2016. 7.	서울시 사회소외계층 병물아리수 배송용역
2016. 12.	청주대학교 중앙도서관(110만 권)
2017. 2.	고려대학교 공과대학 이전
2017. 4.	건국대학교 공과대학 장비 이전
2017. 5.	인터넷진흥원 기록물 이전
2017. 8.	국립어린이청소년도서관 서고 이전(53만 권)
2017. 9.	한국교통공사 레일3종 운송(2차)

2017. 11.	한국방송통신대학교 대학본부 및 사무실
2017. 12.	경남기업 본사(2차) 및 창고 이전
2018. 1.	김해시통합도서관 도서배송용역
2018. 3.	강남구청 폭염에 따른 가로녹지 급수차 임차용역, 국방부근무지원단 순회교향악대 운송용역
2018. 5.	미8군 평택기지 이전
2019. 1.	마포구도서관 상호대차용역, 서대문구 공원유지관리 차량임차, 서울시교육청 시설관리본부 중기임차용역, 의정부시스포츠센터 건물관리 용역
2019. 5.	고려대학교 의학도서관 장서 이전, 서울대학교 중앙도서관 고문헌도서 및 수원서고 이전
2019. 6.	서울과학기술대학교 별관도서관 자료 이전, 한국거래소 정보자료관 이전
2019. 7.	서울시 중구 살수차임차용역, 한국여성과학기술연구원 파견용역
2019. 8.	대한예수교총회 본부 이전, 대한예수교장로회 평양남노회 이전
2019. 10.	평창 동계올림픽 자원봉사자 기장배송용역
2020. 1.	중화어린이도서관, 서초구청 육아지원센터, 마포구립도서관, 한국방송통신대학교
2020. 2.	안양시, 안산시, 부천시, 시흥시 살수차임차용역, 중화어린이도서관, 동명부대 수송용역
2020. 3.	서울시경찰청 광역수사대 파견용역, 중앙대학교, 고려대학교 에너지환경대학원
2020. 4.	한국기초과학지원연구원
2020. 5.	토평정수장
2020. 6.	국가인권위원회, 광화문우체국, 구리시청

2020. 7.	청해부대 운송용역
2020. 9.	혜원까치종합건축사, 한경대학교, 파주자유초등학교 도서관, 고려대학교 산학관
2020. 11.	구리남양주 교육지원청
2020. 12.	국립한글박물관
2021. 1.	고려대학교 물리학과, 상계 백병원, 서울대 규장각한국학연구원, 한국항공우주연구원
2021. 1.	서초구 해외 입국자 안전귀가 관련 이송 용역
2021. 2.	강동구청, 경찰청 광역수사대, 숭의여자대학교
2021. 2.	서울시 상수도 사업부 병물 아리수 운반차량 임차 용역
2021. 3.	서울여대 중앙도서관, 청수초등학교 도서관, 김해고등학교 도서관
2021. 3.	서울 구암초 급식 배식 도우미 용역
2021. 3.	서대문구 가로녹지대 유지관리 차량 임차 용역
2021. 4.	국립중앙도서관, 서울대 RNA연구단
2021. 4.	영등포구립도서관 상호대차 용역
2021. 4.	동작구청 미세먼지 저감을 위한 도로 살수차 임차 용역
2021. 4.	중구청 공원녹지 급수차량 임치 용역
2021. 4.	한국전력기술 원자력본부 사업 문서 송달 용역
2021. 6.	국립생물자원관, ㈜디젤
2021. 10. 15.	강릉시 통일공원 전북함상 함포운송 용역

할렐루야!

에필로그

은혜와 감사

우리 어머니는 생전에 한여름에 목욕을 시켜드리는데도 "아이, 추워!" 하시면서 따뜻한 물로 해달라고 하셔서 "한여름에 웬 따뜻한 물이예요?" 하며 어머님의 연세를 이해하지 못했던 시절이 있었다.

그런데 지금의 내가 벌써 그 시절이 되었다. 지나온 세월을 보니 얼마 되지 않은 것 같은데… 옛날 어른들이 "세월이 화살같이 빠르다. 어느새 후딱 지나갔어. 아직도 마음은 청춘인데 몸은 아니야…"라는 말씀을 하실 때 전혀 공감이 가지 않았는데, 지금의 내가 그런 넋두리를 자주 하게 되었다.

지나온 60여 년 동안을 회고하면서 그 모든 삶이 하나님의 은혜이고 하나님께 감사한 생애였기에, 60 평생 전체의 삶을 하나님께 헌정하고자 하는 마음에서 이 책을 쓰게 되었다.

처음 20여 년은 태어나고, 자라고, 배우고, 성장하는 시간이었다면 그 다음 20여 년은 경험하고, 단련하고, 훈련하고, 성숙을 이루는 시간이었다. 40대부터의 20년은 변화하고, 도전하고, 연단 받고, 회복되는 시간들로 나를 인도해 주셨던 것 같다. 나를 지으시고, 나를 보내

SIGN OF GOD

시고, 나와 동행하신 하나님께 영광과 존귀와 찬양을 올려드린다.

  책을 써야겠다고 마음먹은 지 5년이나 되었고, 첫 글자를 적기 시작한 지 2년이나 되어 책이 완성되었다. 하나님께서 나를 사랑하셔서 은혜를 베푸셨고, 나와 동행하시며 살아 계신 하나님의 역사를 보여주셨다. 지금도 내게 말씀하시며 나를 사랑하시는 하나님의 은혜에 감사하고자 하는 마음 하나로 이 글을 썼다.

  그리고 이 글을 읽는 하나님을 모르는 이들이 예수님을 알게 되고, 예수님은 믿지만 미지근한 믿음으로 사는 이들이 살아 역사하시는 성령님을 느끼며, 하나님과 가까이 지내는 이들은 더욱더 하나님을 사랑하는 마음을 크고 깊게 갖게 되기를 간절히 바라면서 나에게 역사하신 하나님을 자랑하고자 하였다.

  나 자신의 모든 삶을 많은 사람 앞에 훌러덩 내어놓는다는 것은 한없이 부끄러운 일이다. 하지만 그보다는 나 같은 사람도 하나님께서는 얼마나 사랑하고 계신지를 자랑하면서 감사하고 싶었다.

  모든 인간은 행복을 추구한다. 배우는 것도, 돈을 버는 것도, 맛있는 음식을 먹는 것도, 여행이나 운동을 하는 것도, 일을 하는 것도, 명예를 얻는 것도, 취미를 갖는 것도, 연애와 결혼을 하는 것도 모든 것이 행복하기 위해서이다. 그런데 이 행복을 위한 욕망은 끝

에필로그

이 없다. 하나님께서 우리 모든 인간을 창조하실 때부터 원래 욕망 덩어리로 창조하셨다.

하지만 하나님께서는 우리에게 더 귀한 선물을 주셨다. 그것은 감사이다. 감사는 인간의 끝없는 욕망을 조절(control)할 수 있는 소중한 선물이다. 감사를 알면 행복은 만땅이 된다. 그 감사를 나에게도 알게 해 주셨기에, 나는 모든 것과 모든 삶에 감사할 수 있다. 그러기에 나는 행복하다.

"이 모든 영광을 성삼위 하나님께 돌립니다. 할렐루야!"

데살로니가전서 5장 16-18절 "항상 기뻐하라 쉬지 말고 기도하라 범사에 감사하라 이것이 그리스도 예수 안에서 너희를 향하신 하나님의 뜻이니라."

《하나님의 사인》에 붙이는 글

어느 겨울 새벽, 동틀 무렵

아마도 족히 50년은 지난 기억일 것이다. 내 나이 열한두어 살 정도였을 테니까 말이다. 외갓집 김제 광활의 겨울은 불량하게 추웠고, 눈이 참 많이도 내렸다(그때 외갓집 동네에서는 불량하다는 말을 많이 썼던 기억이 있다). 그것은 아마도 서해안 간척지에서 휘몰아쳐왔을 것이다. 그 춥고 황량했던 겨울, 나에게는 화롯불보다 더 따뜻하고 포근했던 소중한 기억들이 참 많이 남아있다. 그것은 어릴 적 내 마음속에 있는 추억의 보석상자이다.

엊그제도 서늘한 가을바람에 이끌려 광활 들판과 십자공굴 외갓집이 있던 자리를 아내와 함께 다녀왔다. 매년 이맘때 하는 일종의 순례 여정이다. 그날 저녁 컴퓨터를 켜니 영창이 삼촌으로부터 전자편지가 와 있었다. 책이 곧 나올 텐데 조카가 뭐라고 한 줄 써주면 좋겠다는 것과 함께 책 원고 파일이 통째로 와 있었다. 단숨에 읽어내려가는데 책에서 옛날 냄새가 코끝으로 전해왔다. 광활 갯벌 냄새, 외갓집 굴뚝에서 나는 연기 냄새, 아키바레 쌀밥 냄새, 경종 배추김치 냄새, 외할머니가 끓여주시던 홍어탕 냄새까지 말이다.

더 읽어 내려가는데 이번에는 찬송 부르는 소리가 들려왔다. "복의 근원 강림하사 찬송하게 하소서." 열두어 살 어느 겨울 새벽 동틀 무렵에 함께 불렀던 찬송이다. "죄다 얼른 일어나라!" 어두운 새벽 전깃불을 켜시면서 하시는 할아버지 음성은 늘 우렁차고 단호했다. 다들 일어나서 새벽 예배를 드리자는 것인데 누구도 단호하게 일어나지 않았다. 그래도 늘상 있던 일이라서 삼촌, 이모들부터 시작해서 이부자리를 정리하고 졸리는 눈을 떴다 감았다 했었다. 기억에 남는 것은 그때 불렀던 찬송 '복의 근원 강림하사'였는데 아마도 외갓집 18번 찬송이 아니었을까 싶을 정도로 많이 불렀다.

찬송이 시작되면 늘 영창이 삼촌이 일어나서 지휘를 했는데, 내 눈에는 신비했고 경이롭기까지 했다. 나는 졸려 죽겠는데 삼촌은 그렇게 진지할 수가 없었다. 어쩌면 저렇게 잘할 수 있을까 했지만, 나도 한번 해보았으면 하는 생각은 들지 않았다. 나는 원래 나서는 것을 좋아하지 않는 수줍은 아이였고 지금도 여전히 그렇다.

영창이 삼촌이 보내온 글을 읽으면서 그 모습이 떠올랐다. 그리고 어떻게 그렇게 지휘를 잘할 수 있었을까 하는 의문이 풀렸다. 그것은 삼촌이 악보를 잘 읽을 줄 안다는 것, 음표와 음표의 의미, 음표로 다 표현하지 못하는 작곡가의 의도를 제대로 짐작하고 있다는

SIGN OF GOD

생각이 들었다. 실제로 나는 삼촌이 그럴 수 있는 음악적 지식이 있는지 거기까지는 알지 못한다. 내가 하고 싶은 말은 이런 뜻이다. 삶을 악보라고 할 수 있다는 것과 음표를 '하나님의 사인(sign)'이라고 할 수 있다는 것, 그것들을 받아들이고 이해하며 사는 것이 지휘하는 것이라는 생각을 했다는 것이다. 그런 능력은 배워서 되는 것이 아니라 누구로부터 주어지는 것이라고 나는 생각한다. 그러니까 주셨다는 것이다. 그 겨울 새벽 동틀 무렵부터 말이다.

이 책은 그렇게 주신 것들을 고백하는 것이라는 생각이 들었다. 나도 몇 권의 책을 써보았는데, 그럴 때마다 나를 벗기고 드러내는 일종의 용기가 필요하다는 생각을 했었다. 삼촌도 그러지 않았을까 싶다. 그 용기에 조용히 박수를 보내드리고 싶다. 바람이 있다면 앞으로도 멋지게 삶을 지휘하면서 살아가시길 기도드린다. 그리고 이 조카에게는 삼촌이 '광활'이라는 것, 짐작하시겠지만 일부러 장로라는 말도 목사라는 말도 뺐다는 것도 알아주셨으면 한다.

조카 서용운

감사의 말

고린도전서 15장 10절 "그러나 내가 나 된 것은 하나님의 은혜로 된 것이니 내게 주신 그의 은혜가 헛되지 아니하여 내가 모든 사도보다 더 많이 수고하였으나 내가 한 것이 아니요 오직 나와 함께하신 하나님의 은혜로라."

나를 지으시고, 나를 보내시며, 나를 사랑하사 나와 함께해 주신 하나님의 은혜이다. 정말 감사드린다. 그 은혜와 사랑에 감사하여 모든 영광을 하나님께 드린다.

무엇보다도 나를 위해 늘 기도해 주시는 목천교회 담임목사님이신 김상원 목사님께 감사를 드린다. 늘 기도와 간구로 목숨 걸고 기도하시는 동두천 비전센터 김향희 원장님과 이옥자 권사님을 비롯한 '의인의 간구팀' 모든 분들께 감사드린다.

동생을 지극히 사랑하셔서 아들 같지만, 꼭 장로님이라고 아껴 주시는 큰누님이신 유순 누님과 둘째 영순이 누님, 애틋한 마음으로 동생을 챙겨주시고, 조카들까지도 알뜰히 챙기시는 셋째 영례 누님, 어려서는 업어 키우시고, 학생 때는 교육시켜 주시고, 내 아내도 중매해 주시고, 사업이 어려울 때 많은 도움을 주신 넷째 영선이 누님, 그리고 어린 시절 함께 동고동락하며 정을 많이 쏟아 준 막내 영옥

S I G N   O F   G O D

이 누나에게 감사를 드린다. 눈물겹도록 어려울 때 매형을 챙겨 준 큰처남 영주와 작은처남 경주에게도 감사하다.

  빼놓을 수 없는 기도의 중보자인 사촌 형님 김상신 목사와 친구 정영국 목사, 박광영 목사, 그리고 조카 서용운 목사께도 감사를 드린다.

  제일 감사한 것은 장로 아들, 선생인 나를 배우자로 삼았지만, 한마디 상의 없이 선생을 그만두고 고생만 시키고 우리 부모님을 말없이, 불평 없이, 한 번도 나와 다툼 없이 20년이나 섬겨 준 우리 아내 방영미 권사에게 한없는 감사를 표한다. 나를 존경해 주는 두 아들 은상이와 경상이, 그리고 이쁜 딸 하은이에게도 감사의 말을 전한다.

하나님의 사인 Sign of GOD

1판 1쇄 인쇄 _ 2021년 11월 10일
1판 1쇄 발행 _ 2021년 11월 20일

지은이 _ 유영창
펴낸이 _ 이형규
펴낸곳 _ 쿰란출판사

주소 _ 서울특별시 종로구 이화장길 6
편집부 _ 745-1007, 745-1301~2, 747-1212, 743-1300
영업부 _ 747-1004, FAX 745-8490
본사평생전화번호 _ 0502-756-1004
홈페이지 _ http://www.qumran.co.kr
E-mail _ qrbooks@daum.net / qrbooks@gmail.com
한글인터넷주소 _ 쿰란, 쿰란출판사
페이스북 _ www.facebook.com/qumranpeople
인스타그램 _ www.instagram.com/qrbooks
등록 _ 제1-670호(1988.2.27)
책임교열 _ 최진희 · 신영미

ⓒ 유영창 2021 ISBN 979-11-6143-633-3 03230

책값은 뒤표지에 있습니다.
이 출판물은 저작권법에 의해 보호를 받는 저작물이므로 무단 복제할 수 없습니다.
파본(破本)은 구입처에서 교환해 드립니다.

나름 신앙에서 절대 신앙으로
하나님의 사인

우주 만물을 창조하신 우리 하나님 아버지께서 모든 천지 만물 가운데서 가장 보배롭고 존귀하게 인간을 지으시고, 또 우리 모든 인간을 극진히 사랑하셔서 예수 그리스도를 이 땅에 보내 주셨을 뿐만 아니라, 우리 인간 모두의 일생 동안 매일 매 순간 하나님의 사인(Sign of GOD)을 각자 각자에게 쉼 없이 보내고 계신다.

출생지 상수레방앗간

유년 시절

Sign of GOD

 하나님의 사인

초등학교 입학

전주교육대학교 시절

나로도봉래초등학교

덕소초등학교

결혼식

신혼여행

집사 안수 기념

40일 총진군 새벽기도 개근 기념

 하나님의 사인

가족과 함께

딸을 맞이하다

SIGN OF GOD

사랑하는 부모님

우리 팔남매

어머니와 셋째 누나

하나님의 사인

성지순례

익투스찬양단